第3版

ユーキャンの

消防設備士 第4類

重要問題集&模試3回

ユーキャンがよくわかる！ その理由

● 重要問題を厳選！ 合格ライン突破への184問

重点分野ごとに、的確にポイントをとらえた問題を分野別に掲載しているので、効率よく学習を進めることができます。

特に大事な問題には重要マークつき
🔻重要

● 充実解説で出題の意図がわかる、応用力が身につく！

■すべての問題をくわしく解説

問題を解いてもわかったつもりで終わってしまっては効果が出ません。本書では、すべての問題にわかりやすい解説がついており、それを読むことでより理解が深まります。

■出題のポイントがすぐわかる

解説の冒頭には、出題の意図と重要ポイントをさっと確認できる「ここがPOINT！」コーナーを掲載。イラスト、図表も豊富で楽しく学習できます。

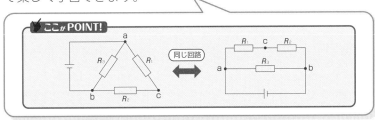

■『速習テキスト＆模試2回』の該当ページ数を表示

各問題ごとに、ユーキャンの『消防設備士第4類 速習テキスト＆模試2回』の該当ページを表示しています。

● 要点チェックがまとめてできる！

横断的な暗記事項は「要点まとめて Check」編におまかせ！
いつでもさっと確認して重要事項をマスターできます。

● 予想模擬試験3回分（156問）を収録

実際の試験に即した問題構成・体裁・解答方法で、本試験をシミュレーションできる予想模擬試験を3回分！

本書の使い方

ユーキャンの消防設備士第4類の問題集は効率よく「合格力」を養成できる「3ステップ学習法」の3部構成。
自分の苦手ポイントを把握してから弱点を集中的に学習し（ステップ1〜2）、予想模試（ステップ3）で実戦力の強化・完成を目指します！

設子先生

シローくん

ステップ

1 要点まとめて Check で復習する

図や表を中心にわかりやすくまとめた解説で、分野ごとのポイントを学習します。試験直前の重点確認にも活用できる内容です。

P.12~60

要点まとめてCheck 学科編

1. 電気に関する基礎的知識

✓ 01. 合成抵抗の求め方 ◎ P.63, 65）

＊ 直列回路

$R = R_1 + R_2 + R_3$

> 直列のときは、どこでも電流は同じ大きさだよ。

＊ 並列回路

$R = \dfrac{1}{\dfrac{1}{R_1} + \dfrac{1}{R_2} + \dfrac{1}{R_3}}$

✓ 02. ブリッジの平衡条件 ◎ P.71）

$R_1 R_4 = R_3 R_2$

たすき掛けの位置関係の抵抗の積が等しいときブリッジ部分に電流は流れていません（検流計Gの値は0）。

✓ 03. 合成静電容量の求め方 ◎ P.75）

静電容量の記号はC、単位は一般にマイクロファラド〔μF〕を用います。

＊ 直列回路

$C = \dfrac{1}{\dfrac{1}{C_1} + \dfrac{1}{C_2} + \dfrac{1}{C_3}}$

＊ 並列回路

$C = C_1 + C_2 + C_3$

1・電気に関する基礎的知識

✓ 04. 実効値・最大値・平均値の関係 ◎ P.83）

$$実効値 = \dfrac{最大値}{\sqrt{2}}$$

$$最大値 = \sqrt{2} \times 実効値$$

$$平均値 = \dfrac{2}{\pi} \times 最大値$$

✓ 05. R-L-C回路のインピーダンスの求め方 ◎ P.85）

R-L-C回路全体の抵抗値をインピーダンスといい、記号はZ、単位は〔Ω〕を用います。

$$Z = \sqrt{R^2 + (X_L - X_C)^2}$$

抵抗　コイル　コンデンサ

✓ 06. 力率の求め方 ◎ P.87, 89）

$$力率 \cos\theta = \dfrac{有効電力\ P}{皮相電力\ VI} \quad または \quad 力率 \cos\theta = \dfrac{抵抗\ R}{インピーダンス\ Z}$$

> 力率cosθは、インピーダンスZと抵抗Rの比から求めることもできます。

✓ 07. 有効電力（消費電力）の求め方 ◎ P.87, 89）

有効電力（消費電力）$P = 皮相電力\ VI \times 力率 \cos\theta$

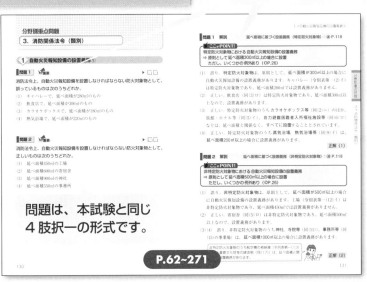

ステップ 2 分野別重点問題を解く

厳選された問題を解きながら、
分野ごとの重点を効率よく理解します。

特に大事な問題には、「重要」
マークがついています。
冒頭の「ここが POINT!」で
問題の要点を確認できます。

問題は、本試験と同じ
4 肢択一の形式です。

P.62~271

⇒ 速…関連するテキスト『ユーキャンの消防設備士第4類 速習テキスト&予想模試
第3版』の参考ページ
▶…問題を解く参考となる本書内のページ
ゴロ合わせ…暗記の手助けになるゴロ合わせ

ステップ 3 予想模擬試験で仕上げ

実践形式の、3回分・156問の予想模擬
試験で、受験学習の仕上げをします。

解答解説は使いやすい
別冊です。1問1問の
解説が豊富です。

P.274~328

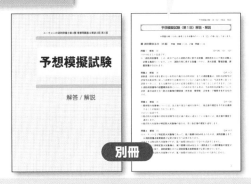

予想模擬試験

解答/解説

別冊

目　次

本書の使い方 ……………………………………………………………… 4

第4類消防設備士の資格について ……………………………………… 7

1 要点まとめてCheck　まず、ポイントを復習する!

学科編

1. 電気に関する基礎的知識 ……………………………………………… 12

2. 消防関係法令 …………………………………………………………… 16

3. 構造・機能等 …………………………………………………………… 29

実技編

1. 機器の写真資料集 ……………………………………………………… 40

2. 自動火災報知設備の製図に必要な記号 …………………………… 56

3. 平面図に関するポイント ……………………………………………… 57

4. 系統図に関するポイント ……………………………………………… 59

2 分野別重点問題　次に、重点を理解する!

1. 電気に関する基礎的知識 ……………………………………………… 62

2. 消防関係法令（共通）………………………………………………… 98

3. 消防関係法令（類別）………………………………………………… 130

4. 構造・機能等（規格に関する部分）……………………………… 150

5. 構造・機能等（電気に関する部分）……………………………… 186

6. 鑑別等 …………………………………………………………………… 228

7. 製図 ……………………………………………………………………… 244

3 予想模擬試験　仕上げは3回の予想模試!

予想模擬試験　第1回 …………………………………………………… 274

予想模擬試験　第2回 …………………………………………………… 292

予想模擬試験　第3回 …………………………………………………… 310

■ 解答カード ……………………………………………………………… 329

〈別冊〉　予想模擬試験　解答 / 解説

3ステップの学習法で、
あきることなく実力アップ!

第4類消防設備士の資格について

1 消防設備士とは

　デパート、ホテル、劇場などの建物は、その用途や規模などに応じて、自動火災報知設備などの設置が法律によって義務づけられています。それらの設備の工事や整備・点検を行うには、消防設備士の資格が必要になります。

　消防設備士免状の種類と工事などができる設備等の種類は、次の通りです。

免状の種類		工事・整備の対象となる設備等
甲種	特類	特殊消防用設備等
甲種・乙種	第1類	屋内消火栓設備、スプリンクラー設備、水噴霧消火設備、屋外消火栓設備
	第2類	泡消火設備
	第3類	不活性ガス消火設備、ハロゲン化物消火設備、粉末消火設備
	第4類	**自動火災報知設備、ガス漏れ火災警報設備、消防機関へ通報する火災報知設備**
	第5類	金属製避難はしご、救助袋、緩降機
乙種	第6類	消火器
	第7類	漏電火災警報器

　甲種消防設備士は、特殊消防用設備等（特類の資格者のみ）または消防用設備等の工事と整備・点検ができます。一方、乙種消防設備士は消防用設備等の整備・点検だけを行うことができます。工事はできません。

2 第4類消防設備士試験について

▶▶▶**試験実施機関**
　消防試験研究センターの各道府県支部（東京都は中央試験センター）
▶▶▶**受験資格**
　甲種は、**一定の資格や経験**が必要です。詳しくは、消防試験研究センターのホームページを参照してください。
　乙種は、年齢、性別、学歴等、制約はありません。**どなたでも受験できます。**

▶▶▶ 試験科目・問題数・試験時間

試験科目			問題数	
			甲種	乙種
筆記試験	①基礎的知識	電気に関する部分	10	5
	②消防関係法令	各類に共通する部分	8	6
		第4類に関する部分	7	4
	③構造・機能および工事または整備の方法	電気に関する部分	12	9
		規格に関する部分	8	6
	筆記試験合計		45	30
実技試験	鑑別等		5	5
	製図		2	－
試験時間			3時間15分	1時間45分

▶▶▶ 出題形式

筆記試験…………4つの選択肢の中から正答を1つ選ぶ、**四肢択一のマークシート方式**です。

実技試験の鑑別…写真、イラスト、図などを見ながら、関連する問題に答える**記述方式**です。

実技試験の製図…感知器や配線を書き込んで図を完成させたり、配線図や系統図の誤りを修正したり、あるいは、系統図に配線の本数等を書いたりする**記述方式**です。
乙種には、製図試験はありません。

▶▶▶ 科目免除

消防設備士、電気工事士、電気主任技術者、技術士等の資格を有する人は、申請により試験科目の一部が免除になります。その場合の試験時間は短縮になります。

▶▶▶ 合格基準

筆記試験において、**科目ごとに40%以上**で**全体の出題数の60%以上**、かつ、**実技試験において60%以上**の成績を修めた人が合格となります。
なお、試験の一部免除がある場合は、その部分を除いて計算します。

3 受験の手続き

▶▶▶**受験地**

居住地に関係なく、**どこの都道府県でも受験できます。**

▶▶▶**試験案内・受験願書**

消防試験研究センターの各道府県支部、消防本部、消防署などで入手できます。受験願書は全国共通です。

▶▶▶**申込方法**

書面申請（受験願書に書き込んで郵送する）と、**電子申請**（消防試験研究センターのホームページから申し込む）があります。

▶▶▶**試験日**

多くの都道府県では、年に複数回実施されています。

試験の詳細、お問い合わせ等

消防試験研究センター

ホームページ　https://www.shoubo-shiken.or.jp/

※全国の試験日程や試験案内の内容を確認することができます。

要点まとめて Check

◇学科編◇

内　容

1 ● 電気に関する基礎的知識 …………… P.12

2 ● 消防関係法令 ………………………… P.16

3 ● 構造・機能等 ………………………… P.29

利用方法

○学習上のポイントを図や表を中心にしてわかりやすくまとめた
　解説集です。
○試験直前期の暗記対策にもご活用いただけます。

1.　電気に関する基礎的知識

☑ 01. 合成抵抗の求め方 （▶P.63, 65）

- 直列回路

$$R = R_1 + R_2 + R_3$$

> 直列のときは、どこでも
> 電流は同じ大きさだよ。

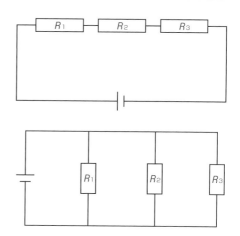

- 並列回路

$$R = \cfrac{1}{\cfrac{1}{R_1} + \cfrac{1}{R_2} + \cfrac{1}{R_3}}$$

☑ 02. ブリッジの平衡条件 （▶P.71）

$$R_1 R_4 = R_3 R_2$$

たすき掛けの位置関係の抵抗の積
が等しいときブリッジ部分に電流は
流れていません（検流計Ⓖの値は0）。

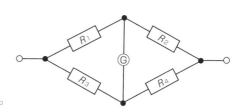

☑ 03. 合成静電容量の求め方 （▶P.75）

静電容量の記号はC、単位は一般
にマイクロファラド〔μF〕を用い
ます。

- 直列回路

$$C = \cfrac{1}{\cfrac{1}{C_1} + \cfrac{1}{C_2} + \cfrac{1}{C_3}}$$

- 並列回路

$$C = C_1 + C_2 + C_3$$

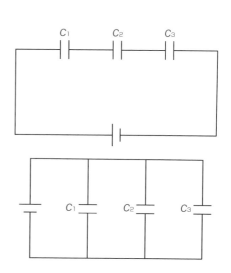

☑ 04. 実効値・最大値・平均値の関係 (▶P.83)

$$実効値 = \frac{最大値}{\sqrt{2}}$$

$$最大値 = \sqrt{2} \times 実効値$$

$$平均値 = \frac{2}{\pi} \times 最大値$$

☑ 05. *R-L-C*回路のインピーダンスの求め方 (▶P.85)

*R-L-C*回路全体の抵抗値をインピーダンスといい、記号はZ、単位は〔Ω〕を用います。

$$Z = \sqrt{R^2 + (X_L - X_C)^2}$$

R 抵抗　　X_L コイル　　X_C コンデンサ

☑ 06. 力率の求め方 (▶P.87, 89)

$$力率 \cos\theta = \frac{有効電力\ P}{皮相電力\ VI}　\text{または}　力率 \cos\theta = \frac{抵抗\ R}{インピーダンス\ Z}$$

力率$\cos\theta$は、インピーダンスZと抵抗Rの比から求めることもできます。

☑ 07. 有効電力（消費電力）の求め方 (▶P.87, 89)

$$有効電力（消費電力）P = 皮相電力\ VI \times 力率\ \cos\theta$$

オームの法則	電流の大きさは、負荷に加えた電圧に比例し、抵抗に反比例する $$電流\ I = \frac{電圧\ V}{抵抗\ R}$$ 左のだ円形は、求めたい項目を隠すと計算式がわかります。
キルヒホッフの第1法則	電気回路の任意の分岐点について、流れ込む電流の総和は、流れ出る電流の総和に等しい
キルヒホッフの第2法則	任意の閉回路において、起電力の和は電圧降下の和に等しい
ゼーベック効果	異なる2種類の金属を接合して熱電対とし、その接合部を熱すると熱起電力が生じる ⇒ 熱電対を利用した差動式熱感知器の作動原理
クーロンの法則	2つの電荷の間に働く力の大きさは、その電荷（電気量）の積に比例し、電荷間の距離の2乗に反比例する
ジュールの法則	抵抗Rに電流Iをt秒間流したとき発生するジュール熱H $$H = I^2 R t$$
フレミングの左手の法則 電動機の原理（電気→力）	**磁界内に電流を流すことにより電磁力を生じる場合** 電流・磁界・力（電磁力）の向きを、それぞれ左手の中指・人差し指・親指を直角に開き、向きによって示す
フレミングの右手の法則 発電機の原理（力→電気）	**磁界内で導線に力を加えることにより電気を生じる場合** 電流・磁界・力の向きを、それぞれ右手の中指・人差し指・親指を直角に開き、向きによって示す

14

☑ 09. 主に電流・電圧を測定する計器とその動作原理 (▶P.93)

ア 直流回路で使用

種類	記号	動作原理の概要
可動コイル形		磁石の間にコイルを置いて、コイルに流れる直流電流により生じる電磁力でコイルと指針を動かす

イ 交流回路で使用

整流形		整流器で交流を直流に変換して、可動コイル形の原理で指針を動かす
可動鉄片形		固定コイルに電流を流して磁界をつくり、その中に鉄片を置いたとき生じる電磁力で鉄片と指針を動かす
誘導形		交流電流により時間とともに変化する磁界を利用して円板を回転させる

ウ 直流・交流の両方の回路で使用

電流力計形		固定コイルと可動コイルの間に働く電磁力を利用して可動コイルを動かす
熱電形		電流による発熱で**熱電対**を加熱し、これによって生じた熱起電力を測定する
静電形		2つの金属板（電極）の間に働く静電力を利用して測定する

☑ 10. 計器の正確さの階級 (▶P.93)

下記の階級の数字が小さいほど精密です。

階 級	主な用途
0.2級	ほかの計器の標準となる
0.5級	実験室での精密測定に使用
1.0級	一般に現場（または実験）での測定用に使用
1.5級	配電盤用計器として使用
2.5級	精度を要求されないところで使用

計器には階級があり、数字が小さいほど精密です。

2. 消防関係法令

☑01. 消防法施行令 別表第一 （▶P.99）

(1)	イ	劇場、映画館、演芸場または観覧場
	ロ	公会堂または集会場
(2)	イ	キャバレー、カフェー、ナイトクラブその他これらに類するもの
	ロ	遊技場またはダンスホール
	ハ	「風俗営業等の規制及び業務の適正化等に関する法律」第2条第5項に規定する性風俗関連特殊営業を営む店舗（二並びに（1）項イ、（4）項、（5）項イおよび（9）項イに掲げる防火対象物の用途に供されているものを除く）その他これに類するものとして総務省令で定めるもの
	ニ	カラオケボックスその他遊興のための設備または物品を個室（これに類する施設を含む）において客に利用させる役務を提供する業務を営む店舗で総務省令で定めるもの
(3)	イ	待合、料理店その他これらに類するもの
	ロ	飲食店
(4)	－	百貨店、マーケットその他の物品販売業を営む店舗または展示場
(5)	イ	旅館、ホテル、宿泊所その他これらに類するもの
	ロ	寄宿舎、下宿または共同住宅
(6)	イ	①次のいずれにも該当する病院（火災発生時の延焼を抑制するための消火活動を適切に実施することができる体制を有するものとして総務省令で定めるものを除く） ⅰ診療科名中に特定診療科名（内科、整形外科、リハビリテーション科その他の総務省令で定める診療科名をいう。②ⅰにおいて同じ）を有すること ⅱ医療法第7条第2項第4号に規定する療養病床または同項第5号に規定する一般病床を有すること ②次のいずれにも該当する診療所 ⅰ診療科名中に特定診療科名を有すること ⅱ4人以上の患者を入院させるための施設を有すること ③病院（①に掲げるものを除く）、患者を入院させるための施設を有する診療所（②に掲げるものを除く）または入所施設を有する助産所 ④患者を入院させるための施設を有しない診療所、入所施設を有しない助産所
	ロ	①老人短期入所施設、養護老人ホーム、特別養護老人ホーム、有料老人ホーム（避難困難な要介護者を主として入居させるものに限る）、介護老人保健施設など ②救護施設 ③乳児院 ④障害児入所施設 ⑤障害者支援施設（避難困難な障害者を主として入所させるものに限る）など

*ピンク色の部分は「**特定防火対象物**」、それ以外は「**非特定防火対象物**」

(6)	ハ	①老人デイサービスセンター、老人福祉センター、老人介護支援センター、有料老人ホーム（ロ①に掲げるものを除く）、老人デイサービス事業を行う施設など ②更生施設 ③助産施設、保育所、幼保連携型認定こども園、児童養護施設、児童自立支援施設、児童家庭支援センターなど ④児童発達支援センター、児童心理治療施設など ⑤身体障害者福祉センター、障害者支援施設（ロ⑤に掲げるものを除く）、地域活動支援センター、福祉ホームなど
	ニ	幼稚園または特別支援学校
(7)	─	小学校、中学校、義務教育学校、高等学校、中等教育学校、高等専門学校、大学、専修学校、各種学校その他これらに類するもの
(8)	─	図書館、博物館、美術館その他これらに類するもの
(9)	イ	公衆浴場のうち、蒸気浴場、熱気浴場その他これらに類するもの
	ロ	イに掲げる公衆浴場以外の公衆浴場
(10)	─	車両の停車場または船舶もしくは航空機の発着場（旅客の乗降または待合いの用に供する建築物に限る）
(11)	─	神社、寺院、教会その他これらに類するもの
(12)	イ	工場または作業場
	ロ	映画スタジオまたはテレビスタジオ
(13)	イ	自動車車庫または駐車場
	ロ	飛行機または回転翼航空機の格納庫
(14)	─	倉庫
(15)	─	前各項に該当しない事業場
(16)	イ	複合用途防火対象物のうち、その一部が (1) 項から (4) 項まで、(5) 項イ、(6) 項または (9) 項イに掲げる防火対象物の用途に供されているもの
	ロ	イに掲げる複合用途防火対象物以外の複合用途防火対象物
(16の2)	─	地下街
(16の3)	─	準地下街 建築物の地階（（16の2) 項に掲げるものの各階を除く）で連続して地下道に面して設けられたものと当該地下道とを合わせたもの（(1) 項から (4) 項まで、(5) 項イ、(6) 項または (9) 項イに掲げる防火対象物の用途に供される部分が存するものに限る）
(17)	─	「文化財保護法」の規定によって重要文化財、重要有形民俗文化財、史跡もしくは重要な文化財として指定され、または旧「重要美術品等の保存に関する法律」の規定によって重要美術品として認定された建造物
(18)	─	延長50メートル以上のアーケード
(19)	─	市町村長の指定する山林
(20)	─	総務省令で定める舟車

要点まとめて Check ◇ 学科編 ◇

17

☑02. 防火管理者を定める防火対象物 (▶P.103)

令別表第一 (▶P.16、17) に掲げる防火対象物のうち、下の表の①～③について、収容人員がそれぞれ一定以上の場合に**防火管理者**を定めなければなりません。

	令別表第一に掲げる防火対象物	収容人員
①	● (6) の口 ● (16) のイと (16の2) のうち、(6) の口の用途を含むもの	10人以上
②	特定防火対象物 ● (6) の口、(16の3) を除く ● (16) のイと (16の2) は、(6) の口の用途を含むものを除く	30人以上
③	非特定防火対象物 ● (18)、(19)、(20) を除く	50人以上

☑03. 統括防火管理者を定める防火対象物 (▶P.103)

下の表の①～⑥のうち、管理について権原が分かれているもの (＝管理権原を有する者が複数存在するもの) については、管理権原を有する者が協議して、当該防火対象物全体の防火管理業務を行う**統括防火管理者**を定めなければなりません。

①	**高層建築物** (高さ31mを超える建築物)
②	**地下街** (令別表第一の (16の2)) ただし、**消防長**または**消防署長**が指定するものに限る
③	令別表第一の (6) の口と、(6) の口の用途を含む (16) のイのうち、 地階を除く**階数が3以上**＋収容人員**10人以上**
④	**特定防火対象物** ((6) の口、(16の2)、(16の3) を除く) のうち、 地階を除く**階数が3以上**＋収容人員**30人以上** ただし、(16) のイは (6) の口の用途を含むものを除く
⑤	令別表第一の (16) の口のうち、 地階を除く**階数が5以上**＋収容人員**50人以上**
⑥	**準地下街** (令別表第一の (16の3))

☑04. 防火対象物定期点検報告制度の対象となる防火対象物 （●P.105）

防火管理者を定める防火対象物（●P.18）のうち、下の表のものは、当該防火対象物の点検を**防火対象物点検資格者**にさせる必要があります。

①	**特定防火対象物**（ただし、令別表第一（16の3）を除く） かつ、**収容人員300人以上のもの**
②	収容人員30人以上300人未満の **特定1階段等防火対象物**

☑05. 防災規制を受ける防災防火対象物等 （●P.105）

1)	**高層建築物**（高さ31mを超える建築物）
2)	**地下街**（令別表第一（16の2））
3)	**特定防火対象物**のうち、 令別表第一の（1）～（4）、（5）のイ、（6）、（9）のイ、（16の3）
4)	**映画スタジオ**または**テレビスタジオ** （令別表第一（12）のロ）
5)	**複合用途防火対象物**（令別表第一（16））のうち、 上記 3) または 4) の用途に使われている部分
6)	**工事中の建築物その他の工作物** ● 建築物（都市計画区域外の住宅は除く） ● プラットホームの上屋 ● 貯蔵槽（屋外タンク、高架水槽） ● 化学工業製品製造装置　その他

☑06. 特定1階段等防火対象物 （●P.115）

令別表第一の（1）～（4）、（5）のイ、（6）、（9）のイのために使用する部分（特定用途部分と呼ぶ）が**避難階以外の階**（1階と2階は除く）に存在する防火対象物であって、その階から避難階または地上に直通する階段が**1か所以下**しか設けられていないものをいいます。

■ 特定1階段等防火対象物

3階（特定用途部分）	屋
2階	内
1階	階
地階（特定用途部分）	段

地階または3階以上の階に特定用途部分があり、屋内階段が1つしかない防火対象物のことです。

19

☑ 07. 消防用設備等の種類 （▶ P.107）

消防の用に供する設備	消火設備	• 消火器 • 簡易消火用具（＊1） • 屋内消火栓設備 • 屋外消火栓設備 • スプリンクラー設備 • 水噴霧消火設備 • 泡消火設備 • 不活性ガス消火設備 • ハロゲン化物消火設備 • 粉末消火設備 • 動力消防ポンプ設備
	警報設備	• **自動火災報知設備** • **ガス漏れ火災警報設備** • 消防機関へ通報する火災報知設備 • 漏電火災警報器 • 非常警報器具（＊2） • 非常警報設備（＊3）
	避難設備	• 避難器具（＊4） • 誘導灯および誘導標識
消防用水		• 防火水槽 • 防火水槽に代わる貯水池その他の用水
消火活動上必要な施設		• 排煙設備 • 連結散水設備 • 連結送水管 • 非常コンセント設備 • 無線通信補助設備

＊1 **簡易消火用具**	＊2 **非常警報器具**	＊3 **非常警報設備**	＊4 **避難器具**
• 水バケツ • 水槽 • 乾燥砂 • 膨張ひる石 • 膨張真珠岩	• 警鐘 • 携帯用拡声器 • 手動式サイレン • その他	• 非常ベル • 自動式サイレン • 放送設備	• すべり台 • 避難はしご • 救助袋 • 緩降機 • 避難橋 • その他

☑08. 消防用設備等の設置の届出・検査の必要がある防火対象物 （▶P.115）

令別表第一（▶P.16、17）に掲げる防火対象物のうち、下の表のものについては、消防用設備等の設置の届出をして検査を受けなければなりません。

1)	ⅰ（2）のニ、（5）のイ、（6）のイ①〜③および口 ⅱ（6）のハ（利用者を入居・宿泊させるものに限る） ⅲ（16）のイ、（16の2）、（16の3）のうち、ⅰまたはⅱの用途を含むもの
2)	特定防火対象物（（1）に掲げるもの以外）であって、かつ、延べ面積300㎡以上のもの
3)	非特定防火対象物（（19）（20）を除く） かつ、延べ面積300㎡以上のもので、消防長または消防署長が指定したもの
4)	特定1階段等防火対象物　▶P.19

上表の1）のものは、延べ面積と関係なく、届出をして検査を受ける必要があります。

☑09. 消防用設備等の定期点検および報告 （▶P.117）

消防用設備等の設置および維持が義務づけられている**防火対象物の関係者**は消防用設備等または特殊消防用設備等を**定期に点検**し、その結果を**消防長または消防署長に報告**しなければなりません。このうち、**消防設備士または消防設備点検資格者**が点検を行う必要がある防火対象物は次の通りです（これ以外のものについては、**関係者が点検を行う**）。

1)	**特定防火対象物**であって、かつ、**延べ面積1000㎡以上**のもの
2)	**非特定防火対象物**（（19）（20）を除く）かつ、**延べ面積1000㎡以上**のもので、**消防長または消防署長が指定**したもの
3)	**特定1階段等防火対象物**　▶P.19
4)	**全域放出方式**の**不活性ガス消火設備**（二酸化炭素を放射するものに限る）が設置されている防火対象物

☑10. 消防設備士の免状の種類 (▶P.121)

　消防設備士免状の種類には、**甲種消防設備士免状**および**乙種消防設備士免状**があり、次のように異なります。

甲種	● **工事**および**整備**（点検を含む）を行うことができる ● **特類**および**第1類～第5類**に区分される
乙種	● **整備**（点検を含む）のみ行うことができる ● **第1類～第7類**に区分される

☑11. 工事整備対象設備等 (▶P.121)

　工事整備対象設備等（消防設備士が行うことのできる工事や整備の対象となる設備等）の種類は、免状の種類および区分ごとに次のように定められています。

区分	工事整備対象設備等	甲種	乙種
特類	● 特殊消防用設備等	工事 ＋ 整備	－
第1類	● 屋内消火栓設備 ● 屋外消火栓設備 ● スプリンクラー設備 ● 水噴霧消火設備	工事 ＋ 整備	整備
第2類	● 泡消火設備	工事 ＋ 整備	整備
第3類	● 不活性ガス消火設備 ● ハロゲン化物消火設備 ● 粉末消火設備	工事 ＋ 整備	整備
第4類	● 自動火災報知設備 ● ガス漏れ火災警報設備 ● 消防機関へ通報する火災報知設備	工事 ＋ 整備	整備
第5類	● 金属製避難はしご（固定式） ● 救助袋 ● 緩降機	工事 ＋ 整備	整備
第6類	● 消火器	－	整備
第7類	● 漏電火災警報器	－	整備

＊このほか、第1類～第4類には「必要とされる防火安全性能を有する消防の用に供する設備等」も含まれる

☑12. 消防設備士でなければ行えない設置工事・整備 （▶P.121）

①設置工事または整備		除外される部分
● 屋内消火栓設備	第1類	電源・水源・配管
● 屋外消火栓設備		
● スプリンクラー設備		
● 水噴霧消火設備		
● 泡消火設備	第2類	電源
● 不活性ガス消火設備	第3類	電源
● ハロゲン化物消火設備		
● 粉末消火設備		
● 自動火災報知設備	第4類	電源
● ガス漏れ火災警報設備		
● 消防機関へ通報する火災報知設備		
● 金属製避難はしご（固定式のもの）	第5類	－
● 救助袋		
● 緩降機		
● 必要とされる防火安全性能を有する消防の用に供する設備等（消防庁長官が定めるものに限る）		電源・水源・配管
● 特殊消防用設備等（消防庁長官が定めるものに限る）		電源・水源・配管

②整備のみ	除外される部分
● 消火器	－
● 漏電火災警報器	－

> 除外される部分は、消防設備士でなくても行えます。

☑13. 消防設備士でなくても行える「軽微な整備」 （▶P.121）

屋内消火栓設備	表示灯の交換
屋内消火栓設備または屋外消火栓設備	ホースまたはノズル、ヒューズ類、ネジ類等部品の交換
	消火栓箱、ホース格納箱等の補修
	その他これらに類するもの

☑ 14. 消防用機械器具等の検定制度 (▶P.119)

この検定制度は、型式承認と型式適合検定の２段階です。

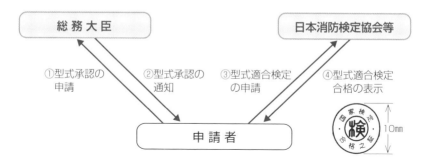

☑ 15. 型式承認と型式適合検定 (▶P.119)

型式承認	検定対象機械器具等の型式に係る形状等が、規格省令に適合していることを認める承認	総務大臣が行う
型式適合検定	検定対象機械器具等の形状等が、型式承認を受けた検定対象機械器具等の型式に係る形状等に適合しているかどうかについて行う検定。合格すると、「合格の表示」が付される	日本消防検定協会等が行う

☑ 16. 検定対象機械器具等の一覧表 (▶P.119)

- 消火器
- 消火器用消火薬剤（二酸化炭素を除く）
- 泡消火薬剤（水溶性液体用のものを除く）
- 火災報知設備の感知器、発信機
- 中継器（火災報知設備またはガス漏れ火災警報設備に使用）
- 受信機（火災報知設備またはガス漏れ火災警報設備に使用）
- 閉鎖型スプリンクラーヘッド
- 流水検知装置（スプリンクラー設備等に使用）
- 一斉開放弁（スプリンクラー設備等に使用）
- 金属製避難はしご
- 緩降機
- 住宅用防災警報器

☑ 17. 自動火災報知設備の警戒区域 (●P.137)

警戒区域の定義	
火災の発生した区域を他の区域と区別して識別することができる最小単位の区域	

	原 則	主な例外
①	1つの警戒区域の面積は600㎡以下とする	● 主要な出入口から内部を見通せる場合は、1000㎡以下でもよい
②	1辺の長さは50m以下とする	● 光電式分離型感知器を設置する際には、100m以下でもよい
③	2つ以上の階にわたらないこと	● 2つの階にわたっても面積の合計が500㎡以下のとき ● たて穴区画＋煙感知器

☑ 18. ガス漏れ火災警報設備の設置対象 (●P.145)

防火対象物	規 模
● 地下街	延べ面積1000㎡以上
● 特定防火対象物の地階	
● 準地下街	延べ面積1000㎡以上で、特定用途部分の床面積の合計が500㎡以上
● 特定用途部分を有する複合用途防火対象物の地階（地階の床面積の合計）	地階の床面積の合計が1000㎡以上で、特定用途部分の床面積の合計が500㎡以上

☑ 19. 消防機関へ通報する火災報知設備を省略できない場合 (●P.147)

　消防機関へ通報する火災報知設備の設置対象のうち、消防機関へ常時通報できる電話（119番通報できる電話）を設置した場合であっても、消防機関へ通報する火災報知設備を省略できないものは次の通りです。

1)	● 自力避難困難者入所福祉施設等（令別表第一（6）のロ）
2)	● 旅館、ホテル、宿泊所等（同（5）のイ） ● 病院、診療所、助産所（同（6）のイ） ● 老人福祉施設、児童養護施設、保育所等（同（6）のハ）

25

☑20. 自動火災報知設備の設置対象 （▶P.99）

防火対象物（令別表第一〔ただし、(18)～(20)を除く〕） *ピンク色は「特定防火対象物」、白地は「非特定防火対象物」			延べ面積〔㎡以上〕	地階または無窓階	10階以下の階、地階、無窓階、3階以上の階	11階以上の階	地階または2階以上で駐車場があるもの	通信機器室	道路の用に供する部分	指定可燃物	特定1階段等防火対象物
					床面積300㎡以上のものは階ごとに	11階以上の階は階ごとに	駐車場の用に供する部分の床面積200㎡以上	床面積500㎡以上	道路部分の床面積が屋上部分600㎡以上、それ以外の部分400㎡以上	「危険物の規制に関する政令」別表第4で定める数量の500倍以上を貯蔵または取り扱うもの	特定用途部分（令別表第一(1)～(4)、(5)のイ、(6)、(9)のイのために使用する部分）のある階だけでなく、建物の全体（全階）に
(1)	イ	劇場、映画館、演芸場、観覧場									
(1)	ロ	公会堂、集会場									
(2)	イ	キャバレー、カフェー、ナイトクラブ等	300	床面積100㎡以上							
(2)	ロ	遊技場、ダンスホール	300	床面積100㎡以上							
(2)	ハ	性風俗営業店舗等	300	床面積100㎡以上							
(2)	ニ	カラオケボックス等	すべて								
(3)	イ	待合、料理店等	300	床面積100㎡以上							
(3)	ロ	飲食店	300	床面積100㎡以上							
(4)	－	百貨店、マーケット、物品販売店舗、展示場									
(5)	イ	旅館、ホテル、宿泊所等	すべて								
(5)	ロ	寄宿舎、下宿、共同住宅	500								
(6)	イ	病院、診療所、助産所	すべて 300（*a）								
(6)	ロ	自力避難困難者入所福祉施設等	すべて								
(6)	ハ	老人福祉施設、児童養護施設、保育所等	すべて 300（*b）								
(6)	ニ	幼稚園、特別支援学校	300								
(7)	－	小・中・高等学校、大学、各種学校等	500								
(8)	－	図書館、博物館、美術館等	500								
(9)	イ	蒸気浴場、熱気浴場等	200								
(9)	ロ	イ以外の公衆浴場	500								
(10)	－	車両の停車場、船舶・航空機の発着場	500								
(11)	－	神社、寺院、教会等	1000								
(12)	イ	工場、作業場	500								
(12)	ロ	映画スタジオ、テレビスタジオ	500								
(13)	イ	自動車車庫、駐車場									
(13)	ロ	航空機の格納庫	すべて								
(14)	－	倉庫	500								
(15)	－	前各項に該当しない事業場	1000								
(16)	イ	特定防火対象物が存する複合用途防火対象物	300	（*e）							
(16)	ロ	イ以外の複合用途防火対象物									
(16の2)	－	地下街	300（*c）								
(16の3)	－	準地下街	500（*d）								
(17)	－	重要文化財等の建造物	すべて								

備考
*a 入院・入所させる施設を有するものは「すべて」、有しないものは「延べ面積300㎡以上」で設置
*b 入居・宿泊させる施設を有するものは「すべて」、有しないものは「延べ面積300㎡以上」で設置
*c 延べ面積300㎡未満でも、令別表第一(2)のニ、(5)のイ、(6)のイ①～③、ロ、ハ（利用者を入居・宿泊させるものに限る）の用途に用いられる部分にだけに設置
*d 延べ面積500㎡以上で、かつ特定防火対象物が存する部分の床面積の合計が300㎡以上のもの
*e 令別表第一(2)または(3)の用途が存する部分の床面積の合計が100㎡以上のもの

✓ 21. 煙感知器を設置できない場所 (▶P.193)

煙感知器を設置できない場所には、適応する**熱感知器**を設置します。

煙感知器を設置できない場所	適応する熱感知器		
	差動式 スポット型	差動式 分布型	定温式 スポット型
じんあい、微粉等が多量に滞留する場所	○	○	○
煙が多量に流入するおそれのある場所	○	○	○
結露が発生する場所	○ （防水型）	○	○ （防水型）
水蒸気が多量に滞留する場所	○ （防水型）	○ （2種のみ）	○ （防水型）
排気ガスが多量に滞留する場所	○	○	×
腐食性ガスが発生するおそれのある場所	×	○	○ （耐酸型等）
著しく高温となる場所	×	×	○
厨房その他正常時において煙が滞留する場所	×	×	○ （高湿度では防水型）

✓ 22. 面積に基づく受信機の設置制限 (▶P.143)

P型（またはGP型）2級受信機・1回線	延べ面積350㎡以下
P型（またはGP型）3級受信機	延べ面積150㎡以下

✓ 23. 地区音響装置を区分鳴動させる階 (▶P.141)

🔥…出火階、●…出火階と同時に鳴動させる階

	ア	イ	ウ		
3階	●	—	—	—	—
2階	🔥	●	—	—	—
1階	—	🔥	●	—	—
地下1階	—	●	🔥	●	●
地下2階	—	●	●	🔥	●
地下3階	—	●	●	●	🔥

ア 出火が2階以上
　→出火階と直上階
イ 出火が1階
　→1階、2階、
　　地階全部
ウ 出火が地階
　→出火階、直上階、
　　地階全部

☑ 24. 取付け面の高さと感知器の種類・種別 (▶P.139)

取付け面の高さ		設置可能な感知器の種類・種別
20m以上		炎感知器のみ
20m未満	煙	光電式スポット型（1種） イオン化式スポット型（1種）
15m未満	煙	光電式スポット型（2種） イオン化式スポット型（2種）
	熱	差動式分布型
8m未満	熱	差動式スポット型 補償式スポット型 定温式スポット型（特種・1種）
4m未満	煙	光電式スポット型（3種） イオン化式スポット型（3種）
	熱	定温式スポット型（2種）

「煙」…煙感知器、「熱」…熱感知器

　光電式スポット型やイオン化式スポット型などは3種まであるが、20m未満では1種のみ、15m未満では1種または2種、4m未満では1～3種のいずれも設置することができます。

　上の表で種別（1種、2種など）の記載がないものは、何種でも設置できるという意味です。

☑ 25. 天井等の高さと感知器の種類・種別 (▶P.195)

天井等の高さ	設置可能な感知器の種類・種別
20m以上	炎感知器のみ
20m未満	光電式分離型煙感知器（1種）
15m未満	光電式分離型煙感知器（2種）

＊炎感知器は、20m未満でも設置することができる

3. 構造・機能等

☑ 01. 感知器の種類・種別 （▶P.151）

①熱感知器

差動式	スポット型		1種・2種
	分布型	空気管式	1種・2種・3種
		熱電対式	1種・2種・3種
		熱半導体式	1種・2種・3種
定温式	スポット型		特種・1種・2種
	感知線型		特種・1種・2種
熱複合式	熱複合式スポット型		ー
	補償式スポット型		1種・2種
熱アナログ式	スポット型		ー

②煙感知器

イオン化式	スポット型	非蓄積型	1種・2種・3種
		蓄積型	1種・2種・3種
光電式	スポット型	非蓄積型	1種・2種・3種
		蓄積型	1種・2種・3種
	分離型	非蓄積型	1種・2種
		蓄積型	1種・2種
煙複合式	スポット型		ー
イオン化アナログ式	スポット型		ー
光電アナログ式	スポット型		ー
	分離型		ー
熱煙複合式	スポット型		ー

③炎感知器

紫外線式	スポット型	屋内・屋外・道路型
赤外線式	スポット型	屋内・屋外・道路型
紫外線赤外線併用式	スポット型	屋内・屋外・道路型
炎複合式	スポット型	屋内・屋外・道路型

（●P.153, 155, 157, 161, 163）

☑02.感知器の種類ごとの定義（作動原理）

感知器の種類		定義（作動原理）	
熱	差動式スポット型	周囲の温度の上昇率が一定の率以上になったときに火災信号を発信するもので	一局所の熱効果
	差動式分布型		広範囲の熱効果の累積
	定温式感知線型	一局所の周囲の温度が一定の温度以上になったときに火災信号を発信するもので	外観が電線状のもの
	定温式スポット型		外観が電線状以外のもの
	熱アナログ式スポット型	一局所の周囲の温度が一定の範囲内の温度になったときに当該温度に対応する火災情報信号を発信するもので	外観が電線状以外のもの
煙	イオン化式スポット型	周囲の空気が一定の濃度以上の煙を含むに至ったときに火災信号を発信するもので	一局所の煙によるイオン電流の変化
	光電式スポット型		一局所の煙による光電素子の受光量の変化
	光電式分離型		広範囲の煙の累積による光電素子の受光量の変化
	イオン化アナログ式スポット型	周囲の空気が一定の範囲内の濃度の煙を含むに至ったときに当該濃度に対応する火災情報信号を発信するもので	一局所の煙によるイオン電流の変化
	光電アナログ式スポット型		一局所の煙による光電素子の受光量の変化
	光電アナログ式分離型		広範囲の煙の累積による光電素子の受光量の変化
炎	紫外線式スポット型	炎から放射される紫外線または赤外線の変化が一定の量以上になったときに火災信号を発信するもので	一局所の紫外線による受光素子の受光量の変化
	赤外線式スポット型		一局所の赤外線による受光素子の受光量の変化
	紫外線赤外線併用式スポット型		一局所の紫外線および赤外線による受光素子の受光量の変化
熱だけの複合	熱複合式スポット型	複合式 異なる検出対象、作動原理などを併せもつもので	差動式スポット型の性能および定温式スポット型の性能を併せもつもの
	補償式スポット型 （熱複合式スポット型のうち1種類の火災信号のみを発信するもの）		
煙だけの複合	煙複合式スポット型		イオン化式スポット型の性能および光電式スポット型の性能を併せもつもの
熱と煙の複合	熱煙複合式スポット型		差動式スポット型または定温式スポット型の性能と、イオン化式スポット型または光電式スポット型の性能を併せもつもの
炎だけの複合	炎複合式スポット型		紫外線式スポット型の性能および赤外線式スポット型の性能を併せもつもの

☑ 03. 定温式感知器の公称作動温度 （●P.157）

公称作動温度の範囲 … 60℃から150℃まで
- 60℃以上80℃以下のもの ⇒ 5℃刻みとする
- 80℃を超えるもの　　　 ⇒ 10℃刻みとする

＊定温式スポット型・定温式感知線型のほか、熱複合式スポット型、補償式スポット型
　にも準用する（ただし、補償式スポット型の場合は「公称定温点」という）

☑ 04. 各感知器に共通の設置基準 （●P.189）

取付け位置	取付け面から感知器の下端まで	熱感知器	取付け面の下方0.3m以内
		煙感知器	取付け面の下方0.6m以内
	空気吹出し口から1.5m以上離れた位置（差動式分布型、光電式分離型のもの、炎感知器を除く）		
傾斜角の最大値	● 差動式分布型感知器の検出部		5度
	● スポット型の感知器（炎感知器を除く）		45度
	● 光電式分離型感知器 ● 光電アナログ式分離型感知器 ● 炎感知器		90度

☑ 05. 煙感知器 （光電式分離型を除く） の設置基準 （●P.193）

取付け位置	天井が低い居室または狭い居室	入口付近
	天井付近に吸気口がある居室	吸気口付近
	壁・はりからの距離	0.6m以上離れた位置
廊下・通路に設ける場合（※）	1種・2種	歩行距離30mにつき1個以上
	3種	歩行距離20mにつき1個以上
	※特定防火対象物と一部の非特定防火対象物（共同住宅、工場、映画スタジオ、事務所等）に設置義務あり 　小・中・高等学校、大学、図書館等には設置義務なし	

☑ 06. 光電式分離型の煙感知器の設置基準 (▶P.195)

取付け位置	● 天井等の高さが20m未満の場所に設ける ● 受光面が日光を受けないように設ける ● 光軸が並行する壁から0.6m以上離れた位置になるように設ける ● 送光部と受光部は、背部の壁から1m以内の位置に設ける ● 壁によって区画された区域ごとに、当該区域の各部分から1つの光軸までの水平距離が7m以下となるように設ける
光 軸	● 光軸の高さ … 天井等の高さの80%以上 ● 光軸の長さ … 当該感知器の公称監視距離の範囲内

☑ 07. 炎感知器（道路型）の設置基準 (▶P.195)

道路型の基準	● 道路の側壁部または路端の上方に設ける ● 道路面（監視員通路が設けられている場合は当該通路面）から高さ1.0m以上1.5m以下の部分に設ける
道路型以外のものと共通の基準	● 障害物等による感知障害がないように設ける ● 日光を受けない位置に設ける（感知障害が生じないように遮光板等を設けた場合は除く）

☑ 08. 自動火災報知設備の受信機の比較 (▶P.177)

○：必要　－：不要

	P型1級		P型2級		P型3級	R型
	多回線	1回線	多回線	1回線		
回線数	無制限	1回線	5回線以下	1回線	1回線	無制限
火災表示試験装置	○	○	○	○	○	○
火災表示の保持装置	○	○	○	○	－	○
予備電源装置	○	○	○	－	－	○
地区表示装置(※1)	○	－	○	－	－	○
火災灯	○	－	－	－	－	○
電話連絡装置	○	－	－	－	－	○
導通試験装置	○	－	－	－	－	○(※2)
主音響装置	○	○	○	○	○	○
主音響装置の音圧	85dB	85dB	85dB	85dB	70dB	85dB
地区音響装置	○	○	○	－	－	○

※1：P型受信機の場合は、回線ごとに専用の地区表示灯
※2：R型受信機は断線や短絡を検出する試験機能が必要

☑09. 発信機の種類 (▶P.165)

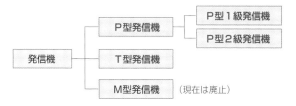

☑10. 受信機の種類 (▶P.175, 177, 179, 183)

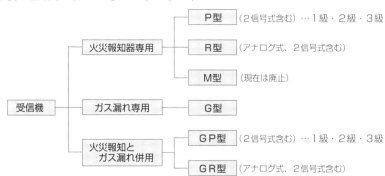

☑11. P型受信機とR型受信機の違い (▶P.169)

P型受信機	火災信号もしくは火災表示信号を**共通の信号**として、または設備作動信号を共通もしくは固有の信号として受信し、火災の発生を防火対象物の関係者に報知するもの どの回線から発信されたかわかるよう、**回線ごとに専用の地区表示灯**を設ける必要がある
R型受信機	火災信号、火災表示信号もしくは火災情報信号を**固有の信号**として、または設備作動信号を共通もしくは固有の信号として受信し、火災の発生を防火対象物の関係者に報知するもの 回線ごとに信号が異なり、火災発生場所が判断できるので、**中継器を介して配線を1つにまとめる**

☑ 12. 中継器・受信機の「所要時間」のまとめ （▶P.167, 175, 179, 183）

中継器（※）	受信開始から発信開始まで	5秒以内
P型受信機	受信開始から火災表示まで	
R型受信機	受信開始から火災表示まで	
アナログ式のR型受信機	受信開始から注意表示まで	
	受信開始から火災表示まで	
ガス漏れ火災警報設備の受信機	受信開始からガス漏れ表示まで	60秒以内

※ガス漏れ火災警報設備の中継器は、ガス漏れ信号の受信開始からガス漏れ表示までの所要時間が5秒以内の受信機に接続するものに限り、60秒以内とすることができる

☑ 13. ガス漏れ火災警報設備の検知器の基準 （▶P.223）

● 軽ガス（比重が1未満）の場合

天井面等からの距離	検知器の**下端**が**天井面等の下方0.3m以内**の位置になるように設ける
燃焼器または貫通部からの距離	燃焼器・貫通部から**水平距離8m以内**となるように設ける
天井面等の付近に吸気口がある場合	燃焼器・貫通部から**最も近い吸気口の付近**に設ける
0.6m以上のはり等がある場合	当該はり等よりも燃焼器側・貫通部側に設ける

● 重ガス（比重が1を超える）の場合

床面からの距離	検知器の**上端**が**床面の上方0.3m以内**の位置になるように設ける
燃焼器または貫通部からの距離	燃焼器・貫通部から**水平距離4m以内**となるように設ける

☑14. 検知器の検知方式 (▶P.225)

方　式	概　要	
半導体式	半導体にガスが吸着するときに、**半導体の電気抵抗が減少し、電気伝導度が上昇する**ことを利用する	ヒーター　半導体　電極
接触燃焼式	白金線（検出素子）の表面にガスが接触して燃焼するときに、**白金線の電気抵抗が増大する**ことを利用する	検出素子（白金線）　補償素子※（白金線） ※補償素子は、ガスに接触しないよう密閉構造になっている
気体熱伝導度式	ガスと空気の**熱伝導度の違い**により、半導体が塗られた白金線の温度が変化することを利用する	検出素子（白金線）　補償素子※（白金線） 検出素子には、半導体が塗られている

☑15. 耐火配線・耐熱配線とする回路 (▶P.205)

　配線は大まかに**一般配線、耐熱配線、耐火配線**に分けられ、火や熱に対する保護能力がこの順番に大きくなる。耐火配線または耐熱配線にする必要のある回路以外については、一般配線を行うことになります。耐火配線または耐熱配線とする回路のうち主なものは次の通りです。

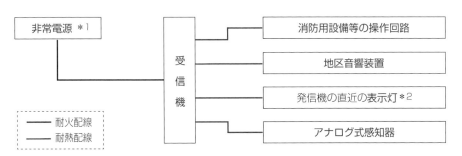

非常電源 ＊1 → 受信機	→	消防用設備等の操作回路
	→	地区音響装置
	→	発信機の直近の表示灯＊2
	→	アナログ式感知器

――― 耐火配線
――― 耐熱配線

＊1：中継器の非常電源回路（受信機等が予備電源を内蔵する場合は除く）も耐火配線とする必要がある
＊2：発信機を他の消防用設備等の起動装置と兼用する場合に限る（それ以外の場合は一般配線でよい）

☑ 16. 耐火配線・耐熱配線の工事方法 (▶ P.205, 207)

電 線 の 種 類		工 事 方 法
耐火配線	• 600ボルト2種ビニル絶縁電線（HIV） • ハイパロン絶縁電線 • 四ふっ化エチレン絶縁電線 • シリコンゴム絶縁電線 • ポリエチレン絶縁電線 • 架橋ポリエチレン絶縁電線 • EPゴム絶縁電線 • アルミ被ケーブル • 鋼帯がい装ケーブル • CDケーブル • 鉛被ケーブル • クロロプレン外装ケーブル • 架橋ポリエチレン絶縁ビニルシースケーブル • 架橋ポリエチレン絶縁ポリエチレンシースケーブル • ポリエチレン絶縁ポロエチレンシースケーブル • ポリエチレン絶縁ビニルシースケーブル • EPゴム絶縁クロロプレンシースケーブル • バスダクト	金属管、2種金属製可とう電線管または合成樹脂管に電線（ケーブル等を含む）を収め、耐火構造で造った壁、床等に埋設する
	耐火電線 MI（無機絶縁）ケーブル	MIケーブルまたは基準に適合する耐火電線を使用し、そのまま露出配線とする（埋設の必要もなし）
耐熱配線	• 600ボルト2種ビニル絶縁電線（HIV） • ハイパロン絶縁電線 • 四ふっ化エチレン絶縁電線 • シリコンゴム絶縁電線 • ポリエチレン絶縁電線 • 架橋ポリエチレン絶縁電線 • EPゴム絶縁電線 • アルミ被ケーブル • 鋼帯がい装ケーブル • CDケーブル • 鉛被ケーブル • クロロプレン外装ケーブル • 架橋ポリエチレン絶縁ビニルシースケーブル • 架橋ポリエチレン絶縁ポリエチレンシースケーブル • ポリエチレン絶縁ポロエチレンシースケーブル • ポリエチレン絶縁ビニルシースケーブル • EPゴム絶縁クロロプレンシースケーブル • バスダクト	金属管工事、可とう電線管工事、金属ダクト工事またはケーブル工事（不燃性のダクトに敷設するものに限る）により敷設する。埋設の必要はない
	耐熱電線 耐火電線 MI（無機絶縁）ケーブル 耐熱光ファイバーケーブル	MIケーブルまたは基準に適合する耐火電線（耐熱電線でもよい）を使用し、そのまま露出配線とする（埋設の必要もなし）

※グレーの部分の電線の種類は、耐火も耐熱も同じ

☑ 17. 差動式分布型感知器（空気管式）の試験 （▶P.215, 217）

試　験	概　要
火災作動試験	**テストポンプ**を用いて作動空気圧に相当する空気を注入し、作動するまでの時間（**作動時間**）を測定する
作動継続試験	感知器が作動したときから復旧する（接点が開く）までの時間（**作動継続時間**）を測定する
流通試験	● 空気管だけに空気を注入し、**空気管の漏れや詰まり**等の有無を確認する ● **流通時間**を測定し、空気管の長さに対応する範囲内かどうかを確認する
接点水高試験	テストポンプでダイヤフラムまで空気を注入して接点が閉じるときのマノメーターの水位の高さ（**接点水高値**）を測定し、**接点間隔**が適切かどうかを確認する

☑ 18. リーク抵抗と作動時間・作動継続時間の関係 （▶P.217）

リーク抵抗	空気の漏れ	作動時間	作動継続時間
大きい	少ない	短い	長い
小さい	多い	長い	短い

空気が順調に流れなかったり漏れたりしている場合には、ダイヤフラムが適正に作動しません。

☑ 19. 受信機の機能試験 （▶P.219）

試　験	概　要
火災表示試験	**受信機の火災表示**（火災灯、地区表示装置、主音響装置、地区音響装置）が正常に作動することと、**自己保持機能**を確認する
同時作動試験	複数の回線（警戒区域）から火災信号を**同時受信**しても火災表示が正常に作動するかどうかを確認する
回路導通試験	感知器回路の**断線の有無**を確認する
予備電源試験	常用電源と予備電源とが自動的に切り替わるかどうか、予備電源が正常であるかどうかを確認する

要点まとめて **Check**

◇ 実 技 編 ◇

内　　容

1 ● 機器の写真資料集 ……………………………………… P.40

2 ● 自動火災報知設備の製図に必要な記号 ……………… P.56

3 ● 平面図に関するポイント ……………………………… P.57

4 ● 系統図に関するポイント ……………………………… P.59

利用方法

○学習上のポイントを写真を使ってわかりやすくまとめた解説集
　です。

○試験直前期の対策にもご活用いただけます。

1. 機器の写真資料集

☑01. 感知器等

定温式スポット型感知器		記号	
種別	外観等	備考	
バイメタル式	 受熱板	● 一定の温度に達すると火災信号を発する ● 局所的な熱効果によって作動する ● 給湯室などに用いられる ● 厨房や給湯室では防水型()を使う	
半導体式		● 中央の突起が温度検知素子(サーミスタなどを利用) ● 差動式と定温式は内部回路が異なるだけなので、外観では区別がつかず、メーカーごとにシール等で識別している	
防爆型		● 可燃性のガスなどのある場所に設置 ● 金属の膨張係数の違いを利用したもの	
一般型		● 金属の膨張係数の違いを利用したもので、防爆仕様にはなっていないもの	

差動式スポット型感知器		記号	⌒
種別	外観等		備考
空気膨張型			● 一定以上の温度上昇率で火災信号を発する感知器 ● 局所的な熱効果によって作動する ● 空気の膨張を利用している ● 無窓階、階段、廊下などを除く、居室等に用いられる
半導体式			● 中央の突起が温度検知素子（サーミスタなどを利用） ● 差動式と定温式は内部回路が異なるだけなので、外観では区別がつかず、メーカーごとにシール等で識別している

差動式分布型感知器（空気管式）		記号	⋈
種別	外観等		備考
検出部	 コックスタンド		● 広範囲の熱効果の累積によって作動する ● 空気の膨張を利用している ● 左の右は検出部のふたを開けた写真。下の写真は空気管の接続部 コックスタンド

差動式分布型感知器（熱電対式）		記号	
種別	外観等		備考
検出部			• **広範囲**の熱効果の累積によって作動する • 熱電対の**熱起電力**を利用している • 検出部には**メーターリレー**を使用する

スポット型煙感知器		記号	S
種別	外観等		備考
イオン化式			• **放射性物質**を使用し**イオン電流**の変化によって作動する • **外部イオン室**と**内部イオン室**があるので、構造上高さが必要 • 放射線マーク（☢）を添付
光電式			• **光の散乱**を利用したもの • 暗箱の中に、**光源**となる**半導体素子**とその光を受ける**光電素子**（受光素子）を遮光板をはさんで設置する • 受光素子が受け取る光は、**受光増幅回路→スイッチング回路**と進む • 現在ほとんどの煙感知器はこのタイプのものになっている
光電アナログ式			• 外観上は光電式煙感知器と変わらない • 火災信号を送出するのではなく、**煙の濃度**レベルを送出する

光電式分離型煙感知器	記号	S → → S
外観等		備考

- **送光部**と**受光部**により構成され、公称監視距離は**5m以上100m以下**
- いろいろな形状のものがある
- **広い建物**で使われる

炎感知器		記号	△
種別	外観等		備考

紫外線式		一定時間内の**紫外線量**が規定値に達すると火災信号を発する
赤外線式		一定時間内の**赤外線量**が規定値に達すると火災信号を発する

中　継　器	記号	▭
外観等		備考

- 感知器等からの火災信号や火災情報信号を受信機に中継・発信する
- その他の設備にも中継・発信する

☑ 02.受信機

受　信　機		記号	
P型1級		P型2級	

P型1級	**P型2級**
共通 • 主音響装置85dB以上 **多回線（回線数制限なし）** • **すべての機能**を備えている **1回線** • 地区表示灯、火災灯、電話連絡装置、導通試験装置なし	**共通** • 主音響装置85dB以上 **多回線（5回線以下）** • 火災灯、電話連絡装置、導通試験装置なし **1回線** • 火災表示試験装置、火災表示の保持装置、主音響装置のみ。**延べ面積350㎡以下のみ対応**
P型3級	**R型**

P型3級	**R型**
1回線のみ • 主音響装置70dB以上 • 火災表示試験装置、主音響装置のみあり • **延べ面積150㎡以下のみ対応**	• 主音響装置85dB以上 • 回線数制限なし • 装置はP型1級多回線用と同じ • アナログ式もあり

■ P型受信機が備える装置等

●：必要　－：不要

	1級		2級		3級	R
	多回線	1回線	多回線	1回線	1回線	
1）火災表示試験装置	●	●	●	●	●	●
2）火災表示の保持装置	●	●	●	●	－	●
3）予備電源装置	●	●	●	－	－	●
4）地区表示灯	●	－	●	－	－	●
5）火災灯	●	－	－	－	－	●
6）電話連絡装置	●	－	－	－	－	●
7）導通試験装置	●	－	－	－	－	●
8）主音響装置	●	●	●	●	●	●
9）地区音響装置	●	●	●	－	－	●

ガス漏れ警報設備用受信機（G型）

外観等	備考
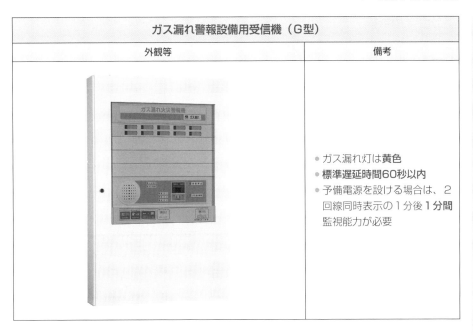	● ガス漏れ灯は**黄色** ● **標準遅延時間60秒以内** ● 予備電源を設ける場合は、2回線同時表示の1分後**1分間**監視能力が必要

複合盤（GP型・GR型）

外観等	備考
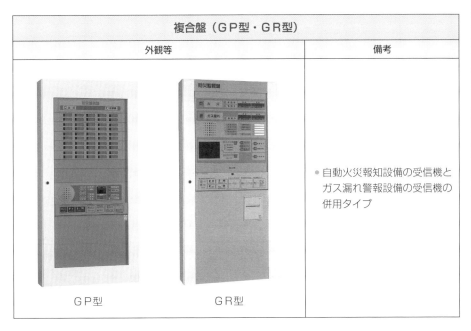 GP型　　　　GR型	● 自動火災報知設備の受信機とガス漏れ警報設備の受信機の併用タイプ

☑ **03. 発信機等**

発　信　機		記号	(P)
種別	外観等	備考	
P型1級		**1、2級共通** ● 外箱は**赤色** ● **保護板**は透明の**有機ガラス** **1級のみ** ● **電話ジャックと確認灯**が付いている (いずれも隠れている)	
P型2級		**1、2級共通** ● 外箱は**赤色** ● **保護板**は透明の**有機ガラス** **2級のみ** ● 電話ジャック、確認灯なし	

表　示　灯	記号	◑
外観等	備考	
	● **赤色**の灯火 ● 取付け面と15度以上の角度で10m離れた位置から確認できなければいけない	

地区音響装置 (ベル)	記号	(B)
外観等	備考	
	● 音圧は軸上1mで**90dB以上** ● 階の各部から1の地区音響装置までの**水平距離が25m以下**	

機器収容箱	記号	⬜ Ⓟ Ⓑ
外観等		備考

大型 / 小型

- 機器収容箱に、**表示灯**（⬤）、**P型発信機**（Ⓟ）、**地区音響装置**（Ⓑ）を収納し、一体型で使用する
- ボックス内は端子盤として使用する場合もある

☑ 04. ガス漏れ警報設備関連

ガス漏れ警報設備用　ガス漏れ検知器		
	外観等	備考
都市ガス用		● **空気より軽い**ガス用で、検知器の下端が天井面から30cm以内、燃焼器から8m以内に設置する
LPガス用		● **空気より重い**ガス用で、検知器の上端が床面から30cm以内、燃焼器から4m以内に設置する

ガス漏れ警報設備用　表示灯	
外観等	備考
	● ガス漏れ検知器の作動した場所を知らせるため、**廊下等**に設置する

47

ガス漏れ警報設備用　中継器	
外観等	備考
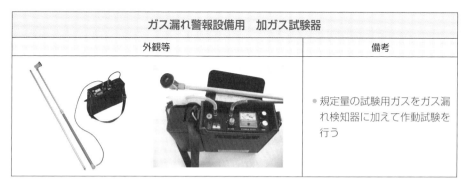	• ガス漏れ検知器と受信機の間に設ける • 複数の検知器を1つの回線に接続するような場合に使用する

ガス漏れ警報設備用　加ガス試験器	
外観等	備考
	• 規定量の試験用ガスをガス漏れ検知器に加えて作動試験を行う

☑ 05. 試験器

加熱試験器	
外観等	備考
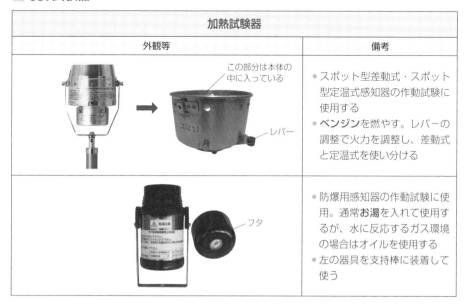この部分は本体の中に入っている　　レバー	• スポット型差動式・スポット型定温式感知器の作動試験に使用する • **ベンジン**を燃やす。レバーの調整で火力を調整し、差動式と定温式を使い分ける
フタ	• 防爆用感知器の作動試験に使用。通常**お湯**を入れて使用するが、水に反応するガス環境の場合はオイルを使用する • 左の器具を支持棒に装着して使う

加煙試験器

外観等	備考
	● スポット型煙感知器の作動試験に使用する ● 実煙（線香）式のものとガス式のものがある

感度試験器

外観等	備考
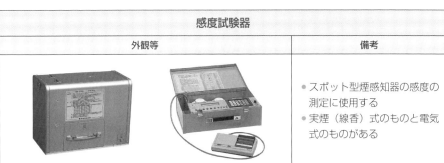	● スポット型煙感知器の感度の測定に使用する ● 実煙（線香）式のものと電気式のものがある

炎感知器用作動試験器

外観等	備考
	● 炎感知器に近づけ、作動試験を行う ● スイッチの切り替えにより赤外線式と紫外線式の両方の試験が可能

メーターリレー試験器（差動式分布型〔熱電対式〕感知器の試験器具）

外観等	備考
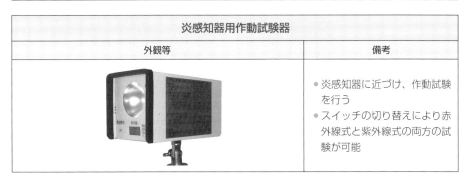	● 作動試験と回路抵抗試験に使用する

マノメーター他（差動式分布型〔空気管式〕感知器の試験器具）

外観等	備考
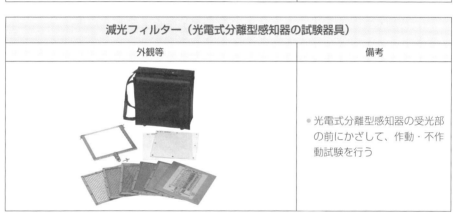	● 作動時間、作動継続時間、接点水高、リーク抵抗、流通などの試験に使用する ①マノメーター ②三方ノズル ③ストップウォッチ ④試験ポンプ

減光フィルター（光電式分離型感知器の試験器具）

外観等	備考
	● 光電式分離型感知器の受光部の前にかざして、作動・不作動試験を行う

外部試験器（共同住宅等の遠隔試験用試験器）

外観等	備考
	● 共同住宅等の戸外から、この試験器を接続して、機能試験を行う ● システムによりいろいろな試験器がある

☑ 06. 計器等

メガー（絶縁抵抗計）	
外観等	備考
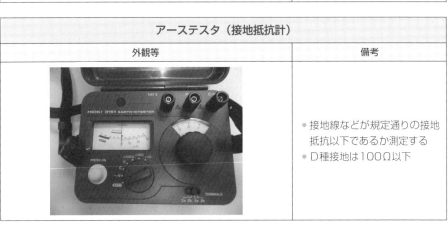	● 電源配線や感知器配線の絶縁抵抗値を計測

アーステスタ（接地抵抗計）	
外観等	備考
	● 接地線などが規定通りの接地抵抗以下であるか測定する ● D種接地は100Ω以下

検　電　器	
外観等	備考
	● 活線（電気がきている線）かどうかなどのチェックに使用する

テスタ（回路計）		
種別	外観等	備考
アナログ		● 外線の断線チェック、各部の電圧や電流、抵抗値の測定に使用する
デジタル		● 機器内部の詳細な電圧のチェックなど電圧や電流、抵抗値の測定に使用する

普通騒音計	
外観等	備考
防風スクリーン（マイクにかぶせて、風の音を拾いにくくする）	● 音響装置から軸上1mの距離の音圧（90dBや92dB）、任意の位置の警報音圧の測定に使用する ● Aモードで測定する

送受話器	
外観等	備考
	● P型1級受信機、R型に1セット付属している ● 通常受信機内などに置いてある ● 受信機が火災警報を発した際に、この送受話器を持って発信機のところへ行き、発信機の電話ジャックにプラグを差し込んで受信機側へ状況を伝える

☑ 07. 工具等

感知器脱着器	
外観等	備考
	● 高いところに設置されている感知器を着脱するためのもの ● 支持棒に装着して使う

パイプカッター	
外観等	備考
	● 電線を通す金属配管やパイプの切断に使用する

ワイヤーカッター	
外観等	備考
	● ケーブルの切断などに使用する

ペ ン チ	
外観等	備考
	● 電線を切ったり、心線を曲げたりするときに使用する ● ナットを締めたりもする

ラジオペンチ	
外観等	備考
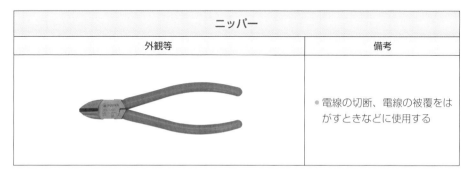	● 電線の細かな曲げや細い線のねじりなどに使用する

ニッパー	
外観等	備考
	● 電線の切断、電線の被覆をはがすときなどに使用する

ワイヤーストリッパー	
外観等	備考
	● 電線の被覆をはがし心線を露出させるときに使用する

リ　－　マ	
外観等	備考
	● 金属配管の切断面の内側や、端子盤などの孔あけ後の形状を整えるのに使用する

圧着ペンチ

外観等	備考
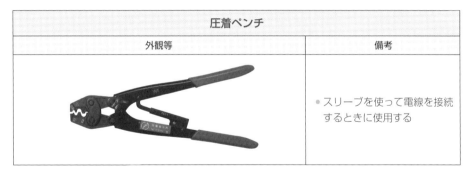	● スリーブを使って電線を接続するときに使用する

カップリング

外観等	備考
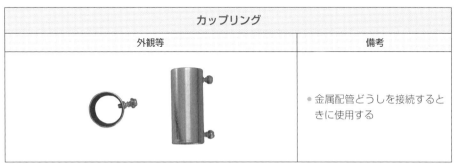	● 金属配管どうしを接続するときに使用する

サ　ド　ル

外観等	備考
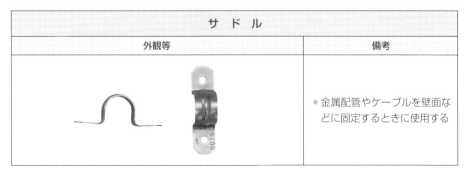	● 金属配管やケーブルを壁面などに固定するときに使用する

端　子　台

外観等	備考
	● 各階の端子盤内で配線を分岐するときなどに使用する

2. 自動火災報知設備の製図に必要な記号

名　称	記号	適　用
差動式スポット型感知器	（半円）	必要に応じ、種別を傍記する
補償式スポット型感知器	（半円に横線）	必要に応じ、種別を傍記する
定温式スポット型感知器	（半円）	(1)必要に応じ、種別は傍記する (2)防水のものは、（記号）とする
煙感知器	S	必要に応じ、種別は傍記する
炎感知器	（三角に円）	
空気管	（長方形）	
差動式分布型感知器の検出部	（砂時計形）	必要に応じ、種別を傍記する
Ｐ型発信機	P	
回路試験器	（円に点）	
火災警報ベル（地区音響装置）	B	
受信機	（×印の長方形）	ほかの設備の機能をもつ場合は、必要に応じ、該当設備の図記号を傍記する
表示灯	（半黒丸）	
中継器	（長方形横線）	
終端抵抗器	Ω	例：（記号）$_\Omega$　(P)$_\Omega$　（記号）$_\Omega$
機器収容箱	（長方形）	
送り配線	—//—	感知器回路の共通線、表示線の2線であることを示す
送り配線（複式）	—///—	送り配線の感知器回路の往路と復路を示す
立ち上がり	（記号）	上の階の配線に接続
引き下げ	（記号）	下の階の配線に接続
警戒区域境界線	—·—·—	一点鎖線で配線の図記号より太くする
警戒区域番号	(No.)	(1)〇の中に警戒区域番号を入れる (2)必要に応じ（記号）とし、上部に必要事項、下部に警戒区域番号を入れる 例：（階段 5）（シャフト 5）

3. 平面図に関するポイント

☑01. 感知器等の端末機器の配置

基本となる感知器は、差動式スポット型感知器です。

ア　感知器の設置を除外できる部分があるかの確認

不燃材料で造られた、出火源となる物のないトイレや浴室等

イ　種類や配置が指定されている場所への感知器の配置

天井高が20mを超える部分については炎感知器を設置します。

天井高が20m未満の部分については下記の通りです。

1) 階段

地下1階までの建物は、最上階の階段上部に煙感知器を1個配置し、その感知器から下階に向けて15m以内ごとの階の階段に配置します。

地下2階以上の建物では、最上階の階段上部と地下1階の階段上部に煙感知器を配置し、それぞれその感知器から下階に向けて15m以内ごとの階の階段に配置します。

2) エレベーター昇降路（ELV）

昇降路最上部に煙感知器を設置します。上部にエレベーター機械室があり、煙の流通が十分になされる開口部がある場合は不要です。

3) パイプシャフトなどのたて穴区画部分（階ごとに区画されたものは部屋と同じ扱い）

最上部に煙感知器を配置します。

4) 廊下

10m以上の廊下には煙感知器の設置が必要です。配置については、廊下の端から15m以内に1個、感知器間の間隔は30m以内ごとです。

5) 無窓階

無窓階、地下階、11階以上には煙感知器の設置が必要です。

ウ　居室内等の感知器の配置

下記のように、周囲の環境に適合した感知器を選定し配置します。

● 給湯室など高温となり、水を使う場所…定温式感知器の防水型

● ボイラー室…定温式感知器（煙感知器は油煙で誤作動の可能性あり）

感知器の設置個数については**警戒する場所の面積を計算し**、設置する感知器の感知面積で割り、**小数点以下を切り上げた数が最低設置個数**となります。

さらに、設置する感知器の警戒面積以下であっても、**熱感知器については40cm以上、煙感知器については60cm以上のはりがある場合**は、はりの両側でそれぞれ別々に感知器の設置が必要となるので、設置個数はさらに増えます。

■主なスポット型感知器の感知面積（単位：㎡）

感知器の種類と種別		取付け面の高さ			
		4m未満		4m以上8m未満	
		耐火構造	それ以外	耐火構造	それ以外
定温式スポット型熱感知器	特種	70	40	35	25
	1種	60	30	30	15
	2種	20	15	−	−
差動式スポット型熱感知器	1種	90	50	45	30
	2種	70	40	35	25
スポット型煙感知器	1種	150		75	
	2種				

この表の数値は、製図の試験では重要です。

☑02.警戒区域の設定

感知器の配置が終わったら次に行うのが警戒区域の設定です。

ア　たて穴区画（階段、エレベーター昇降路、パイプダクト等）の設定

階段は、**垂直距離45m以内ごとに1警戒区域**として設定します。また、たて穴区画用の感知器が**水平距離50m以内**にある場合は、同一警戒区域に設定できます。

ただし、**地階が2階以上ある場合は、地階と地上階を別警戒区域**とします。

イ　たて穴区画以外の部分

階ごとに**1警戒区域は600㎡以下**（見通しのきく同一階の場合は1000㎡以下）となるように設定します。ただし、**1辺50m以下**と定められています。

要点まとめてCheck　実技編

4.　系統図に関するポイント

☑ **01.** 端末機器の配線

ア　たて穴区画の感知器配線

　使用する電線は600Ｖビニル絶縁電線（IV）で、送り配線が必要です。Ｐ型１級発信機の設備では、末端の感知器には**終端抵抗**（Ω）を必ず設置します。

イ　たて穴区画以外の感知器・発信機の配線

　感知器と発信機に使用する電線は、IVで、送り配線が必要です。**Ｐ型１級受信機の設備では、末端の感知器または発信機には終端抵抗（Ω）を必ず設置します。ただし、１警戒区域内に終端抵抗は１つだけ付けます。**

　なお、Ｐ型２級発信機の設備では、断線検出機能がないので、**発信機か押しボタン**（回路試験器）を最終端に設置します。

ウ　表示灯線（PL）の配線

　IVで配線します。同一階に表示灯が複数個ある場合は、すべて**並列接続し送り配線の必要はありません。**

エ　発信機の応答線（A）、電話線（T）の配線

　IVで配線します。同一階に発信機が複数個ある場合は、すべて並列接続し、送り配線の必要はありません。

オ　地区音響装置（B）の配線

　600Ｖ２種ビニル絶縁電線・耐熱電線（HIV）で配線します。同一階に地区音響装置が複数個ある場合は、すべて並列接続し、送り配線の必要はありません。

☑ **02.** 幹線の配線

　幹線とは、受信機から各警戒区域の**機器収容箱**に出入りする電線のことです。

ア　感知器回線の幹線（C、L）の配線

　IVで配線します。**最大７警戒区域**まで１本の**共通線（C）**で配線できます。感知器回線（L）は各警戒区域から**単独に配線する**ので、警戒区域が複数ある建物の場合、**警戒区域の増加に合わせて**（通常、受信機から遠い上の階から数えてくる）、**感知器回線（L）も増加します。**

イ　表示灯線（PL）の幹線の配線

　IVで配線します。各階すべて並列接続します。並列なので、幹線の配線は２本です。消火栓連動がある（発信機兼用）の場合は表示灯線（PL）もHIVにします。

ウ　電話線（T）、応答線（A）の幹線の配線（P型１級受信機の場合）

　IVで配線します。電話線、応答線ともにそれぞれ、各階すべて並列接続します。P型１級受信機以外は、電話線（T）と応答線（A）は不要です。

エ　地区音響装置の幹線（BC、B）の配線

　HIVで配線します。５階建て以下でかつ延べ面積が3000㎡以下の場合は、一斉鳴動ですから、１つの回線にすべての地区音響装置を並列でつなげばよいので、全階２本（BC〔ベル共通線〕とB）で済みます。区分鳴動の場合は、全階１本は共通（BC）ですが、もう１本（B）は階ごとに単独配線なので、階数が増えれば配線の数も増えます。

■**幹線本数に関するまとめ**

①警戒区域数が８以上だと感知器の共通線（C）が増える。

②警戒区域の増加に合わせて感知器回線（L）も増加する。

③消火栓連動がある（発信機兼用）の場合は表示灯線（PL）もHIVにする。

④P型１級受信機以外の場合は電話線（T）、応答線（A）が不要。

⑤区分鳴動（地上５階建て以上で延べ面積3000㎡を超える）の場合はベル線（B）が階数ごとに増える。

⑥たて穴区画の途中階の煙感知器は、幹線の本数に影響しない。最上部分にある煙感知器のみを数える。

このまとめはしっかりと覚えておこうね。

電気に関する
基礎的知識

ここでは、「電気に関する基礎的知識」の厳選された
34の問題とその解説を掲載しています。
各問の解説の「ここがPOINT!」を参考に、1問1問
をしっかり理解しながら、試験に向けた問題演習＆基
礎固めを進めましょう。

分野別重点問題

1. 電気に関する基礎的知識

1 直列接続

問題1　　　　　　　　　　　　　　　　　　　　　　　　　　　　▶

下図の直流回路における合成抵抗の値および回路全体に流れる電流の値の組合せとして、正しいものは次のうちどれか。

	合成抵抗値	電流の値
(1)	9Ω	1 A
(2)	9Ω	2 A
(3)	2Ω	9 A
(4)	2Ω	4.5 A

6Ω　3Ω　18V の直列回路図

問題2　✔重要　　　　　　　　　　　　　　　　　　　　　　　　▶

下図の直流回路の抵抗 R_1、R_2、R_3にそれぞれかかる電圧の値の組合せとして、正しいものは次のうちどれか。

	R_1	R_2	R_3
(1)	100 V	100 V	100 V
(2)	50 V	30 V	20 V
(3)	20 V	30 V	50 V
(4)	20 V	20 V	20 V

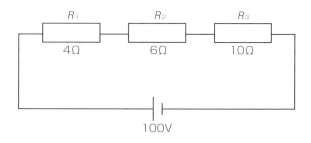

問題1　解説　　　　　　　　　　　　　　　　直列接続 ⇨ 速 P.13

ここがPOINT!

抵抗を直列接続した回路
● 合成抵抗 R …各抵抗の和（$R_1 + R_2 \cdots$）に等しい
● 電流の値 I …どこでも同じ大きさの電流が流れる
回路全体のオームの法則：電流 $I = \dfrac{電源電圧 V}{合成抵抗 R}$

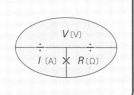

本問のように抵抗を**直列接続**した場合は、**合成抵抗 R の値は各抵抗の和に等しい**ので、合成抵抗 $R = 6\,\Omega + 3\,\Omega = 9\,\Omega$ となります。

次に、**回路全体に流れる電流の値 I** は、回路全体の**オームの法則**より求めることができます。

$\therefore$ 電流 $I = \dfrac{電源電圧 V}{合成抵抗 R} = \dfrac{18\mathrm{V}}{9\,\Omega} = 2\mathrm{A}$

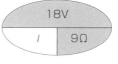

正解（2）

問題2　解説　　　　　　　　　　　　　　　　直列接続 ⇨ 速 P.13

ここがPOINT!

直列接続では各抵抗にかかる電圧の値は異なり、
電源電圧（回路全体）の値 V は、
各抵抗にかかる電圧の和に等しい

$V = V_1 + V_2$

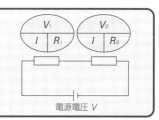

本問のように抵抗を直列接続した場合、まず合成抵抗 R の値は各抵抗の和に等しいので、**合成抵抗 $R = 4\,\Omega + 6\,\Omega + 10\,\Omega = 20\,\Omega$**。

次に、回路全体に流れる電流の値 I は、回路全体のオームの法則より、

電流 $I = \dfrac{100\mathrm{V}}{20\,\Omega} = 5\mathrm{A}$　この電流 I が、各抵抗に流れます。

そこで、抵抗ごとのオームの法則を考えると、

抵抗 R_1 にかかる電圧 $V_1 = 5\,\mathrm{A} \times 4\,\Omega = 20\,\mathrm{V}$
抵抗 R_2 にかかる電圧 $V_2 = 5\,\mathrm{A} \times 6\,\Omega = 30\,\mathrm{V}$
抵抗 R_3 にかかる電圧 $V_3 = 5\,\mathrm{A} \times 10\,\Omega = 50\,\mathrm{V}$

各抵抗にかかる電圧の
和が、電源電圧と等し
くなっていますね。

正解（3）

並列接続

問題 1 ✓重要　　　　　　　　　　　　　　　▶ ☐☐

下図の直流回路における合成抵抗の値および回路全体に流れる電流の値の組合せとして、正しいものは次のうちどれか。

	合成抵抗値	電流の値
(1)	22Ω	10 A
(2)	2Ω	1 A
(3)	22Ω	1 A
(4)	2Ω	10 A

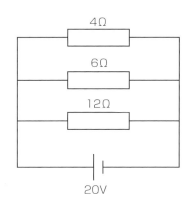

問題 2　　　　　　　　　　　　　　　　　▶ ☐☐

下図の直流回路における合成抵抗の値および抵抗R_1、R_2にそれぞれ流れる電流の値の組合せとして、正しいものは次のうちどれか。

	合成抵抗値	R_1	R_2
(1)	4Ω	1 A	2 A
(2)	4Ω	3 A	3 A
(3)	18Ω	1 A	2 A
(4)	18Ω	3 A	3 A

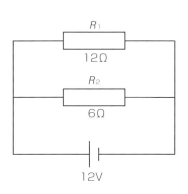

問題1　解説　　　　　　　　　　　　　　　　並列接続 ⇨ 速 P.15

ここがPOINT!

抵抗を並列接続した回路
● 合成抵抗 R …枝分かれした各部分の
　抵抗の逆数の和の逆数に等しい

$$R = \cfrac{1}{\cfrac{1}{R_1} + \cfrac{1}{R_2} + \cfrac{1}{R_3}}$$

　本問のように抵抗を並列接続した場合、合成抵抗 R の値は、枝分かれしている各部分の抵抗の逆数の和の逆数に等しいので、

$$\frac{1}{4\,\Omega} + \frac{1}{6\,\Omega} + \frac{1}{12\,\Omega} = \frac{3}{12} + \frac{2}{12} + \frac{1}{12} = \frac{6}{12} = \frac{1}{2}$$

合成抵抗 R はこの逆数なので、$R = 2\,\Omega$

次に、回路全体に流れる電流の値 I は、回路全体のオームの法則より、

$$電流\, I = \frac{電源電圧\, V}{合成抵抗\, R} = \frac{20\mathrm{V}}{2\,\Omega} = 10\mathrm{A}$$

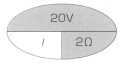

正解（4）

問題2　解説　　　　　　　　　　　　　　　　並列接続 ⇨ 速 P.15

ここがPOINT!

並列接続では各抵抗にかかる電圧の値は同じ
　枝分かれしていない部分の電流 I は、
　枝分かれしている部分の電流の和に等しい

$$I = I_1 + I_2$$

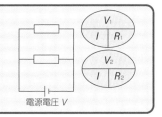

　まず合成抵抗 R は、$\dfrac{1}{12\,\Omega} + \dfrac{1}{6\,\Omega} = \dfrac{3}{12} = \dfrac{1}{4}$　この逆数なので、$4\,\Omega$。

　次に、並列接続では各抵抗にかかる電圧の値は同じで、本問では電源電圧と等しくなるので、抵抗ごとのオームの法則を考えると、

抵抗 R_1 に流れる電流 $I_1 = \dfrac{12\mathrm{V}}{12\,\Omega} = 1\,\mathrm{A}$

抵抗 R_2 に流れる電流 $I_2 = \dfrac{12\mathrm{V}}{6\,\Omega} = 2\,\mathrm{A}$

合計すると、枝分かれしていない部分の電流と等しくなります。

正解（1）

問題1 ✔重要 ▶ □ □

下図の直流回路における合成抵抗値Rおよび抵抗R_1に流れる電流I_1の値の組合せとして、正しいものは次のうちどれか。

	合成抵抗値R	電流I_1
(1)	$3.6\,\Omega$	$4\,A$
(2)	$15\,\Omega$	$4\,A$
(3)	$3.6\,\Omega$	$10\,A$
(4)	$15\,\Omega$	$10\,A$

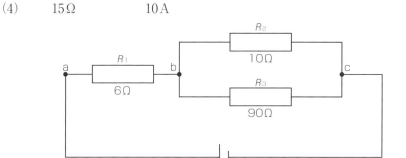

 **問題2** ✔重要 ▶ □ □

問題1の直流回路の抵抗R_2、R_3にそれぞれ流れる電流の値I_2、I_3の組合せとして、正しいものは次のうちどれか。

	I_2	I_3
(1)	$3.6\,A$	$0.4\,A$
(2)	$0.6\,A$	$0.6\,A$
(3)	$2\,A$	$2\,A$
(4)	$6\,A$	$0.67\,A$

問題1 解説　　　　　　　　　　　　　　直並列接続 ⇨ 速 **P.18**

ここが POINT!

直並列接続（直列と並列を組み合わせた接続）の回路
　並列接続の部分は並列接続のルール、直列接続の部分は直列接続のルールに
従って、抵抗、電流、電圧の値を求めることができる。

　この回路は、直列と並列を組み合わせた**直並列接続**になっています。

　まず、bc間の合成抵抗を求めます。抵抗R_2とR_3は**並列接続**なので、

$$\frac{1}{10\,\Omega} + \frac{1}{90\,\Omega} = \frac{9}{90} + \frac{1}{90} = \frac{10}{90} = \frac{1}{9}$$ この逆数なので、9 Ω。

　さらにab間（抵抗R_1）とbc間は**直列接続**なので、

∴回路全体の**合成抵抗**$R = 6\,\Omega + 9\,\Omega = 15\,\Omega$

　次に、抵抗R_1は回路が枝分かれしていない部分なので、回路全体を流れる
電流Iと同じ大きさの電流が流れます。回路全体のオームの法則を考えてみ
ると、電源電圧Vが60Vなので、

$$電流\ I = \frac{60\mathrm{V}}{15\,\Omega} = 4\ \mathrm{A}$$

正解（2）

問題2 解説　　　　　　　　　　　　　　直並列接続 ⇨ 速 **P.18**

ここが POINT!

● 枝分かれしていない部分の電流I＝枝分かれした部分の電流の和
● 並列接続されている各抵抗にかかる電圧の値は同じ

　抵抗R_2とR_3は**並列接続**なので電圧の大きさは同じです（$V_2 = V_3$）。また
ab間とbc間は**直列接続**なので、それらの電圧の和が電源電圧Vと等しくなり
ます。したがって、ab間の電圧をV_1とすると、$V_2 = V_3 = V - V_1 \cdots$①

　また、抵抗R_1では6Ωの抵抗に4Aの電流が流れているので、抵抗R_1にお
けるオームの法則より、電圧$V_1 = 4\,\mathrm{A} \times 6\,\Omega = 24\,\mathrm{V}$

　∴①より、$V_2 = V_3 = 60\,\mathrm{V} - 24\,\mathrm{V} = 36\,\mathrm{V}$

抵抗R_2に流れる電流$I_2 = \dfrac{36\mathrm{V}}{10\,\Omega} = 3.6\,\mathrm{A}$

抵抗R_3に流れる電流$I_3 = \dfrac{36\mathrm{V}}{90\,\Omega} = 0.4\,\mathrm{A}$

3.6A＋0.4A＝4A
になりますね。

正解（1）

4 **直並列接続②**

問題1 🗸**重要** ▶ ☐☐

下図の直流回路における合成抵抗値 R および抵抗 R_3 に流れる電流 I_3 の値の組合せとして、正しいものは次のうちどれか。

合成抵抗値 R 電流 I_3
(1) 0.5Ω 3A
(2) 0.5Ω 6A
(3) 2Ω 3A
(4) 2Ω 6A

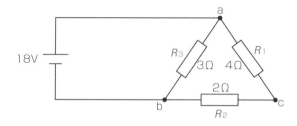

問題2 ▶ ☐☐

問題1の直流回路の抵抗 R_1、R_2 にそれぞれかかる電圧の値 V_1、V_2 の組合せとして、正しいものは次のうちどれか。

V_1 V_2
(1) 3V 3V
(2) 6V 12V
(3) 12V 6V
(4) 18V 18V

問題 1　解説　　　　　　　　　　　　直並列接続 ⇨ 速 P.20

ここが POINT!

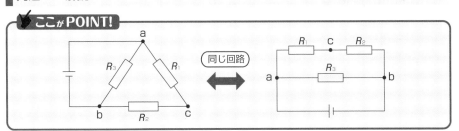

　抵抗 R_1 と R_2 は**直列接続**であり、合成抵抗は $4\,\Omega + 2\,\Omega = 6\,\Omega$。この $6\,\Omega$ と抵抗 R_3 の $3\,\Omega$ が**並列接続**になっているので、回路全体の**合成抵抗 R** は、

$$\frac{1}{6\,\Omega} + \frac{1}{3\,\Omega} = \frac{1}{6} + \frac{2}{6} = \frac{3}{6} = \frac{1}{2}$$ この逆数なので、$2\,\Omega$。

　抵抗 R_3 は電源電圧と並列に接続されているので、電圧の大きさは電源電圧と同じ18Vです。そこで抵抗 R_3 におけるオームの法則を考えてみると、

$$\therefore 電流 I_3 = \frac{18\mathrm{V}}{3\,\Omega} = 6\,\mathrm{A}$$

正解 （4）

問題 2　解説　　　　　　　　　　　　直並列接続 ⇨ 速 P.20, 21

ここが POINT!

● **枝分かれしていない部分の電流 I ＝枝分かれした部分の電流の和**
● **直列接続されている各抵抗に流れる電流の値は同じ**

　まず回路全体のオームの法則を考えてみると、枝分かれしていない部分を流れる電流 I の大きさは、

$$電流 I = \frac{18\mathrm{V}}{2\,\Omega} = 9\,\mathrm{A}$$

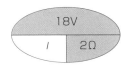

　この $9\,\mathrm{A}$ が点 a で枝分かれして、抵抗 R_3 のほうに $6\,\mathrm{A}$ 流れるのだから、抵抗 R_1 と R_2 のほうには $9\,\mathrm{A} - 6\,\mathrm{A} = 3\,\mathrm{A}$ が流れます。そこで、抵抗 R_1 と R_2 におけるオームの法則を考えてみると、

$$\therefore 電圧 V_1 = 3\,\mathrm{A} \times 4\,\Omega = 12\mathrm{V}$$

$$\therefore 電圧 V_2 = 3\,\mathrm{A} \times 2\,\Omega = 6\,\mathrm{V}$$

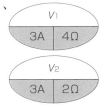

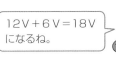

12V＋6V＝18V
になるね。

正解 （3）

問題 1 ✔重要 ▶ □□

下図の回路において、ac間の検流計の指針が0を示すときの抵抗値P、Q、R、Sの関係式として、正しいものは次のうちどれか。

(1) $P + Q = S + R$

(2) $P + R = Q + S$

(3) $PQ = SR$

(4) $PR = QS$

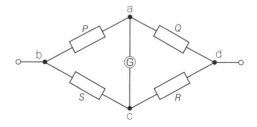

問題 2 ▶ □□

下図の回路に60Vの電圧をかけたとき、ac間にかかる電圧の値として正しいものは次のうちどれか。

(1) 0 V

(2) 12 V

(3) 30 V

(4) 60 V

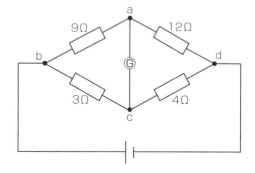

問題 1　解説　　　　　　　　　　　　　　**ブリッジ回路** ⇨ ⑳ **P.21**

ここが POINT!

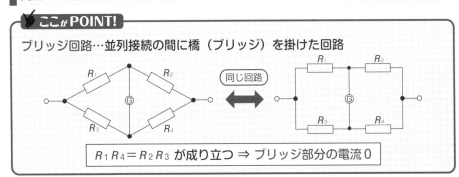

ブリッジ回路…並列接続の間に橋（ブリッジ）を掛けた回路

（同じ回路）

$R_1 R_4 = R_2 R_3$ が成り立つ ⇒ ブリッジ部分の電流 0

　並列接続の間に橋（ブリッジ）を掛けた回路のことをブリッジ回路といいます。Ｇは検流計です。ブリッジ回路においては、たすき掛けの位置関係にある抵抗R_1と抵抗R_4、抵抗R_2と抵抗R_3のそれぞれの積が等しい場合は、ブリッジの部分（本問のac間）には電流が流れません（検流計の値が0になる）。

　本問の場合、たすき掛けの関係にある抵抗はPとR、QとSなので、$PR = QS$のとき検流計の指針が0Aを示します。

正解（4）

合わせ

【ブリッジ回路】
橋（ブリッジ回路）は、斜めに掛けて（たすき掛け）
堰が同じなら（積が同じなら）何も流れない（電流が流れない）

問題 2　解説　　　　　　　　　　　　　　**ブリッジ回路** ⇨ ⑳ **P.21**

ここが POINT!

ブリッジの平衡条件（$R_1 R_4 = R_2 R_3$）が成り立つとき
　⇒ ブリッジ部分の電位差（電圧）＝ 0　∴ブリッジ部分の電流＝ 0

　本問の場合、たすき掛けの位置関係にある9Ωと4Ω、12Ωと3Ωの積がどちらも36Ωで等しくなります。つまり、ブリッジの平衡条件が成り立っており、ブリッジ部分には電流が流れません。これは電流を流すための電気的な高低（電位差）がブリッジ部分に生じないためです。

　電位差がないということは、電圧＝0Vということです。

正解（1）

問題 1 ▶ □ □

次の文章で述べられている法則の名称として、正しいものは次のうちどれか。

「任意の閉回路において、起電力の和は電圧降下の和に等しい。」

(1) オームの法則

(2) キルヒホッフの第1法則

(3) キルヒホッフの第2法則

(4) クーロンの法則

問題 2 ▶ □ □

次の文中の（　　　）内に当てはまる語句の組合せとして、正しいものは次のうちどれか。

「2つの電荷の間に働く力の大きさは、その電荷（電気量）の積に（　A　）し、電荷間の距離の（　B　）する。」

	A	B
(1)	比例	2乗に反比例
(2)	比例	反比例
(3)	反比例	2乗に比例
(4)	反比例	比例

問題1 解説 　　　　　　　　　　　　電気に関する法則 ⇨ 速 P.256

🏷 **ここがPOINT!**

キルヒホッフの第1法則
　回路上の1点に流れ込んだ電流の総和と流れ出る電流の総和は等しい
キルヒホッフの第2法則
　任意の閉回路において、起電力の和は電圧降下の和に等しい

(1)　オームの法則
　　電流 I は、負荷（電気を使用する装置や器具）に加えた電圧 V に比例し、抵抗 R に反比例するという法則。

(2)　キルヒホッフの第1法則
　　回路上の1点（a）に流れ込んだ電流の総和（I_1）と流れ出る電流の総和（$I_2 + I_3$）は等しいという法則。

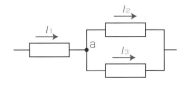

(3)　キルヒホッフの第2法則
　　任意の閉回路において、起電力の和（V）は電圧降下の和（$V_1 + V_2$）に等しいという法則。

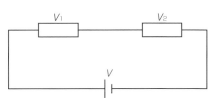

(4)　クーロンの法則　次の問題2参照。

正解（3）

問題2 解説 　　　　　　　　　　　　クーロンの法則 ⇨ 速 P.25, 256

🏷 **ここがPOINT!**

クーロンの法則
　2つの電荷の間に働く力の大きさは、その電荷（電気量）の積に比例し、電荷間の距離の2乗に反比例する

　帯電体（電気を帯びた物質）がもつ電気量を電荷（単位：クーロン）といい、2つの電荷 q_1 と q_2 が r 〔m〕の距離にある場合、その2つの電荷の間に次の式によって表される力 F（クーロン力）が働きます。クーロン力 F は、電荷（電気量）の積に比例し、電荷間の距離の2乗に反比例します。

　　クーロン力 F（単位〔N〕）$= k \times \dfrac{q_1 \times q_2}{r^2}$　（k は比例定数）

正解（1）

7 **コンデンサ回路**

問題 1 ✔重要 ▶ □ □

静電容量がそれぞれ6μF、8μF、24μFの3個のコンデンサを直列接続した
ときの合成静電容量と並列接続したときの合成静電容量の組合せとして、正
しいものは次のうちどれか。

	直列接続	並列接続
(1)	0.33μF	38μF
(2)	3μF	38μF
(3)	38μF	3μF
(4)	38μF	0.33μF

問題 2 ▶

静電容量がそれぞれC_1、C_2である2個のコンデンサを直列接続した場合、
その合成静電容量を求める式として、正しいものは次のうちどれか。

(1) $C_1 + C_2$

(2) $\dfrac{1}{C_1} + \dfrac{1}{C_2}$

(3) $\dfrac{C_1 + C_2}{C_1 \times C_2}$

(4) $\dfrac{C_1 \times C_2}{C_1 + C_2}$

問題 1　解説

コンデンサ回路 ⇨ 速 P.25, 26

ここがPOINT!

コンデンサの直列接続
合成静電容量は、各コンデンサの静電容量の逆数の和の逆数に等しい
⇒ 複数の抵抗を並列接続した場合の合成抵抗の求め方と同じ
コンデンサの並列接続
合成静電容量は、各コンデンサの静電容量の和に等しい
⇒ 複数の抵抗を直列接続した場合の合成抵抗の求め方と同じ

- 直列接続したときの合成静電容量

各コンデンサの静電容量の逆数の和の逆数に等しくなるので、

$$\frac{1}{6\mu F}+\frac{1}{8\mu F}+\frac{1}{24\mu F}=\frac{4}{24}+\frac{3}{24}+\frac{1}{24}=\frac{8}{24}=\frac{1}{3}$$

この逆数なので、3μF

- 並列接続したときの合成静電容量

各コンデンサの静電容量の和に等しいので、

$6\,\mu F+8\,\mu F+24\mu F=38\mu F$

静電容量とは、コンデンサに蓄えられる電気の量だね。

正解（2）

問題 2　解説

コンデンサ回路 ⇨ 速 P.25

ここがPOINT!

静電容量がC_1、C_2である2個のコンデンサを直列接続した場合

合成静電容量 $C=\dfrac{C_1C_2}{C_1+C_2}$　**（「和分の積」と呼ぶ）**

コンデンサの直列接続なので、合成静電容量は「**逆数の和の逆数**」です。

$$\frac{1}{C}=\frac{1}{C_1}+\frac{1}{C_2}=\frac{C_2}{C_1C_2}+\frac{C_1}{C_1C_2}=\frac{C_1+C_2}{C_1C_2}$$

$$\therefore C=\frac{C_1C_2}{C_1+C_2}$$ となります。

分母が「和」、分子が「積」になるので、「**和分の積**」といいます。

「和分の積」の式は、2個の抵抗を並列接続したときの合成抵抗を求める場合にも使えて便利です。ただし、この式は抵抗やコンデンサが2個の場合しか使えません。

正解（4）

問題 1 重要

導線の長さ L〔m〕、断面積 S〔㎟〕、抵抗率 ρ とした場合に、その導線の抵抗値 R を表す式として、正しいものは次のうちどれか。

(1)　$R = \rho \times \dfrac{S}{L}$

(2)　$R = \rho \times \dfrac{S}{L^2}$

(3)　$R = \rho \times \dfrac{L}{S}$

(4)　$R = \rho \times \dfrac{L}{S^2}$

問題 2 重要

次の導体の組合せのうち、常温（20℃）における抵抗率が小さい順に左から並んでいるものはどれか。

(1)　白金、銀、アルミニウム、銅

(2)　銀、銅、アルミニウム、白金

(3)　アルミニウム、銀、白金、銅

(4)　銅、銀、白金、アルミニウム

問題1　解説

導線の抵抗値 ⇨（速）P.27

ここがPOINT！

導線の抵抗値

導線の長さL〔m〕、断面積S〔mm²〕、抵抗率ρとすると、

導線の抵抗値 $R = \rho \times \dfrac{L}{S}$

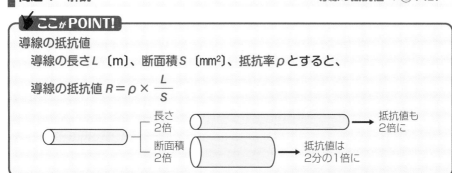

長さ2倍 → 抵抗値も2倍に

断面積2倍 → 抵抗値は2分の1倍に

　導線の抵抗値Rは、導線の**長さLに比例**し、導線の**断面積Sに反比例**するため、下の式によって表されます。電気は**導線が長いほど通りにくく**なり、**断面積が大きいほど通りやすく**なるということがこの式からわかります。

　定数ρ（ロー）は、**抵抗率**といいます。

抵抗値 $R = $ 抵抗率 $\rho \times \dfrac{長さ\ L}{断面積\ S}$

正解（3）

問題2　解説

抵抗率 ⇨（速）P.28

ここがPOINT！

導線の抵抗率（左から小さい順）⇒ 導電率（抵抗率の逆数）の大きい順
　銀 ＜ 銅 ＜ 金 ＜ アルミニウム ＜ タングステン ＜ 鉄 ＜ 白金

　常温（20℃）における主な物質の抵抗率（単位〔Ω・m〕）は次の通りです。抵抗率が低い（＝導電率が高い）ほど電気を通しやすい物質です。

主な物質	抵抗率〔Ω・m〕
銀	1.59×10^{-8}
銅	1.68×10^{-8}
金	2.21×10^{-8}
アルミニウム	2.65×10^{-8}
タングステン	5.48×10^{-8}
鉄	10.0×10^{-8}
白金	10.4×10^{-8}

抵抗率は金属固有のものではなく、さまざまな物質の電気に対する抵抗を表します。また、抵抗率の逆数を導電率といいます。

合わせ

【抵抗率の順番】
シルバー（銀）どきどき（銅金）
当たって（アルミ・タングステン・鉄）真っ白（白金）

正解（2）

問題1 ▶ □□

下図の回路において電流計に5Aの電流が流れている場合、抵抗R_1における消費電力として、正しいものは次のうちどれか。

(1) 40W
(2) 200W
(3) 250W
(4) 500W

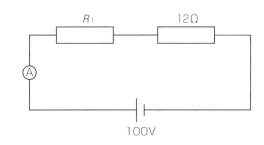

問題2 ▶ □□

次の文中の（　）内に当てはまる語句の組合せとして、正しいものは次のうちどれか。

「電熱線（導体抵抗）に一定の電流を流す場合、電熱線の（　A　）を（　B　）にすると、電熱線から発生するジュール熱は1/2倍になる。」

	A	B
(1)	直径	1/2倍
(2)	断面積	1/2倍
(3)	直径	2倍
(4)	断面積	2倍

問題 1　解説　　　　　　　　　　　　　　電力 ⇨ 速 P.30

電力 ⇨ 速 P.30

ここが POINT!

電力（記号 P）…単位時間当たりの電気エネルギーの大きさ
　電力は、電圧 V と電流 I の積（単位〔W〕）
　$\therefore P = VI$　　または　$P = I^2R$（R は抵抗）などの式で求められる

　まず、この回路全体のオームの法則を考えてみると、
電圧100 V で 5 A の電流が流れているので、

回路全体の合成抵抗 $R = \dfrac{100V}{5A} = 20\,\Omega$

$\therefore$ 抵抗 $R_1 = 20\,\Omega - 12\,\Omega = 8\,\Omega$

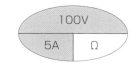

　抵抗 R_1 における消費電力 P_1 は、$P_1 = I^2R_1$ より求められます。抵抗 R_1 にも
回路全体を流れる電流 5 A が流れているので、

　$P_1 = 5^2 \times 8 = 25 \times 8 = 200W$

正解（2）

問題 2　解説　　　　　　　　　　電力量とジュール熱 ⇨ 速 P.31, 32

電力量とジュール熱 ⇨ 速 P.31, 32

ここが POINT!

電力量（記号 W）…電力をある時間使用したときの総量
　$W = Pt$　　または　$W = I^2Rt$（t は使用時間）などの式で求められる
ジュール熱（記号 H）…電気によって発生する熱
　$H = I^2Rt$　などの式で求められる（右辺は電力量の式と同じ）

　電気によって発生する熱をジュール熱といいます（単位：ジュール〔J〕）。
抵抗 R に電流 I を t 秒間流したときに発生するジュール熱（記号 H）の大きさ
は、$H = I^2Rt$ という式によって表されます（ジュールの法則）。この式より、
電流が一定ならば、ジュール熱は**抵抗 R の値に比例**することがわかります。
　また、電熱線（導線）の抵抗値は、その長さに比例し、**断面積に反比例**し
ます（◐P.77）。したがって、電熱線の**断面積を 2 倍**にすると抵抗値は1/2倍
になるため、ジュール熱もこれに比例して**1/2倍**になります。

> なお、電熱線の直径を2倍にすると（半径も2倍）、
> 断面積が4倍になるので、抵抗値は1/4倍になり、
> ジュール熱も1/4倍になります。

正解（4）

問題 1 ▶ □□

電気と磁界に関する記述として、誤っているものは次のうちどれか。

(1) 磁石のN極とS極の間には吸引力が働き、N極とN極、またはS極とS極の間には反発力が働く。このような力を「磁力」という。

(2) 磁界内にある導体に電流を流すと導体に力が働く。この力を「電磁力」という。

(3) 鉄片が磁石に引きつけられるのは、鉄片に電流が流れたためである。このような現象を「電磁誘導」という。

(4) コイルと磁石を近づけたり遠ざけたりすると、コイルに電気が流れる。このような電気を「誘導起電力」という。

問題2 ▶ □□

下図のように磁界内に導線が通っている。これについて、次の文中の下線部A～Dのうち誤っているもののみを組合せたものはどれか。

「導線に図のような向きに電流が流れた場合、この導線には A 下向きの力が働く。これは、B 右手の中指、人差し指、親指をそれぞれ直角に開き、中指を C 電流の向き、人差し指を D 磁界の向きにしたときの、親指の指す方向である。」

(1) A、B

(2) A、C

(3) B、D

(4) C、D

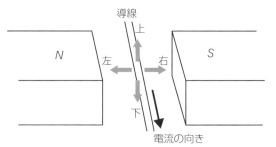

問題1　解説　　　　　　　　　　　　電気と磁界 ⇨ 速 **P.32, 34, 35**

> 🔖 **ここが POINT!**
>
> 電磁誘導……コイルと磁石を近づけたり遠ざけたりすることによって、コイル
> 　　　　　　に電気が流れる現象
> 誘導起電力…電磁誘導によって生じる電気

(1)　正しい記述です。

(2)　正しい。磁界内にある導体（導線）に電流を流すと、その導体に**電磁力**と呼ばれる力が働きます（次の問題2参照）。

(3)　誤り。鉄片が磁石に引きつけられる現象は、**磁力**によるものです。

(4)　正しい。コイルと磁石を近づけたり遠ざけたりする瞬間にコイルに電気が流れる現象を**電磁誘導**といい、これによって生じた電気を**誘導起電力**といいます。

正解（3）

問題2　解説　　　　　　　　フレミングの左手の法則 ⇨ 速 **P.34**

> 🔖 **ここが POINT!**
>
> フレミングの左手の法則
> 　磁界内にある導体に電流が流れたとき、その導体に働く力（電磁力）の向き
> などを、左手の指によって示す
>
> > 中指 ⇒ 電流の向き、人差し指 ⇒ 磁界の向き、親指 ⇒ 力の向き

　磁界内にある導体（導線）に電流が流れたとき、その導体に働く電磁力の向きなどを示すのは、フレミングの左手の法則です。

　右図のように左手の中指、人差し指、親指をそれぞれ**直角**に開き、中指を**電流の向き**、人差し指を**磁界の向き**にしたときの親指の指す方向が**電磁力の向き**となります。

　本問では、上向きに電磁力が働くので、下線部AとBが誤りです。

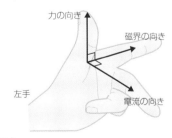

> 一方、フレミングの右手の法則は、電磁誘導によって生じる電流の向きなどを示す法則だよ。

正解（1）

 ▶ ☐☐

正弦波交流回路において、電圧の最大値を E_m とするとき、実効値 E および平均値 E_0 を表す式の組合せとして、正しいものは次のうちどれか。

実効値 E 平均値 E_0

(1) $E = \dfrac{2\,E_m}{\pi}$ $E_0 = \dfrac{E_m}{\sqrt{2}}$

(2) $E = \dfrac{\pi\,E_m}{2}$ $E_0 = \sqrt{2}\,E_m$

(3) $E = \dfrac{E_m}{\sqrt{2}}$ $E_0 = \dfrac{2\,E_m}{\pi}$

(4) $E = \sqrt{2}\,E_m$ $E_0 = \dfrac{\pi\,E_m}{2}$

問題2 ✔重要   ▶ ☐☐

負荷が誘導リアクタンスのみの交流回路に正弦波交流の電圧を加えた場合の電流と電圧の関係について、正しいものは次のうちどれか。

(1) 電流は電圧よりも位相が $\dfrac{\pi}{2}$〔rad〕だけ遅れる。

(2) 電流は電圧よりも位相が π〔rad〕だけ遅れる。

(3) 電流は電圧よりも位相が $\dfrac{\pi}{2}$〔rad〕だけ進む。

(4) 電流は電圧よりも位相が π〔rad〕だけ進む。

問題1 解説 　　　　　　　**正弦波交流の最大値・実効値・平均値** ⇨ 速 P.37〜39

💡 ここがPOINT！

正弦波交流
　交流回路では電圧・電流の大きさや電流の向き
　が周期的に変化する（波形のグラフ）
最大値…瞬時値（ある瞬間における電圧・電流の
　　　　　大きさ）の最大の値

実効値 $=\dfrac{最大値}{\sqrt{2}}$ 、平均値 $=\dfrac{2}{\pi}×$最大値

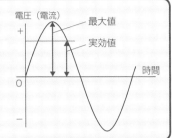

　交流回路の場合、電圧や電流は常に最大値を維持するわけではないので、実効値というものが必要となります。実効値 E と最大値 E_m の関係は次の式で表されます。

実効値 $E=\dfrac{E_m}{\sqrt{2}}$

実効値の電圧であれば、同じ抵抗に加えたときに消費する電力が直流の場合と等しくなります。

　また、波形のグラフの1/2周期（山１つ分のみ）における瞬時値の平均を平均値といいます。平均値 E_0 と最大値 E_m の関係は次の式で表されます。

平均値 $E_0=\dfrac{2E_m}{\pi}$

正解（3）

問題2 解説 　　　　　　　　　　　　　　**位相** ⇨ 速 P.40, 41

💡 ここがPOINT！

● **誘導（性）リアクタンスのみ ⇒ 電流の位相がπ/2〔rad〕遅れる**
● **容量（性）リアクタンスのみ ⇒ 電流の位相がπ/2〔rad〕進む**

　誘導リアクタンスのみの回路とは、負荷としてコイルだけを接続した交流回路で、**電流の位相が電圧よりπ/2〔rad〕遅れます**（〔rad（ラジアン）〕という単位では、 π/2〔rad〕＝90°を表す。 １周360°＝2π）。これに対し、負荷としてコンデンサ（**容量リアクタンス**）だけを接続した交流回路では、**電流の位相が電圧よりπ/2〔rad〕進みます**。

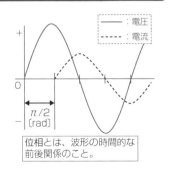

位相とは、波形の時間的な前後関係のこと。

正解（1）

問題 1

下図のように、抵抗、コイルおよびコンデンサを直列に接続した交流回路におけるインピーダンスの値として、正しいものは次のうちどれか。

(1) 2Ω

(2) 10Ω

(3) 22Ω

(4) 100Ω

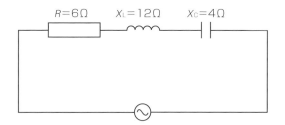

問題 2

問題1の回路の交流電源が100Vである場合、この回路に流れる電流の値として、正しいものは次のうちどれか。

(1) 1A

(2) 4.5A

(3) 10A

(4) 50A

問題1 解説 *R-L-C*回路 ⇨ 速 **P.43, 44**

ここが POINT!

*R-L-C*回路
　負荷として抵抗とリアクタンス（コイルやコンデンサ）を接続した回路
　インピーダンス（記号*Z*）…*R-L-C*回路全体の抵抗値（単位〔Ω〕）
　抵抗*R*、誘導リアクタンス*X*$_L$、容量リアクタンス*X*$_C$とすると、
　インピーダンス $Z = \sqrt{R^2 + (X_L - X_C)^2}$

　*R*は抵抗、*L*はコイルのインダクタンス（そのコイル固有の抵抗値）、*C*はコンデンサの静電容量を表す記号であり、これらの負荷を組み合わせて接続した回路を*R-L-C*回路といいます。インピーダンス（記号*Z*）とは、*R-L-C*回路全体の抵抗値（単位〔Ω〕）です。インピーダンスは、直列接続の場合、次の式によって求めます。

　　インピーダンス $Z = \sqrt{R^2 + (X_L - X_C)^2}$

∴この式に本問の数値を代入し、

$$\sqrt{6^2 + (12-4)^2} = \sqrt{36 + 64} = \sqrt{100} = 10\,\Omega$$

正解（2）

問題2 解説 *R-L-C*回路 ⇨ 速 **P.44**

ここが POINT!

*R-L-C*回路におけるオームの法則

電流 $I_Z = \dfrac{電圧\,V}{インピーダンス\,Z}$

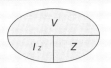

　*R-L-C*回路においても、インピーダンスを抵抗としてオームの法則が成り立ちます。問題1より、この回路のインピーダンスは10Ω、交流電源100Vなので、この回路に流れる電流の値*I*$_Z$は、

電流 $I_Z = \dfrac{100\text{V}}{10\,\Omega} = 10\text{A}$

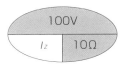

電圧*V*と電流*I*$_Z$は実効値です。 ▷P.83

正解（3）

13 交流回路における電力と力率

問題 1 ▶ □□

電力と力率に関する記述として、誤っているものは次のうちどれか。

(1) 実効値で表した電圧と電流の積を、皮相電力という。

(2) 皮相電力は電源から供給される電力で、このうち有効電力（消費電力）となる割合を力率という。

(3) 有効電力は、皮相電力と力率の積である。

(4) 皮相電力は、単位としてワット〔W〕を用いる。

問題 2 重要

交流200Vの電源に消費電力1200Wの負荷を接続したところ、8Aの電流が流れた。この負荷の力率として、正しいものは次のうちどれか。

(1) 60%

(2) 75%

(3) 80%

(4) 133%

問題1　解説　　　　　　　　　　　　　　電力と力率 ⇨ 速 P.45

電力と力率 ⇨ 速 P.45

ここがPOINT!

皮相電力…実効値で表した電圧と電流の積（単位〔VA〕）
有効電力…負荷で有効に消費される電力（消費電力）（単位〔W〕）
力率（記号cos θ）…皮相電力のうち有効電力となる割合

　リアクタンスを含む回路では、電圧と電流の位相のずれ（●P.83）が生じるため、電圧が＋のとき電流が－（またはその逆）になる瞬間があり、そのときは電圧×電流の値も－になってしまいます。

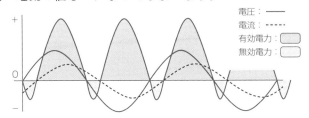

電圧：——
電流：------
有効電力：▢
無効電力：▢

　電圧×電流の値が＋になる部分を**有効電力**、－になる部分を**無効電力**といいます。有効電力（記号P）は負荷で有効に消費される電力（**消費電力**）であり、単位は**ワット**〔W〕です。一方、実効値で表した**電圧Vと電流Iの積を皮相電力**（VIと表す）といい、単位は〔VA〕です。皮相電力は電源から供給される電力で、このうち有効電力Pとなる割合を**力率**（記号cos θ）といいます。**有効電力は皮相電力と力率の積**によって表されます。

　以上より、(1)(2)(3)は正しく、(4)が誤りです。

正解（4）

問題2　解説　　　　　　　　　　　　　　電力と力率 ⇨ 速 P.46

電力と力率 ⇨ 速 P.46

ここがPOINT!

$$力率\ \cos \theta = \frac{有効電力\ P}{皮相電力\ VI} \quad P \leqq VI \quad \therefore 力率\ \cos \theta \leqq 1$$

本問の場合、
皮相電力$VI = 200\,\mathrm{V} \times 8\,\mathrm{A} = 1600$〔VA〕、
有効電力$P = $消費電力$= 1200$〔W〕です。

力率は、1が最大であり、一般にパーセント（％）で表されます。

$$\therefore 力率\cos \theta = \frac{有効電力\ P}{皮相電力\ VI} = \frac{1200}{1600} = 0.75 = 75\%$$

正解（2）

R-L-C回路における力率と消費電力

問題 1 ✔重要 ▶ □□

下図の交流回路におけるインピーダンスおよび力率の組合せとして、正しい
ものは次のうちどれか。

	インピーダンス	力率
(1)	15Ω	60%
(2)	15Ω	80%
(3)	21Ω	60%
(4)	21Ω	80%

$R=9\Omega$　　$X_C=12\Omega$

問題 2 ✔重要 ▶ □□

下図の交流回路における力率および消費電力の組合せとして、正しいものは
次のうちどれか。

	力率	消費電力
(1)	0.4	800W
(2)	0.4	400W
(3)	0.8	2000W
(4)	0.8	1600W

$R=4\Omega$　　$X_L=3\Omega$　　$X_C=6\Omega$

100V

問題1 解説　　　　　　　　　　　　　　電力と力率 ⇨ 速 **P.45, 46**

👆**ここがPOINT!**

力率は、インピーダンス*Z*と抵抗*R*の比に等しい

$$力率 = \frac{抵抗R}{インピーダンスZ}$$

　本問の場合、抵抗とコンデンサのみでコイルを含まない回路（*R-C*回路）なので、誘導リアクタンス$X_L = 0$としてインピーダンスを求めます。

$$\therefore インピーダンスZ = \sqrt{R^2 + (X_L - X_C)^2}$$
$$= \sqrt{9^2 + (0-12)^2} = \sqrt{9^2 + 12^2} = \sqrt{225} = 15\,\Omega$$

　力率については、本問では皮相電力（実効値の電圧×電流）も有効電力もわからないのでP.87問題2の式は使えません。しかし、インピーダンス*Z*と抵抗*R*の比が力率と等しくなることから、次の式によって求められます。

$$力率 = \frac{抵抗R}{インピーダンスZ} \qquad \therefore \frac{9\,\Omega}{15\,\Omega} = 0.6 = 60\%$$

正解（1）

問題2 解説　　　　　　　　　　　　　　電力と力率 ⇨ 速 **P.45, 46**

👆**ここがPOINT!**

$$力率 \cos\theta = \frac{有効電力P}{皮相電力VI} \qquad \therefore 有効電力（消費電力）= \cos\theta \times VI$$

　まず、この回路のインピーダンス*Z*を求めます。

$$Z = \sqrt{R^2 + (X_L - X_C)^2} = \sqrt{4^2 + (3-6)^2} = \sqrt{16+9} = \sqrt{25} = 5\,\Omega$$

$$\therefore 力率 = \frac{抵抗R}{インピーダンスZ} = \frac{4\,\Omega}{5\,\Omega} = 0.8$$

　次に、皮相電力*VI*（電圧*V*×電流*Iz*）を求めます。

　オームの法則より、電流$I_Z = \dfrac{100V}{5\,\Omega} = 20\,A$

$$\therefore 皮相電力VI = 100\,V \times 20\,A = 2000\,〔VA〕$$

　さらに、力率$\cos\theta = \dfrac{有効電力P}{皮相電力VI}$　より、

有効電力（消費電力）$= \cos\theta \times VI$

$$\therefore 消費電力〔W〕= 0.8 \times 2000〔VA〕= 1600\,W$$

力率は、小数で表す
場合もあるよ。

正解（4）

⟨15⟩ 変圧器

問題 1 ▶ □□

変圧器に関する記述として、正しいものは次のうちどれか。

(1) 変圧器は、常に1次側が高圧で、2次側が低圧である。

(2) 変圧器は直流電源でも使用できるが、交流と比べて効率が悪い。

(3) 変圧器の中に油を入れるのは、錆を防止するためである。

(4) 1次側の入力電力と2次側の出力電力は、理論上は等しいが、実際には損失があるため、出力は入力より小さな値になる。

問題2 重要 ▶ □□

1次巻線と2次巻線の巻数比が5：1となっている理想変圧器がある。これについて、正しいものは次のうちどれか。

(1) 2次側の電流は、1次側の電流の5倍になる。

(2) 2次側の電圧は、1次側の電流の5倍になる。

(3) 2次側の電力は、1次側の電力の1/5倍になる。

(4) 2次側の電流は、1次側の電流の1/5倍になる。

問題1 解説　　　　　　　　　　　　　　　変圧器 ⇨ 遠 P.59〜61

✓ ここがPOINT!

変圧器（変成器、トランス）
　交流回路において電磁誘導の原理を利用し、電圧や電流の大きさを変化させて負荷に供給する機器
- 1次側（電源側・入力側）⇒ 1次コイル（1次巻線）
- 2次側（負荷側・出力側）⇒ 2次コイル（2次巻線）

(1)　誤り。1次側が低圧で、2次側が高圧のものもあります。

(2)　誤り。変圧器は、**電磁誘導**（◉P.81）の原理を利用したものです。直流の電源では電磁誘導が起こらないので、そもそも使用できません。

(3)　誤り。油は、巻線の冷却や絶縁のために入れます。

(4)　正しい。理論上は、入力電力＝出力電力になりますが、変圧器の内部で消費される**損失**があるため、実際上、出力は入力より小さくなります。

　　　　　　　　　　　　　　　　　　　　　　　　　　　　正解（4）

問題2 解説　　　　　　　　　　　　　　　変圧器 ⇨ 遠 P.60

✓ ここがPOINT!

- **コイルの巻数比と電流の比は逆**　⇒ $N_1 : N_2 = I_2 : I_1$
- **コイルの巻数比と電圧の比は等しい** ⇒ $N_1 : N_2 = V_1 : V_2$

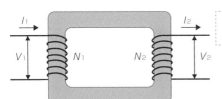

1次側：コイルの巻き数N_1、電圧V_1、流れる電流I_1
2次側：コイルの巻き数N_2、電圧V_2、流れる電流I_2

理想変圧器とは、損失を0とする理想的な変圧器のことです。

　コイルの**巻数比**と**電流の比**は逆になるので、巻数比が5：1ならば電流の比は1：5となり、2次側の電流は1次側の電流の5倍になります。したがって(1)が正しく、(4)は誤りです。

　また、コイルの**巻数比**と**電圧の比**は等しいので、巻数比が5：1ならば電圧の比も5：1となり、2次側の電圧は1次側の電圧の1/5倍になります。電力は、理想変圧器では入力電力＝出力電力となります。

　　　　　　　　　　　　　　　　　　　　　　　　　　　　正解（1）

16 蓄電池、指示電気計器

問題 1　▶ □□

蓄電池に関する記述として、誤っているものは次のうちどれか。

(1)　蓄電池は、使用せずに保存しているだけでも残存容量が低下する。

(2)　蓄電池の容量は、単位〔W〕によって表す。

(3)　鉛蓄電池は、＋極に二酸化鉛、－極に鉛を使用し、これらを希硫酸の中に入れた構造をしている。

(4)　蓄電池は二次電池ともいい、充電をすることによってくり返し使用することができる。

問題 2　▶ □□

指示電気計器の目盛り板に表示される次の記号のうち、直流回路でのみ使用される動作原理を表すものとして、正しいものは次のうちどれか。

(1)　

(2)　

(3)　

(4)

問題1　解説　　　　　　　　　　　　　　蓄電池 ⇨ 速 P.62, 63

ここがPOINT!

鉛蓄電池
　＋極：二酸化鉛（PbO_2）、－極：鉛（Pb）、電解液：希硫酸（H_2SO_4）

(1)　正しい記述です。

(2)　誤り。**蓄電池の容量は、アンペア時〔Ah〕で表します。**

(3)　正しい。鉛蓄電池は＋極に**二酸化鉛**（PbO_2）、－極に**鉛**（Pb）を使用し、これらを**電解液**である**希硫酸**（H_2SO_4）の中に入れた構造をしています。

(4)　正しい。外部の直流電源の＋端子を＋極、－端子を－極に接続し、放電時と逆向きに電流を流すことによって起電力を回復します（**充電**という）。**蓄電池（二次電池）**とは、充電によってくり返し使用できる電池です。

乾電池のように、充電できない使いきりの電池は、一次電池というよ。

正解（2）

問題2　解説　　　　　　　　　　　　　　指示電気計器 ⇨ 速 P.55

ここがPOINT!

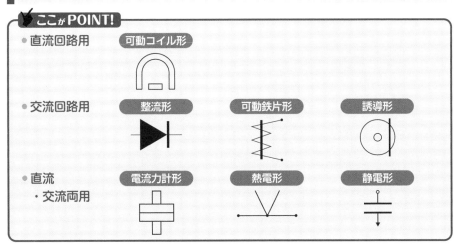

● 直流回路用　　可動コイル形

● 交流回路用　　整流形　　可動鉄片形　　誘導形

● 直流・交流両用　　電流力計形　　熱電形　　静電形

(1)　整流形…………交流回路用

(2)　誘導形…………交流回路用

(3)　電流力計形……直流・交流両用

(4)　可動コイル形…直流回路用

計器には階級があり、数字が小さいほど精密です。● P.15

正解（4）

17 電流計と電圧計

問題1　▶ □ □

負荷に流れる電流およびその端子電圧を計測する際の電流計、電圧計の接続の仕方として、正しいものは次のうちどれか。

(1)　電流計は、負荷に並列に接続する。

(2)　電流計は電圧計と並列に接続し、負荷に直列に接続する。

(3)　電圧計は、負荷に並列に接続する。

(4)　電圧計は、負荷に直列に接続する。

問題2　▶

電流計と電圧計の測定範囲の拡大に関する次の文中の（　　）内に当てはまる語句の組合せとして、正しいものは次のうちどれか。

「電流計の測定範囲を拡大するときは、（　A　）と呼ばれる抵抗を電流計と（　B　）に接続する。また、電圧計の測定範囲を拡大するときは、（　C　）と呼ばれる抵抗を電圧計と（　D　）に接続する。」

	A	B	C	D
(1)	倍率器	並列	分流器	直列
(2)	分流器	並列	倍率器	直列
(3)	倍率器	直列	分流器	並列
(4)	分流器	直列	倍率器	並列

問題1　解説　　　　　　　　　　　　　　**電流計と電圧計** ⇨ 速 P.48

ここがPOINT!

電流計と電圧計の接続の仕方
- 電流計 ⇒ 負荷と直列に接続する
- 電圧計 ⇒ 負荷と並列に接続する

● 電流計の接続

　電流計は、図1のように**負荷と直列に接続**します。直列接続ならば同じ大きさの**電流が流れる**ので、電流計は負荷に流れる電流と同じ値を示します。

● 電圧計の接続

　電圧計は、図2のように**負荷と並列に接続**します。並列接続ならば、枝分かれしている部分にかかる**電圧が同じ大きさ**になるので、電圧計は負荷にかかる電圧と同じ値を示します。

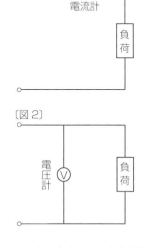

〔図1〕
Ⓐ 電流計
負荷

〔図2〕
Ⓥ 電圧計
負荷

正解（3）

問題2　解説　　　　　　　　　　　　　　**測定範囲の拡大** ⇨ 速 P.49, 51

ここがPOINT!

- 分流器…電流計の測定範囲を拡大する抵抗 ⇒ 電流計と並列に接続
- 倍率器…電圧計の測定範囲を拡大する抵抗 ⇒ 電圧計と直列に接続

● 分流器

　電流計の測定範囲を拡大するために電流計と**並列に**接続する**抵抗**のことです。

● 倍率器

　電圧計の測定範囲を拡大するために電圧計と**直列に**接続する**抵抗**のことです。

正解（2）

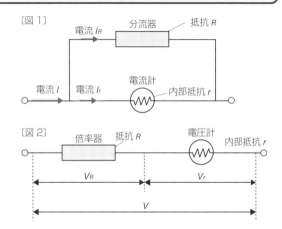

〔図1〕
電流 I_R　分流器　抵抗 R
電流 I　電流 I_r　電流計　内部抵抗 r

〔図2〕
倍率器　抵抗 R　電圧計　内部抵抗 r
V_R　　V_r
V

消防関係法令
（共通）

ここでは、「消防関係法令（共通）」の厳選された30の問題とその解説を掲載しています。

各問の解説の「ここがPOINT!」を参考に、1問1問をしっかり理解しながら、試験に向けた問題演習＆基礎固めを進めましょう。

分野別重点問題

2. 消防関係法令（共通）

1 消防法令上の用語

問題 1 ▶ □□

消防法令上の用語の説明として、誤っているものは次のうちどれか。

(1) 「防火対象物」とは、山林または舟車、船きょもしくはふ頭に繋留された船舶、建築物その他の工作物または物件をいう。

(2) 「無窓階」とは、建築物の地上階のうち、総務省令で定める避難上または消火活動上有効な開口部を有しない階をいう。

(3) 「複合用途防火対象物」とは、防火対象物のうち政令で定める2つ以上の用途に供されるものをいう。

(4) 「消防用設備等」とは、政令で定める消防の用に供する設備、消防用水および消火活動上必要な施設をいう。

問題 2 ▶ □□

消防法令上、特定防火対象物に該当しないものの組合せとして、正しいものは次のうちどれか。

(1) 百貨店、マーケット

(2) キャバレー、カラオケボックス

(3) 病院、診療所

(4) 図書館、博物館

問題1　解説　　　　　　　　消防法令に定義されている用語 ⇨ 速 P.66〜68

✔ ここが POINT!

防火対象物…山林または舟車、船きょもしくはふ頭に繋留された船舶、建築物
その他の工作物もしくはこれらに属する物
複合用途防火対象物…政令で定める2以上の用途に使用する防火対象物

(1)　誤り。これは防火対象物ではなく、消防対象物の定義です。

(2)　正しい。なお、有効な開口部を有している階は「普通階」といいます。

(3)　正しい。いわゆる「雑居ビル」は複合用途防火対象物に当たります。

(4)　正しい。このうち「消防の用に供する設備」に、消火設備、警報設備、
避難設備が含まれます。

正解（1）

問題2　解説　　　　　　　　　　　　　特定防火対象物 ⇨ 速 P.68

✔ ここが POINT!

特定防火対象物…百貨店や劇場、病院など、不特定多数の者が出入りする施設
や、避難が困難な人々のいる施設

■特定防火対象物

（1)項	劇場、映画館、演芸場、観覧場、公会堂、集会場	
（2)項	**キャバレー**、遊技場、ダンスホール、**カラオケボックス**など	
（3)項	料理店、飲食店など	
（4)項	**百貨店**、**マーケット**その他の物品販売店舗、展示場	
（5)項のイ	旅館、ホテル、宿泊所など	
（6)項のイ	**病院**、**診療所**、助産所	
〃　ロ	自力避難困難者入所福祉施設等	
〃　ハ	老人福祉施設（ロのものを除く）、児童養護施設、保育所など	
〃　ニ	幼稚園、特別支援学校	
（9)項のイ	蒸気浴場、熱気浴場など	
（16)項のイ	特定防火対象物が存する複合用途防火対象物	
（16の2)項	地下街	
（16の3)項	準地下街	

　特定防火対象物とは、消防法施行令別表第一（「**令別表第一**」）に掲げられ
ている防火対象物のうち、上の表の各項に該当するものをいいます（●P.16,
17）。図書館と博物館は(8)項なので該当しません。

正解（4）

分野別重点問題

2 ● 消防関係法令（共通）

❷ 火災予防についての消防法の規定

問題 1 ▶ □ □

消防法上の立入検査等および防火対象物についての命令に関する記述として、誤っているものは次のうちどれか。

(1) 消防長または消防署長は、火災予防のため必要があるときは、関係者に対して資料の提出を命じることができる。

(2) 消防長または消防署長は、火災予防のため必要があるときは、消防職員に対し、あらゆる関係のある場所に立ち入って、消防対象物の位置、構造、設備および管理の状況を検査させることができる。

(3) 消防長または消防署長は、防火対象物の位置、構造、設備または管理の状況について火災予防上必要があると認める場合は、消防設備士に対し、当該防火対象物の改修その他の必要な措置を命じることができる。

(4) 消防長または消防署長は、防火対象物の位置、構造、設備または管理の状況について一定の事項に該当する場合は、権原を有する関係者に対し、当該防火対象物の使用の禁止等を命じることができる。

問題 2 ▶ □ □

消防同意に関する記述として、誤っているものは次のうちどれか。

(1) 建築物の新築、増改築、修繕等の工事を行おうとする建築主は、計画が適法であるかどうかについて、建築主事（または特定行政庁）に確認等の申請を行う。

(2) 建築主事（または特定行政庁）に確認等の申請を行う建築主は、消防長または消防署長に対して、消防同意を求めなければならない。

(3) 消防同意の期間は、都市計画区域等の一般建築物の場合は同意を求められた日から3日以内、それ以外については7日以内である。

(4) 建築確認は民間の指定確認検査機関でも行うことができるが、建築主事の場合と同様、消防同意が必要である。

問題1 解説　　　　立入検査等、防火対象物についての命令 ⇨ 速 P.74, 75

ここがPOINT!

防火対象物に対する措置命令
- 命令権者…………消防長*または消防署長
  　　　　　　　　*消防本部を置かない市町村の場合は市町村長
- 命令を受ける者…権原を有する関係者（所有者、管理者または占有者）

(1)　正しい。これを「**資料提出命令**」といいます。

(2)　正しい。これを「**立入検査**」といいます。

(3)　誤り。**防火対象物に対する措置命令**は、(4)の使用禁止等命令と同様、**権原を有する関係者**（所有者、管理者または占有者）に対して命じられます。消防設備士ではありません。

(4)　正しい記述です。

権原とは、ある行為を正当化する法律上の原因をいいます。

正解（3）

問題2 解説　　　　　　　　　　　　消防同意 ⇨ 速 P.75, 76

ここがPOINT!

消防同意を求める者…建築主事（または特定行政庁）、指定確認検査機関
消防同意を行う者……消防長*または消防署長
　　　　　　　　*消防本部を置かない市町村の場合は市町村長

　建築物の新築等について建築基準法上の確認等（許可、認可、建築確認）を行う際に、消防機関の同意を得ることを、**消防同意**といいます。

　消防長等に対して消防同意を求めるのは**建築主事**（または特定行政庁）や指定確認検査機関であって、建築主ではありません。なお、建築主事とは、建築確認等を行うために地方自治体に置かれている職員のことをいいます。

　(1)(3)(4)は正しい記述です。

正解（2）

③ 防火管理者と統括防火管理者

問題 1
▶ ☐ ☐

防火管理者の業務として、消防法令上、誤っているものは次のうちどれか。

(1) 防火対象物について消防計画を作成すること
(2) 消防計画に基づく消火、通報および避難の訓練を実施すること
(3) 消防用設備等の点検および整備を行うこと
(4) 危険物の貯蔵または取扱いを行うこと

問題 2
▶ ☐ ☐

消防法令上、次の文中の（　　）内に当てはまる語句の組合せとして、正しいものは次のうちどれか。

「（　A　）その他政令で定める防火対象物で、その管理について権原が分かれているもの、または（　B　）でその管理について権原が分かれているもののうち消防長もしくは消防署長が指定するものの管理について権原を有する者は、政令で定める資格を有する者のうちからこれらの防火対象物の全体について防火管理上必要な業務を統括する（　C　）を協議して定めなければならない。」

	A	B	C
(1)	高層建築物	地下街	火元責任者
(2)	高層建築物	地下街	統括防火管理者
(3)	地下街	高層建築物	火元責任者
(4)	地下街	高層建築物	統括防火管理者

問題1　解説　　　　　　　　　**防火管理者の業務** ⇨ 速 **P.79**

✔ ここがPOINT!

防火管理者の主な業務
- 防火対象物についての消防計画の作成
- 消防計画に基づく消火・通報・避難の訓練の実施
- 消防用設備等の点検および整備
- 火気の使用または取扱いに関する監督
- 避難または防火上必要な構造・設備の維持管理
- 収容人員の管理、その他防火管理上必要な業務

　政令で定める防火対象物の管理について権原を有する者は、一定の資格者から**防火管理者**を定め、上述の業務を行わせる必要があります。

(4)　危険物の貯蔵や取扱いは含まれていません。

> 防火管理者は、防火対象物のうち収容人員が一定以上のものについて選任することとされています。

正解（4）

問題2　解説　　　　　　　　　**統括防火管理者** ⇨ 速 **P.80**

✔ ここがPOINT!

統括防火管理者の制度
　管理権原を有する者が複数存在する建築物について、防火管理体制の強化を図るために導入された制度

　消防法では、**高層建築物**（高さ31mを超える建築物）その他政令で定める防火対象物で、その管理について権原が分かれているもの、または**地下街**でその管理について権原が分かれているもののうち消防長もしくは消防署長が指定するものの管理について権原を有する者は、政令で定める資格を有する者のうちからこれらの防火対象物の全体について防火管理上必要な業務を統括する**統括防火管理者**を協議して定めなければならない、と定めています。

　統括防火管理者は、当該建築物全体に関する消防計画の作成や避難訓練の実施等の業務を行うほか、防火対象物の部分ごとに選任された防火管理者に対して**指示する権限**が与えられています。

正解（2）

問題1 ▶

防火対象物の点検に関する次の文中の（　）内に当てはまる語句の組合せとして、消防法令上、正しいものは次のうちどれか。

「防火対象物のうち火災の予防上必要があるものとして政令で定めるものの管理について権原を有する者は、総務省令で定めるところにより、定期に、防火対象物における火災の予防に関する専門的知識を有する者で総務省令で定める資格を有する（　A　）に、当該防火対象物における防火管理上必要な業務その他の事項について点検させなければならない。この点検は（　B　）に1回行うものとされており、その結果を（　C　）に報告する必要がある。」

	A	B	C
(1)	防火対象物点検資格者	1年	消防長または消防署長
(2)	防火管理者	1年	都道府県知事
(3)	消防設備点検資格者	3年	消防長または消防署長
(4)	消防設備士	3年	都道府県知事

問題2 ▶

消防法が規定する防炎規制の対象となる物品として、誤っているものは次のうちどれか。

(1) カーテン
(2) どん帳その他舞台において使用する幕
(3) テント
(4) 工事用シート

問題1　解説　　　　　　　　　　**防火対象物の点検** ⇨ 速 **P.82, 83**

ここがPOINT!

防火対象物定期点検報告制度
　防火対象物点検資格者に、防火対象物における防火管理上必要な業務等について定期的に点検させ、**消防長または消防署長に報告する制度**

　消防法では、防火対象物のうち火災の予防上必要があるものとして政令で定めるものの管理について権原を有する者は、総務省令で定めるところにより、定期に、**防火対象物点検資格者**（防火対象物における火災予防に関する専門的知識を有する者で総務省令で定める資格を有するもの）に、当該防火対象物における防火管理上必要な業務その他の事項について点検させ、その結果を**消防長または消防署長**に報告しなければならないと定めています。また、総務省令（消防法施行規則）では、この点検を**1年に1回**行うものとしています。

正解（1）

問題2　解説　　　　　　　　　　**防炎規制** ⇨ 速 **P.83**

ここがPOINT!

防炎規制
　高層建築物や特定防火対象物などで使用するカーテン、じゅうたんなど、火災発生時に延焼の媒体となるおそれのある物品に対する規制

　防炎規制の対象となる物品（**防炎対象物品**）は以下の通りです。防炎対象物品には、炎に接しても燃えにくいといった一定の性能（**防炎性能**）が要求されます。(3)のテントは、防炎対象物品に含まれていません。

1）カーテン
2）布製のブラインド
3）暗幕
4）じゅうたん等
　　（ござ、カーペット、人工芝などを含む）
5）展示用の合板
6）どん帳その他舞台において使用する幕
7）舞台において使用する大道具用の合板
8）工事用シート

防炎規制の対象となるのは、高層建築物、特定防火対象物、映画スタジオ・テレビスタジオまたは工事中の建築物その他の工作物で使用される防炎対象物品に限られます。

正解（3）

問題1 ▶ □□

消防用設備等の種類についての記述として、消防法令上、誤っているものは次のうちどれか。

(1) 消防用設備等のうち「消防の用に供する設備」は、消火設備、警報設備および避難設備に分けられる。

(2) 警報設備には、自動火災報知設備、ガス漏れ火災警報設備、消防機関へ通報する火災報知設備、非常警報設備などが含まれる。

(3) 水バケツや水槽は、「消防用水」に含まれる。

(4) 連結散水設備や連結送水管は、「消火活動上必要な施設」に含まれる。

問題2 重要 ▶ □□

消防用設備等の設置単位は、1棟1設置単位が原則とされているが、1棟の建築物内の部分であっても別個の独立した防火対象物とみなされるものとして、消防法令上、正しいものは次のうちどれか。

(1) 床を耐火構造とし、かつ、出入口以外に開口部を有しない壁で区画された部分

(2) 耐火構造の床および特定防火設備である防火戸を有する壁で区画された部分

(3) 耐火建築物または準耐火建築物内にあって、床と壁で区画された部分

(4) 開口部のない耐火構造の床または壁で区画された部分

問題1　解説　　　　　　　　　　　　消防用設備等の種類 ⇨ 速 P.87

ここがPOINT!

消防用設備等 ── 消防の用に供する設備 ── ● 消火設備
　　　　　　　── 消防用水　　　　　　　● 警報設備
　　　　　　　── 消火活動上必要な施設　● 避難設備

■消防用設備等の種類（●P.20）

消防の用に供する設備	消火設備	● 消火器　● 簡易消火用具 ● 屋内消火栓設備　● 屋外消火栓設備 ● スプリンクラー設備　● 水噴霧消火設備　など
	警報設備	● 自動火災報知設備　● ガス漏れ火災警報設備 ● 消防機関へ通報する火災報知設備 ● 非常警報設備　など
	避難設備	● 避難器具　● 誘導灯および誘導標識
消防用水		● 防火水槽　● 防火水槽に代わる貯水池その他の用水
消火活動上必要な施設		● 排煙設備　● 連結散水設備　● 連結送水管 ● 非常コンセント設備　● 無線通信補助設備

(1)(2)(4)は、正しい記述です。

(3)　水バケツと水槽は、消火設備である「簡易消火用具」に含まれます。

ゴロ合わせ

【消防の用に供する設備】
用（消防の用に供する設備）があったら
消して（消防設備）、鳴らして（警報設備）、
逃げる（避難設備）

正解（3）

問題2　解説　　　　　　　　　消防用設備等の設置単位 ⇨ 速 P.90, 91

ここがPOINT!

消防用設備等の設置単位
● 原則：1棟の建築物ごとに設置（1棟1設置単位）
● 例外：開口部のない耐火構造の床または壁で区画されているとき

　建築物である防火対象物については、**1棟の建築物ごとに**消防用設備等を設置するのが原則です（**1棟1設置単位**）。ただし、1棟の防火対象物の一部分が**開口部のない耐火構造の床または壁で区画**されているときは、その部分を別個独立の防火対象物とみなします。そのような部分には延焼の危険が少ないからです。防火戸等が設けられていても開口部がある以上、独立の防火対象物とは認められません。また準耐火構造は含まれません。したがって、(1)〜(3)はすべて誤りです。

正解（4）

問題 1

消防法では、消防用設備等の技術上の基準を定めた規定が改正された場合、既存防火対象物については改正前の規定を適用することを原則とし、例外として、改正後に一定規模以上の増改築等をした場合を挙げている。改正後の規定を適用することとなる増改築部分の床面積の合計として、消防法令上、正しいものは次のうちどれか。

(1) 従前の延べ面積の2分の1以上、または1000㎡以上

(2) 従前の延べ面積の3分の1以上、または900㎡以上

(3) 従前の延べ面積の2分の1以上、かつ1000㎡以上

(4) 従前の延べ面積の3分の1以上、かつ900㎡以上

 問題2

消防用設備等の技術上の基準を定めた規定が改正された場合における既存防火対象物に対する適用について、消防法令上、誤っているものは次のうちどれか。

(1) 改正後に、防火対象物の主要構造部である壁について2分の1を超える修繕を行った場合は、改正後の規定を適用する。

(2) 特定防火対象物の場合は、消火器、避難器具その他特定の消防用設備等に限り、改正後の規定を適用する。

(3) 漏電火災警報器については、防火対象物の用途にかかわらず、改正後の規定を適用する。

(4) 小・中・高等学校に設置されている屋内消火栓設備については、改正前の規定を適用する。

問題 1　解説　　　　　　　　**既存防火対象物に対する適用除外** ⇨ 速 **P.92, 93**

👉 ここがPOINT!

- 増改築部分の床面積の合計が1000㎡以上となる
- 増改築部分の床面積の合計が従前の延べ面積の1/2以上となる
⇒ いずれの場合も、改正後の規定（現行の基準）を適用する

　消防法では消防用設備等の技術上の基準を定めた規定が改正された場合、既存防火対象物（現に存在している、または新築等の工事中の防火対象物）については、原則として**改正前の規定**を適用します。ただし、次の①〜⑤の場合は**例外**として**改正後の規定**を適用します。

> ①改正前の規定に違反していた場合
> ②改正後に一定規模以上の増改築等をした場合（ア〜ウのいずれか）
> 　ア　増改築部分の床面積の合計が**1000㎡以上**のもの
> 　イ　増改築部分の床面積の合計が**従前の延べ面積の1/2以上**となるもの
> 　ウ　主要構造部である「**壁**」の**過半**（**1/2超**）の修繕または模様替え
> ③改正後の規定に適合することとなった場合
> ④既存防火対象物が特定防火対象物である場合
> ⑤消火器その他の特定の消防用設備等である場合

正解（1）

問題 2　解説　　　　　　　　**既存防火対象物に対する適用除外** ⇨ 速 **P.92, 93**

👉 ここがPOINT!

既存防火対象物が特定防火対象物である場合
⇒ 常に改正後の規定（現行の基準）を適用する

(1)　正しい。上記問題1の解説の②のウに該当します。

(2)　誤り。**特定防火対象物**については、常に**改正後の規定**を適用します。

(3)　正しい。次の消防用設備等については、**改正後の規定**を適用します。

> **消火器**、簡易消火用具、二酸化炭素消火設備（全域放出方式のものに限る）、自動火災報知設備*、ガス漏れ火災警報設備*、**漏電火災警報器**、非常警報器具および非常警報設備、**避難器具**、誘導灯および誘導標識　　　　　　　　（*特定防火対象物などの場合に限る）

(4)　正しい。屋内消火栓設備は改正後の規定を適用する消防用設備等に含まれておらず、また、小・中・高等学校は特定防火対象物でもありません。したがって、改正前の規定を適用します。

正解（2）

7 用途変更の場合の適用除外とその例外

 問題 1

防火対象物の用途が変更された場合における、消防用設備等の技術上の基準を定めた規定（以下「基準」という）の適用について、消防法令上、正しいものは次のうちどれか。

(1) 用途が変更された場合は、常に変更後の用途に係る基準に従わなければならない。

(2) 用途が変更されて特定防火対象物となった場合でも、変更前の用途に係る基準に従って消防用設備等が設置されていたのであれば、変更後の用途に係る基準に従う必要はない。

(3) 避難器具や誘導灯については、変更前の用途に係る基準を適用する。

(4) 消防用設備等が変更前の用途に係る基準に違反していた場合は、変更後の用途に係る基準に従わなければならない。

 問題 2

防火対象物の用途を変更した後、変更後の当該防火対象物について次の増築または改築を行った場合、消防法令上、変更後の用途に係る基準に従う必要があるものはどれか。

(1) 共同住宅に用途変更した後、延べ面積700㎡を1000㎡に増築した。

(2) 工場に用途変更した後、延べ面積1600㎡のうち700㎡を改築した。

(3) 倉庫に用途変更した後、延べ面積3000㎡を4000㎡に増築した。

(4) 事務所に用途変更した後、延べ面積1000㎡のうち450㎡を改築した。

問題1　解説　　　　　　　　　**用途変更の場合の適用除外** ⇨ 速 P.94

> **📌 ここがPOINT!**
> 防火対象物の用途を変更した場合 ⇒ 原則：変更前の用途に係る基準を適用
> ただし、基準改正の場合（● P.109）と同様の例外あり

(1)　誤り。倉庫を工場に変えるなど、防火対象物の用途の変更によって基準
　　に適合しなくなった場合でも、**変更前の用途に係る基準を適用**することが
　　原則です。ただし、基準を改正した場合と同様の**例外**に該当する場合は、
　　変更後の用途に係る基準を適用します（この場合、P.109問題1解説の例
　　外の「改正前・改正後」を、用途の「変更前・変更後」と読み替える）。

(2)　誤り。変更後の用途が**特定防火対象物**に該当する場合は、変更後の用途
　　に係る基準を適用します（● P.109問題1の解説の④）。

(3)　誤り。避難器具と誘導灯は、**変更後の用途に係る基準を適用する消防用
　　設備等に含まれています**（● P.109問題2の(3)の解説）。

(4)　正しい。（● P.109問題1の解説の①）

正解（4）

問題2　解説　　　　　　　　　**用途変更の場合の適用除外** ⇨ 速 P.92, 94

> **📌 ここがPOINT!**
> ● 増改築部分の床面積の合計が1000㎡以上となる
> ● 増改築部分の床面積の合計が従前の延べ面積の1/2以上となる
> ⇒ 変更後の用途に係る規定（現行の基準）を適用する

(1)　誤り。延べ面積700㎡から1000㎡に増築したということは、増築部分の
　　床面積の合計は300㎡（**1000㎡未満**）であり、しかも**従前の延べ面積の
　　1/2未満**なので、原則通り**変更前の用途に係る基準を適用**します。

(2)(4)　誤り。どちらも改築部分の床面積の合計が**1000㎡未満**であり、**従前
　　の延べ面積の1/2未満**なので、**変更前の用途に係る基準を適用**します。

(3)　正しい。延べ面積3000㎡から4000㎡に増築したということは、増築部分
　　の床面積の合計が**1000㎡以上**なので（従前の延べ面積の1/2未満であって
　　も）、**変更後の用途に係る基準を適用**します。

> 共同住宅（令別表第一(5)ロ）、工場（同(12)イ）、倉庫（同(14)）、
> 事務所（同(15)）は、いずれも非特定防火対象物です。

正解（3）

8 消防用設備等の設置・維持義務

問題 1 重要　　　　　　　　　　　　　　　▶ □ □

消防用設備等の設置・維持義務に関する記述として、消防法令上、誤っているものは次のうちどれか。

(1) 防火対象物の関係者は、消火、避難その他の消防活動のために必要とされる性能を有するよう、政令で定める技術上の基準に従って消防用設備等を設置し、維持しなければならない。

(2) 消防長（消防本部を置かない市町村の場合は市町村長）または消防署長は、消防用設備等が政令で定める技術上の基準に従って設置または維持されていないと認めるときは、基準に従って設置すべきこと、または維持するために必要な措置をとるよう命じることができる。

(3) 消防用設備等を政令で定める技術上の基準に従って設置するよう命じられた者が、この命令に違反し、消防用設備等を設置しなかった場合は、懲役または罰金の刑に処せられることがある。

(4) 消防長（消防本部を置かない市町村の場合は市町村長）または消防署長は、消防用設備等が政令で定める技術上の基準に従って維持されていないと認めるときには、当該消防用設備等の設置工事に当たった消防設備士に対して工事の手直しを命じることができる。

問題 2 重要　　　　　　　　　　　　　　　▶ □ □

消防長（消防本部を置かない市町村の場合は市町村長）または消防署長から消防用設備等の設置維持命令を受ける者について、消防法令上、正しいものは次のうちどれか。

(1) 当該防火対象物の所有者のみが命令を受ける。

(2) 当該消防用設備等の点検を行う消防設備士も命令を受ける。

(3) 当該防火対象物の管理者であって、権原を有する者も命令を受ける。

(4) 当該防火対象物の関係者は、権原を有していなくても命令を受ける。

問題1　解説　　　　　　　　**消防用設備等の設置・維持義務** ⇨ 速 P.86, 98

> **ここ**が**POINT!**
>
> 消防用設備等の設置・維持義務は、防火対象物の関係者が負う。
> - 基準に従って設置・維持されていないとき ⇒ 設置維持命令を受ける
> - 設置維持命令に違反したとき ⇒ 罰則の対象となる

(1)　正しい。これを「消防用設備等の設置・維持義務」といいます。

(2)　正しい。これを「消防用設備等の設置維持命令」といいます。この命令を発するのは消防長（消防本部を置かない市町村の場合は市町村長）または消防署長であり、命令を受ける者は当該消防用設備等の設置・維持義務を負う防火対象物の関係者で権原を有するものです（●問題2）。

(3)　正しい。**設置維持命令に対する違反**は、罰則の対象となります。

> 設置維持命令違反に対する罰則
> - 設置しなかった者…1年以下の懲役または100万円以下の罰金
> - 維持のため必要な措置をしなかった者…30万円以下の罰金または拘留

(4)　誤り。消防長等が消防設備士に対してこのような命令をすることはできません。

正解（4）

問題2　解説　　　　　　　　**消防用設備等の設置維持** ⇨ 速 P.98

> **ここ**が**POINT!**
>
> 消防用設備等の設置維持命令を受ける者
> ⇒ 当該防火対象物の関係者（所有者・管理者・占有者）で、権原を有するもの

(1)　誤り。消防長等から消防用設備等の**設置維持命令を受ける者**は、当該防火対象物の**関係者で権原を有するもの**です。関係者には所有者のほかに、管理者や占有者も含まれます。

(2)　誤り。消防設備士には、そもそも当該消防用設備等の設置・維持義務がないので、設置維持命令を受けることはありません。

(3)　正しい。権原を有する管理者は、設置維持命令を受けます。

(4)　誤り。関係者であっても、権原を有しないものは設置維持命令の対象にはなりません。

正解（3）

問題1 ▶ □□

防火対象物に消防用設備等を設置した場合の届出および検査について、消防法令上、誤っているものは次のうちどれか。

(1) 消防用設備等の設置工事を行った消防設備士が、消防長または消防署長に届出をする。

(2) 届出期間は、設置のための工事が完了した日から4日以内である。

(3) 簡易消火用具、非常警報器具については、届出を必要としない。

(4) 届出があったときは、遅滞なく検査が行われ、基準に適合していると認められた場合は、検査済証が交付される。

問題2 ▶ □□

消防用設備等の設置の届出をして検査を受ける必要のある防火対象物について、消防法令上、誤っているものは次のうちどれか。

(1) 映画館で延べ面積が300㎡以上のものであれば、届出をして検査を受けなければならない。

(2) 美術館で延べ面積が300㎡以上のものであれば、届出をして検査を受けなければならない。

(3) 避難が困難な要介護者を入居させている老人福祉施設は、延べ面積とは関係なく、届出をして検査を受けなければならない。

(4) 特定1階段等防火対象物は、延べ面積とは関係なく、届出をして検査を受けなければならない。

問題1　解説　　　　　　**消防用設備等の設置の届出・検査** ⇨ 速 **P.96, 97**

> ✔ **ここがPOINT!**
>
> 消防用設備等の設置の届出
> ● 届出をする者…**防火対象物の関係者（所有者・管理者・占有者）**
> ● 届出先…………**消防長**＊または**消防署長**
> 　　　　　　＊消防本部を置かない市町村の場合は**市町村長**

(1)　誤り。この届出をするのは、消防設備士ではなく、**防火対象物の関係者**（所有者・管理者・占有者）です。

(2)　正しい。**設置工事の完了日から4日以内**に届出をします。

(3)　正しい。**簡易消火用具と非常警報器具**は、届出不要（検査を受けなくてもよい）とされています。

(4)　正しい記述です。

正解（1）

問題2　解説　　　　　　**消防用設備等の設置の届出・検査** ⇨ 速 **P.97**

> ✔ **ここがPOINT!**
>
> 消防用設備等の設置の届出をして検査を受ける防火対象物
> ● **特定防火対象物**……延べ面積300㎡以上のもの（一部例外あり）
> ● **非特定防火対象物**…延べ面積300㎡以上、
> 　　　　　　　　　　　かつ消防長または消防署長の指定したもの

(1)　正しい。映画館は**特定防火対象物**なので、延べ面積300㎡以上であれば届出をして検査を受ける必要があります。

(2)　誤り。美術館は**非特定防火対象物**なので、延べ面積300㎡以上で、かつ**消防長または消防署長の指定したもの**に限ります。

(3)　正しい。設問のような施設は、特定防火対象物のうち、**延べ面積と関係なく**届出をして検査を受ける必要があるものに該当します（◉P.21）。

(4)　正しい。「**特定1階段等防火対象物**」とは、令別表第一の(1)～(4)項、(5)項のイ、(6)項、(9)項のイのために使用する部分が**避難階以外の階**（1階と2階は除く）に存在し、その階から避難階または地上に直通する階段が**1か所以下**しか設けられていないものをいいます。

> 避難階とは、直接地上へと通じる出入口のある階のことです。

正解（2）

10 消防用設備等の定期点検および報告

問題 1 ✓重要 ▶ ☐☐

消防用設備等の定期点検および報告について、消防法令上、誤っているもの
は次のうちどれか。

(1) 消防用設備等の設置維持が義務づけられている防火対象物の関係者は、
消防用設備等を定期に点検し、その結果を消防長または消防署長に報告し
なければならない。

(2) 定期点検を行う期間は、機器点検（機器の損傷の有無など一定の事項に
ついて基準に従って確認する）は6か月に1回、総合点検（消防用設備等
の全部または一部を作動・使用することにより、その総合的機能を確認す
る）は1年に1回とされている。

(3) 一定規模以上の防火対象物や特定1階段等防火対象物では、消防設備士
または消防設備点検資格者に点検させる必要があるが、それ以外の防火対
象物においては、当該防火対象物の関係者が点検を行う。

(4) 定期点検の結果の報告をする期間は、防火対象物の用途とは関係なく、
3年に1回とされている。

 問題 2 ✓重要 ▶ ☐☐

消防用設備等の定期点検を消防設備士または消防設備点検資格者にさせなけ
ればならない防火対象物として、消防法令上、正しいものは次のうちどれか。
ただし、いずれも消防長または消防署長の指定はないものとする。

(1) すべての病院

(2) 延べ面積1000㎡の幼稚園

(3) 延べ面積2500㎡の共同住宅

(4) 延べ面積800㎡の旅館

問題1　解説　　　消防用設備等の定期点検および報告 ⇨ 速 P.97, 98

✔ **ここが POINT!**

消防用設備等の定期点検の結果を報告する期間
- 特定防火対象物……1年に1回
- 非特定防火対象物…3年に1回

(1)　正しい。報告するのは**防火対象物の関係者**、報告先は**消防長**（消防本部を置かない市町村の場合は**市町村長**）または**消防署長**です。

(2)　正しい記述です。

「点検の期間」と、(4)の「報告の期間」とは異なるので注意しよう。

(3)　正しい。必ずしもすべての防火対象物について定期点検を**消防設備士**や**消防設備点検資格者**に行わせるわけではありません。

(4)　誤り。点検の結果を報告する期間は、**特定防火対象物では1年に1回**、**非特定防火対象物では3年に1回**と定められています。

正解（4）

問題2　解説　　　消防用設備等の定期点検および報告 ⇨ 速 P.98

✔ **ここが POINT!**

- 特定防火対象物……延べ面積1000㎡以上のもの
- 非特定防火対象物…延べ面積1000㎡以上、
  　　　　　　　　　　　かつ消防長または消防署長の指定したもの
⇒ 消防設備士または消防設備点検資格者が定期点検を行う必要がある

(1)　誤り。病院は特定防火対象物ですが、延べ面積1000㎡以上でないものは、消防設備士や消防設備点検資格者が定期点検を行う必要はありません。

(2)　正しい。幼稚園は**特定防火対象物**であり、**延べ面積1000㎡以上**なので**消防設備士または消防設備点検資格者**が定期点検を行う必要があります。

(3)　誤り。共同住宅は**非特定防火対象物**なので、延べ面積が1000㎡以上であっても、**消防長または消防署長の指定**がないものは、消防設備士や消防設備点検資格者が定期点検を行う必要はありません。

(4)　誤り。旅館は特定防火対象物ですが、延べ面積が1000㎡未満です。

正解（2）

問題 1 ✔重要 ▶ □□

消防の用に供する機械器具等の検定制度に関する記述として、消防法令上、誤っているものは次のうちどれか。

(1) 消防の用に供する機械器具等の検定制度は、型式承認と型式適合検定の2段階に分かれる。

(2) 型式承認とは、検定対象機械器具等の型式に係る形状等が、総務省令で定める技術上の規格(「規格省令」という)に適合していることを認める承認をいい、日本消防検定協会等がこれを行う。

(3) 型式適合検定とは、検定対象機械器具等の形状等が、型式承認を受けた検定対象機械器具等の型式に係る形状等に適合しているかどうかについて行う検定をいう。

(4) 検定対象機械器具等には、消火器、閉鎖型スプリンクラーヘッド、自動火災報知設備の感知器や受信機、金属製避難はしごなどが含まれる。

問題 2 ✔重要 ▶ □□

消防の用に供する機械器具等の検定制度について、消防法令上、誤っているものは次のうちどれか。

(1) 総務大臣は、型式適合検定に合格した検定対象機械器具等に合格の表示を付さなければならない。

(2) 合格の表示が付されたものでなければ、設置等の工事に使用することはもちろん、販売したり、販売の目的で陳列したりすることもできない。

(3) 型式適合検定に合格していないものに表示を付した者は、罰則を受けることがある。

(4) 総務大臣は、規格省令の変更により、すでに型式承認を受けた検定対象機械器具等の型式に係る形状等が変更後の規格に適合しないと認めるときは、型式承認の効力を失わせることができる。

問題1　解説　　　　　　　消防用機械器具等の検定制度 ⇨速 P.100, 101

▼**ここがPOINT!**

消防用機械器具等 ┌ ①型式承認………総務大臣が行う
の検定制度　　　 └ ②型式適合検定…日本消防検定協会等が行う

(1)　正しい。「消防の用に供する機械器具等」とは、消防に用いる機械器具や設備、防火薬品等をいいます。このうち一定の形状等でなければ火災予防や消火、人命救助等のために重大な支障を生じるおそれがあり、あらかじめ検査を受ける必要があると認められるものを「**検定対象機械器具等**」といいます。この検定は**型式承認**と**型式適合検定**の2段階です（⦿P.24）。

(2)　誤り。型式承認は、**総務大臣**が行います。

(3)　正しい。型式適合検定は**日本消防検定協会等**（日本消防検定協会のほかに、総務大臣の登録を受けた検定機関を含む）が行います。

(4)　正しい（⦿P.24）。

正解（2）

問題2　解説　　　　　　　消防用機械器具等の検定制度 ⇨速 P.102

▼**ここがPOINT!**

日本消防検定協会等が「合格の表示」を付する
⇒ この表示がないと、設置等の工事での使用のほか、
　販売、販売目的の陳列もできない

(1)　誤り。合格の表示を付すのは、**日本消防検定協会等**です。

(2)　正しい。この表示が付されたものでなければ、**販売**したり、販売の目的で**陳列**したり、**設置等の工事に使用**したりしてはなりません。

(3)　正しい。型式適合検定に合格していないものに表示を付した者、または紛らわしい表示をした者は、1年以下の**懲役**または100万円以下の**罰金**に処せられます。

(4)　正しい。これを「**型式承認の失効**」といいます。型式承認が失効した場合は、日本消防検定協会等が行った**型式適合検定の効力も失われる**こととなります。

不正な手段によって型式承認を受けたときなどにも、型式承認の効力を失わせることができます。

正解（1）

問題1 ✓重要　　　　　　　　　　　　　　　　　　　　▶ □ □

消防設備士でない者でも行うことができる消防用設備等の整備として、消防法令上、誤っているものは次のうちどれか。

(1)　給水装置工事主任技術者が、スプリンクラー設備の水源に水を補給するための給水管を取り外して交換した。

(2)　電気主任技術者が、ガス漏れ火災警報設備の電源表示ランプを交換した。

(3)　水道工事業者が、屋外消火栓設備の水漏れ補修を依頼され、その原因となった屋外消火栓開閉弁を交換した。

(4)　屋内消火栓設備の表示灯が消えていたので、電気工事士が、配線の異常の有無を検査して電球を交換した。

問題2 ✓重要　　　　　　　　　　　　　　　　　　　　▶ □ □

消防設備士免状の種類および区分ごとに行うことができる消防用設備等の工事または整備として、消防法令上、正しいものは次のうちどれか。

(1)　乙種第1類消防設備士は、屋外消火栓設備の整備を行うことができる。

(2)　乙種第3類消防設備士は、粉末消火設備の工事を行うことができる。

(3)　甲種第2類消防設備士は、泡消火設備の整備を行うことができない。

(4)　甲種第4類消防設備士は、水噴霧消火設備の工事を行うことができる。

問題1　解説　消防設備士の業務独占 ⇨ 速 P.105, 106

ここが POINT!

- 業務独占から除外される部分（電源・水源・配管）
- 「軽微な整備」に該当する場合

消防設備士でなく
ても行える

　消防設備士でなければ行えないとされる工事・整備（**業務独占**）の対象である**工事整備対象設備等**と、業務独占から**除外される部分**（＝消防設備士でなくても行える）は次の通りです（一部のみ抜粋。詳細は ●P.22〜23）。

区分	工事整備対象設備等	除外される部分
第1類	● 屋内消火栓設備　　● 屋外消火栓設備 ● **スプリンクラー設備**　　● 水噴霧消火設備	電源・水源・**配管**
第2類	● 泡消火設備	電源のみ
第3類	● 不活性ガス消火設備　　● 粉末消火設備 ● ハロゲン化物消火設備	電源のみ
第4類	● 自動火災報知設備　　● **ガス漏れ火災警報設備** ● 消防機関へ通報する火災報知設備	電源のみ
第5類	● 金属製避難はしご　　● 救助袋　　● 緩降機	なし

　(1)の**スプリンクラー設備**の給水管は**配管**の部分、(2)の**ガス漏れ火災警報設備**の電源表示ランプは**電源**の部分に該当するため、消防設備士でなくても行えます。また、(4)の**屋内消火栓設備**の表示灯の交換は、消防設備士でなくても行える「**軽微な整備**」に該当します。しかし(3)の屋外消火栓開閉弁は除外される部分に該当せず、「軽微な整備」でもありません。

正解 (3)

問題2　解説　免状の種類 ⇨ 速 P.106

ここが POINT!

- 甲種消防設備士…工事および整備（点検を含む）を行える
- 乙種消防設備士…整備（点検を含む）のみ行える

(1)　正しい。乙種第1類は屋外消火栓設備の整備ができます（●上の表）。

(2)　誤り。乙種の消防設備士は**整備**のみで、工事を行うことはできません。

(3)　誤り。泡消火設備は第2類なので（●上の表）、甲種第2類の免状があれば泡消火設備の整備ができます。

(4)　誤り。水噴霧消火設備は第1類なので（●上の表）、甲種第4類の免状では、水噴霧消火設備の工事はできません。

正解 (1)

13 消防設備士の免状

問題 1 ▶ ☐☐

消防設備士の免状について、消防法令上、誤っているものは次のうちどれか。

(1) 免状の効力は、交付を受けた都道府県以外でも有効である。

(2) 免状の記載事項に変更を生じたときは、免状を交付した都道府県知事、または居住地もしくは勤務地を管轄する都道府県知事に免状の書換えを申請しなければならない。

(3) 免状を亡失したときは、10日以内に再交付を申請しなければならない。

(4) 免状の再交付は、免状の交付をした都道府県知事だけでなく、書換えをした都道府県知事に申請することもできる。

問題2 ▶ ☐☐

消防設備士の免状について、消防法令上、正しいものは次のうちどれか。

(1) 消防設備士が消防法令に違反しているとき、消防長（消防本部を置かない市町村の場合は市町村長）または消防署長は、当該消防設備士に免状の返納を命じることができる。

(2) 都道府県知事は、免状の返納を命じられた日から1年を経過しない者については、新たに試験に合格しても免状の交付を行わないことができる。

(3) 免状の返納命令に違反しても、罰則に処せられることはない。

(4) 免状を亡失したときは、消防設備士の資格を失う。

問題 1　解説　　　　　　　　　　　免状の書換えと再交付 ⇨ 速 P.107

ここがPOINT!

- 記載事項に変更…………書換え ⇒ 遅滞なく申請しなければならない
- 免状の亡失・滅失・汚損・破損……再交付 ⇒ 申請することができる

(1)　正しい。消防設備士免状の効力は、交付を受けた都道府県だけでなく、日本全国どこでも有効です。

(2)　正しい。免状の書換えは、遅滞なく**申請し**
なければなりません。申請先は、免状を交付
した都道府県知事だけでなく、居住地や勤務
地を管轄する都道府県知事でもかまいません。

> 免状を亡失して再交付を受け
> たあとで、亡失した免状を発
> 見した場合は、再交付を受け
> た都道府県知事に発見した免
> 状を10日以内に提出しなけ
> ればなりません。

(3)　誤り。免状を**亡失、滅失、汚損**または**破損**
したときは、免状の**再交付**を申請するこ
とができますが、義務ではありません。

(4)　正しい記述です。

正解（3）

問題 2　解説　　　　　　　　　　　免状の返納命令と不交付 ⇨ 速 P.107

ここがPOINT!

消防設備士が消防法令に違反…都道府県知事から免状の返納命令
⇒ 免状の返納命令に違反した者には罰則あり

(1)　誤り。消防設備士に対する免状の**返納命令**は、消防長等ではなく、その
免状を交付した**都道府県知事**が命じます。

(2)　正しい。都道府県知事は、次の者については免状の交付を行わないこと
ができます。これを**免状の不交付**といいます。

- 免状の返納を命じられた日から**1年**を経過しない者
- 消防法令に違反して**罰金以上の刑**に処せられた者で、その執行を終わり、
または執行を受けることがなくなった日から**2年**を経過しない者

(3)　誤り。免状の返納命令に違反した者は、30万円以下の罰金または拘留に
処せられます。

(4)　誤り。免状を亡失したことによって、消防設備士の資格を失うことはあ
りません。

正解（2）

問題 1 ✔重要 ▶ □ □

消防設備士の義務について、消防法令上、誤っているものは次のうちどれか。

(1) 消防設備士は、一定の時期に都道府県知事が行う講習を受けなければならず、定められた期間内に受講しない場合は、免状の返納を命じられることがある。

(2) 免状の交付を受けた消防設備士が都道府県知事の行う講習を初めて受講するのは、免状交付を受けた日以後における最初の4月1日から2年以内とされている。

(3) 消防設備士は、その業務を誠実に行い、工事整備対象設備等の質の向上に努める義務がある。

(4) 消防設備士は、その業務に従事するときは消防設備士免状を携帯していなければならないが、整備のみを行う場合はこの限りではない。

問題 2 ▶ □ □

甲種消防設備士が工事着手の届出（着工届）をする必要がある消防用設備等として、消防法令上、正しいものは次のうちどれか。

(1) 救助袋

(2) 非常警報設備

(3) 誘導灯

(4) 連結送水管

問題１　解説

消防設備士の義務 ⇨ 速 P.108

ここがPOINT!

消防設備士の義務
- **講習の受講義務**
- **誠実義務および質の向上**
- **免状の携帯義務**
- **工事着手の届出義務（甲種のみ▶問題２）**

(1)(2)　正しい。都道府県知事が行う**講習**を受講することは、消防法令上の義務であり、これに違反した場合は消防法令違反として、**免状の返納命令**の対象となります。講習を受講する時期は次の通りです。

ア　**免状交付を受けた日以後における最初の４月１日から２年以内**

イ　**アの講習を受けた日以後における最初の４月１日から５年以内**

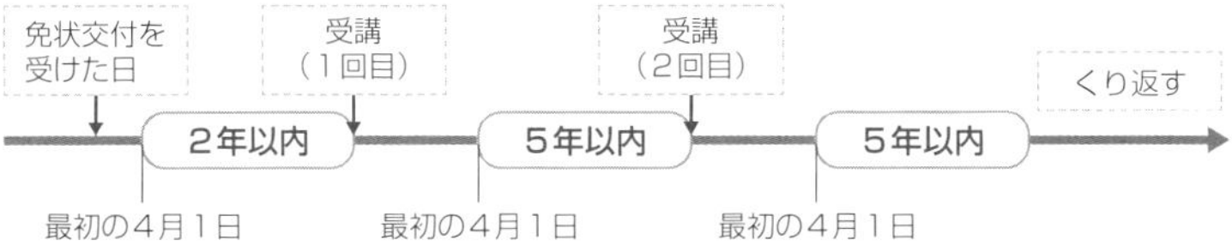

(3)　正しい記述です。

(4)　誤り。整備のみを行う場合でも、**免状は携帯**しなければなりません。

正解（4）

問題２　解説

工事着手の届出義務 ⇨ 速 P.108

ここがPOINT!

甲種消防設備士は、工事着工日の10日前までに着工届をする
届出先…消防長*または消防署長
　　＊消防本部を置かない市町村の場合は**市町村長**

甲種消防設備士は、工事に着工する**10日前まで**に工事整備対象設備等の種類、工事の場所その他必要な事項を**消防長**（消防本部を置かない市町村の場合は**市町村長**）または**消防署長**に届け出る必要があります（「**着工届**」という）。着工届は**工事整備対象設備等**の工事について必要とされるものであり、(1)の救助袋の工事の際は甲種第５類消防設備士が着工届をする必要があります。(2)～(4)の消防用設備等は**工事整備対象設備等**に含まれておらず（業務独占の範囲外）、着工届は不要です。

正解（1）

問題 1　　　　　　　　　　　　　　　　　　　▶ □□

危険物施設における警報設備の設置義務に関する次の文中の（　　）内に当てはまる語句の組合せとして、消防法令上、正しいものは次のうちどれか。

「（　A　）以外の危険物施設のうち、指定数量の（　B　）以上の危険物を貯蔵し、または取り扱うものには、施設の状況に応じて自動火災報知設備その他の警報設備を設置しなければならない。移送取扱所については、告示で定めるところにより警報設備を設ける。」

	A	B
(1)	移動タンク貯蔵所	2倍
(2)	移動タンク貯蔵所	10倍
(3)	屋外タンク貯蔵所	2倍
(4)	屋外タンク貯蔵所	10倍

問題 2　　　　　　　　　　　　　　　　　　　▶ □□

「危険物の規制に関する規則」によって危険物施設に設置が義務づけられている警報設備として、誤っているものは次のうちどれか。

(1)　消防機関に報知ができる電話
(2)　非常ベル装置
(3)　拡声装置
(4)　漏電火災警報器

問題1　解説　　　危険物施設における設置義務 ⇨ 速 P.113, 124

ここがPOINT!
指定数量の10倍以上の危険物施設（移動タンク貯蔵所を除く）
⇒ 自動火災報知設備その他の警報設備の設置義務あり

　移動タンク貯蔵所（タンクローリー）以外の危険物施設のうち、指定数量の10倍以上の危険物を貯蔵または取り扱うものには、施設の状況に応じて自動火災報知設備その他の警報設備の設置が義務づけられています。また、移送取扱所（パイプライン施設など）については、別に告示で定めるところにより警報設備を設けることとされています。

本問は、消防関係法令（類別）で出題される場合があります。

正解（2）

問題2　解説　　　危険物施設に設置する警報設備 ⇨ 速 P.113, 124

ここがPOINT!
危険物施設に設置する警報設備
①自動火災報知設備　②消防機関に報知ができる電話
③非常ベル装置　④拡声装置　⑤警鐘

　危険物施設に設置する**警報設備**は、次の5種類です（消防法施行令で規定する名称と異なるものもある）。(4)の漏電火災警報器は含まれていません。

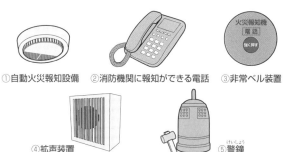

①自動火災報知設備　②消防機関に報知ができる電話　③非常ベル装置
④拡声装置　⑤警鐘

　「危険物の規制に関する規則」では、延べ面積が500㎡以上の製造所など一定の危険物施設に**自動火災報知設備**の設置を義務づけ、そのほかの危険物施設には自動火災報知設備以外の4種類の警報設備から1種類以上を設けることとしています。

正解（4）

消防関係法令
（類別）

ここでは、「消防関係法令（類別）」の厳選された18の問題とその解説を掲載しています。

各問の解説の「ここがPOINT!」を参考に、1問1問をしっかり理解しながら、試験に向けた問題演習＆基礎固めを進めましょう。

分野別重点問題

3. 消防関係法令（類別）

1 自動火災報知設備の設置義務①

問題 1 重要　　　　　　　　　　　　▶

消防法令上、自動火災報知設備を設置しなければならない防火対象物として、誤っているものは次のうちどれか。

(1)　キャバレーで、延べ面積が280㎡のもの

(2)　飲食店で、延べ面積が300㎡のもの

(3)　カラオケボックスで、延べ面積が180㎡のもの

(4)　熱気浴場で、延べ面積が220㎡のもの

問題 2 重要　　　　　　　　　　　　▶

消防法令上、自動火災報知設備を設置しなければならない防火対象物として、正しいものは次のうちどれか。

(1)　延べ面積450㎡の工場

(2)　延べ面積600㎡の寄宿舎

(3)　延べ面積900㎡の神社

(4)　延べ面積550㎡の事務所

問題1 解説　延べ面積に基づく設置義務（特定防火対象物）⇨速 P.118

ここがPOINT!

特定防火対象物における自動火災報知設備の設置義務
⇒ 原則として延べ面積300㎡以上の場合に設置
　 ただし、いくつかの例外あり（◯P.26）

(1)　誤り。**特定防火対象物**は、原則として、**延べ面積が300㎡以上の場合に**自動火災報知設備の設置義務があります。キャバレー（令別表第一(2)イ）は特定防火対象物であり、延べ面積280㎡では設置義務がありません。

(2)　正しい。飲食店（同(3)ロ）は特定防火対象物であり、延べ面積300㎡以上なので、設置義務があります。

(3)　正しい。特定防火対象物のうち**カラオケボックス等**（同(2)ニ）のほか、旅館・ホテル等（同(5)イ）、**自力避難困難者入所福祉施設等**（同(6)ロ）などは、**延べ面積と関係なく、すべてに設置する**こととされています。

(4)　正しい。特定防火対象物のうち**蒸気浴場、熱気浴場等**（同(9)イ）は、延べ面積200㎡以上の場合に設置義務があります。

正解（1）

問題2 解説　延べ面積に基づく設置義務（非特定防火対象物）⇨速 P.118

ここがPOINT!

非特定防火対象物における自動火災報知設備の設置義務
⇒ 原則として延べ面積500㎡以上の場合に設置
　 ただし、いくつかの例外あり（◯P.26）

(1)　誤り。**非特定防火対象物**は、原則として、**延べ面積が500㎡以上の場合**に自動火災報知設備の設置義務があります。工場（令別表第一(12)イ）は非特定防火対象物であり、延べ面積450㎡では設置義務がありません。

(2)　正しい。寄宿舎（同(5)ロ）は非特定防火対象物であり、延べ面積500㎡以上なので、設置義務があります。

(3)(4)　誤り。非特定防火対象物のうち**神社、寺院等**（同(11)）、**事務所等**（同(15)の事業場）は、**延べ面積1000㎡以上**の場合に設置義務があります。

非特定防火対象物のうち航空機の格納庫（令別表第一(13)ロ）と重要文化財等の建造物（同(17)）は、延べ面積と関係なく設置義務があります。

正解（2）

問題1 重要　　　　　　　　　　　　　　　▶ ☐☐

自動火災報知設備の設置義務について、消防法令上、誤っているものは次の
うちどれか。

(1)　特定防火対象物が存する複合用途防火対象物で、延べ面積300㎡以上の
　　ものは、建物全体に設置する義務がある。

(2)　防火対象物の11階以上の階は、用途にかかわらず、階ごとに設置する義
　　務がある。

(3)　地階、無窓階または3階以上10階以下の階で、床面積300㎡以上のものは、
　　階ごとに設置する義務がある。

(4)　特定防火対象物が存する複合用途防火対象物の地階または無窓階のう
　　ち、床面積合計が100㎡以上のものは、用途にかかわらず、階ごとに設置
　する義務がある。

問題2　　　　　　　　　　　　　　　　　　　▶ ☐☐

下図のような複合用途防火対象物に対する自動火災報知設備の設置義務につ
いて、消防法令上、正しいものは次のうちどれか。ただし、地上階はすべて
無窓階ではないものとする。

2階	事務所　　　90㎡
1階	飲食店　　　100㎡
地階	キャバレー　100㎡

(1)　全階に設置義務がある。

(2)　飲食店の存する1階にのみ設置義務がある。

(3)　キャバレーの存する地階にのみ設置義務がある。

(4)　1階および地階に設置義務がある。

問題1　解説　　　　　建物の階数などに基づく設置義務 ➡ 速 **P.117〜119**

> 🔖 **ここがPOINT!**
> 特定防火対象物が存する複合用途防火対象物の地階または無窓階
> ⇒ キャバレー等（令別表第一(2)）または飲食店等（同(3)）の用途部分の床面積合計100㎡以上のとき、自動火災報知設備の設置義務あり

(1)　正しい。特定防火対象物を含む複合用途防火対象物（令別表第一(16)イ）は、延べ面積300㎡以上の場合、その特定防火対象物が存する部分だけでなく、**建物全体**（全階）に自動火災報知設備の設置義務があります。

(2)　正しい。防火対象物の11階以上の階は、建物の延べ面積や各階の床面積や用途に関係なく、**階ごと**に自動火災報知設備の設置義務があります。

(3)　正しい。**地階、無窓階**または**3階以上10階以下の階**で、床面積300㎡以上のものは、階ごとに自動火災報知設備の設置義務があります。

(4)　誤り。特定防火対象物が存する**複合用途防火対象物の地階または無窓階**は、キャバレー等（令別表第一(2)）または**飲食店**等（同(3)）の用途部分の床面積合計が100㎡以上のとき、その**階ごと**に自動火災報知設備を設置する義務が生じます。「用途にかかわらず」ではありません。

正解 **(4)**

問題2　解説　　　　　建物の階数などに基づく設置義務 ➡ 速 **P.118, 119**

> 🔖 **ここがPOINT!**
> 特定防火対象物が存する複合用途防火対象物
> ⇒ 延べ面積300㎡以上の場合、
> 　建物全体（全階）に自動火災報知設備の設置義務あり

　この建物は、飲食店とキャバレーを含むため、特定防火対象物の存する複合用途防火対象物ですが、延べ面積が290㎡（90＋100＋100）しかないので、建物の全体（全階）には自動火災報知設備の設置義務は生じません。しかし、キャバレーの存する地階は床面積100㎡以上なので、この**地階にのみ**、設置義務が生じます（●問題1 (4)）。

> 1階が無窓階であれば、飲食店で床面積が100㎡以上なので、1階にも設置義務が生じるね。

正解 **(3)**

③ 自動火災報知設備の設置義務③

問題 1

自動火災報知設備の設置義務について、消防法令上、誤っているものは次の
うちどれか。

(1) 特定1階段等防火対象物については、延べ面積と関係なく、建物の全体
に設置する義務がある。

(2) 防火対象物内にある通信機器室で床面積が500㎡以上のものについては、
設置する義務がある。

(3) 防火対象物の地階または2階以上の階で、駐車場として使用されている
部分が存するものについては、その駐車場部分の床面積が500㎡以上のも
のに限り、設置する義務がある。

(4) 危険物施設の製造所については、延べ面積500㎡以上のものなどに設置
する義務がある。

問題 2 ✔重要

消防法令上、スプリンクラー設備（総務省令で定める閉鎖型スプリンクラー
ヘッドを備えているもの）を設置した場合、その有効範囲内の部分であっても、
自動火災報知設備の設置を省略することができない防火対象物は、次のうち
どれか。

(1) 百貨店

(2) 寺院

(3) 作業場

(4) テレビスタジオ

問題1　解説　　　　　　　　特殊な条件に基づく設置義務 ⇨ 速 P.122〜124

ここがPOINT!

- 特定1階段等防火対象物 ⇒ 延べ面積と関係なく、建物全体に設置
- 通信機器室 ⇒ 床面積500㎡以上の場合、その通信機器室に設置
- 地階または2階以上で駐車場があるもの
  ⇒ 駐車場部分の床面積が200㎡以上の場合、その階に設置

(1)　正しい。**特定1階段等防火対象物**（◉P.115）は、延べ面積と関係なく、また、特定用途部分（令別表第一の(1)〜(4)、(5)のイ、(6)、(9)のイのために使用する部分）のある階だけでなく、**建物の全体（全階）に設置義務**があります。

(2)　正しい。防火対象物内にある**通信機器室**であって、**床面積500㎡以上**のものには、その通信機器室に設置する義務があります。

(3)　誤り。防火対象物の**地階または2階以上の階**で**駐車場**として使用されている部分が存するものについては、その駐車場部分の**床面積が200㎡以上**である場合に、その階に設置する義務があります。

(4)　正しい記述です（◉P.127）。　　　　　　　　　　　　　　**正解（3）**

> また、防火対象物内の一部分が**道路**として使用され、その道路部分の床面積が、屋上の場合600㎡以上、それ以外の場合400㎡以上のものであるときには、その道路部分に自動火災報知設備を設置する必要があります。

問題2　解説　　　　　　　　自動火災報知設備の省略 ⇨ 速 P.123, 124

ここがPOINT!

閉鎖型スプリンクラーヘッドを備えた**スプリンクラー設備**等の設置
⇒ **自動火災報知設備を省略できる**
　　ただし、特定防火対象物など省略できないものがある

　閉鎖型スプリンクラーヘッドを備えた**スプリンクラー設備**等を設置した場合には、その設備の有効範囲内に限り、**自動火災報知設備の設置を省略**することができます。ただし、**特定防火対象物**については、上記の設備を設置した場合でも自動火災報知設備の設置は**省略できない**とされています。本問の場合、(1)百貨店（令別表第一(4)）は特定防火対象物なので省略できません。(2)〜(4)はいずれも非特定防火対象物です。

正解（1）

問題1 ✔重要　　　　　　　　　　　　　　　　▶ □□

自動火災報知設備の警戒区域に関する記述として、消防法令上、誤っているものは次のうちどれか。

(1)　原則として、1つの警戒区域の面積は600㎡以下とし、また警戒区域の1辺の長さは50m以下としなければならない。

(2)　防火対象物の主要な出入口から内部を見通せる場合には、面積1200㎡以下までを1つの警戒区域とすることができる。

(3)　原則として、建物の2つ以上の階にわたって1つの警戒区域とすることはできない。

(4)　2つの階にわたっても面積の合計が500㎡以下の場合には、2つの階で1つの警戒区域とすることができる。

問題2　　　　　　　　　　　　　　　　　　▶ □□

自動火災報知設備の感知器の設置について、消防法令上、誤っているものは次のうちどれか。

(1)　感知器は、天井または壁の屋内に面する部分および天井裏の部分（天井がない場合は、屋根または壁の屋内に面する部分）に、有効に火災の発生を感知できるように設ける。

(2)　取付け面の高さが20m以上となる場所は、感知器（炎感知器を除く）の設置を除外することができる。

(3)　上屋（立体駐車場など）やプラットホームなど、外部の気流が流通する場所では、感知器（炎感知器を除く）の設置を除外することができる。

(4)　主要構造部が耐火構造以外の建築物の天井裏であって、天井と上階の床との距離が0.5m以上の場所は、感知器の設置を除外することができる。

問題1　解説　　　　　　　　　　**自動火災報知設備の警戒区域** ⇨ 速 P.126

🗲 ここがPOINT!

自動火災報知設備の警戒区域

原　則	主な例外
1つの警戒区域は、面積600㎡以下、1辺の長さ50m以下とする	主要な出入口から内部を見通せる場合は、1000㎡以下でもよい
2つ以上の階にわたらないこと	2つの階にわたっても面積の合計が500㎡以下の場合はよい

(1)　正しい。**警戒区域**とは、火災の発生した区域をほかの区域と区別して識別することができる最小単位の区域をいいます。原則として1つの警戒区域は、面積600㎡以下、1辺の長さ50m以下とされています（●P.25）。

(2)　誤り。(1)の例外として、防火対象物の**主要な出入口から内部を見通せる場合**（倉庫や体育館など）は、面積1000㎡以下までを1つの警戒区域とすることができます。

(3)　正しい。1階と2階など、上下2つ以上の階にわたって1つの警戒区域とすることは、原則としてできません。

(4)　正しい。(3)の例外として、**面積の合計が500㎡以下の場合は、2つの階を1つの警戒区域とすることができます。

正解（2）

問題2　解説　　　　　　　　　　**感知器の設置** ⇨ 速 P.129, 130

🗲 ここがPOINT!

感知器の設置を除外できる場所の例
- 取付け面の高さが20m以上の場所（炎感知器を除く）
- 主要構造部を耐火構造とした建築物の天井裏部分
- 天井裏で、天井と上階の床との距離が0.5m未満の場所

(1)～(3)はすべて正しい記述です。

(4)　天井と上階の床との距離が0.5m以上ある天井裏の場所は、感知器の設置を除外できません。

正解（4）

分野別重点問題

3 • 消防関係法令（類別）

5 **自動火災報知設備の設置基準②**

問題1 重要 ▶ □□

感知器を設置する場合の取付け面の高さと、設置できる感知器の組合せとして、消防法令上、誤っているものは次のうちどれか。

	取付け面の高さ	設置できる感知器
(1)	20m	炎感知器
(2)	18m	光電式スポット型感知器2種
(3)	14m	イオン化式スポット型感知器2種
(4)	10m	差動式分布型感知器

問題2 重要 ▶ □□

取付け面の高さが6mの場合、消防法令上、設置することができない感知器は次のうちどれか。

(1) 差動式分布型感知器2種

(2) 差動式スポット型感知器1種

(3) 補償式スポット型感知器2種

(4) 定温式スポット型感知器2種

問題1 解説　　　　　　　　　　感知器の取付け面の高さ ⇨ ⏱ P.134

⚡ ここがPOINT!

取付け面15m以上20m未満
⇒ 光電式スポット型、イオン化式スポット型ともに1種のみ

　感知器は種類と種別によって取り付けることのできる高さの限界が決まっています。取付け面の高さと設置可能な感知器の組合せは次の通りです。

分野別重点問題

3 ● 消防関係法令（類別）

取付け面の高さ		設置可能な感知器の種類・種別
20m以上		炎感知器のみ
20m未満	煙	光電式スポット型（1種） イオン化式スポット型（1種）
15m未満	煙	光電式スポット型（2種） イオン化式スポット型（2種）
	熱	差動式分布型
8m未満	熱	差動式スポット型 補償式スポット型 定温式スポット型（特種・1種）
4m未満	煙	光電式スポット型（3種） イオン化式スポット型（3種）
	熱	定温式スポット型（2種）

「煙」…煙感知器、「熱」…熱感知器

> 上の表で種別（1種、2種など）の記載がないものは、何種でも設置できるという意味だよ。

(1)(3)(4)はすべて設置できます。

(2)の光電式スポット型感知器2種は、**15m未満**でないと設置できません。

正解（2）

問題2 解説　　　　　　　　　　感知器の取付け面の高さ ⇨ ⏱ P.134

⚡ ここがPOINT!

定温式スポット型感知器
⇒ 特種および1種は8m未満、2種は4m未満で設置可能

(1)～(3)はすべて6mの高さに設置することができます。

(4)　問題1の表より、(4)の定温式スポット型感知器2種は、**4m未満**でないと設置できないことがわかります。

正解（4）

問題 1 ✔**重要** ▶

煙感知器の設置義務がある場所として、消防法令上、誤っているものは次の
うちどれか。

(1) 図書館の廊下や通路

(2) 百貨店の地階

(3) 小学校の階段や傾斜路

(4) ホテルのエレベーター昇降路やリネンシュート

問題 2 ✔**重要** ▶ □ □

自動火災報知設備の地区音響装置の区分鳴動について、消防法令上、誤って
いるものは次のうちどれか。ただし、この防火対象物は地下2階、地上5階
の建物で、延べ面積3000㎡を超えるものとする。

(1) 2階で出火した場合は、出火階およびその直上階のみ区分鳴動させる。

(2) 1階で出火した場合は、出火階、その直上階および地階全部で区分鳴動
させる。

(3) 地下1階で出火した場合は、出火階、その直上階のみ区分鳴動させる。

(4) 地下2階で出火した場合は、出火階、その直上階のみ区分鳴動させる。

問題 1　解説　　　　　　　　　　　煙感知器の設置義務がある場所 ⇨ 速 P.132

ここが POINT!

煙感知器の設置義務がある場所
- 階段・傾斜路・エレベーター昇降路等 ⇒ 用途に関係なく
- 廊下・通路 ⇒ ─ ● 特定防火対象物すべて
　　　　　　　　　└ ● 非特定防火対象物の一部（図書館、小学校等含まない）

(1)　誤り。廊下および通路は、**特定防火対象物**のほか、**非特定防火対象物**の
　　うち共同住宅や工場、事務所など一部のものに限り煙感知器の設置が義務
　　づけられています。図書館や小・中・高等学校等は含まれていません。

(2)　正しい。**地階、無窓階、11階以上の階**については、**特定防火対象物**と**事
　　務所等**（令別表第一(15)）に限り煙感知器の設置が義務づけられます。

(3)(4)　正しい。**階段や傾斜路（スロープ）**のほか、**エレベーター昇降路、
　　リネンシュート、パイプダクト等**には、防火対象物の用途とは関係なく、
　　煙感知器の設置が義務づけられます。

正解（1）

問題 2　解説　　　　　　　　　　　　地区音響装置の鳴動制限 ⇨ 速 P.135, 136

ここが POINT!

地区音響装置を区分鳴動させる階（ P.27）
- 原則：出火階＋直上階
- 出火階が1階または地階のとき：出火階＋直上階＋地階全部

(1)　正しい。出火階が2階以上の階
　　の場合、**出火階およびその直上階**
　　のみを区分鳴動させます。

(2)　正しい。出火階が1階の場合は、
　　出火階、その直上階のほか**地階全
　　部**を区分鳴動させます。

> 地区音響装置（非常ベル）は全館
> 一斉鳴動が基本ですが、大規模な
> 防火対象物（地上5階以上で延べ
> 面積3000㎡を超えるもの）の場
> 合は、パニックを防ぐため最初の
> 数分間だけ防火対象物の一部分を
> 区分鳴動させます。

(3)　誤り。出火階が**地階**の場合は**出火階、その直上階**およびその**他の地階**を
　　区分鳴動させる必要があり、本問では地下2階も区分鳴動させます。

(4)　正しい。本問の防火対象物は地下2階までしかないので、出火階とその
　　直上階のみで地階全部ということになります。

正解（3）

分野別重点問題

3 ● 消防関係法令（類別）

問題 1 ▶ □□

P型（またはGP型）1級受信機で1回線のものを1つの防火対象物に設置できる最大の台数として、消防法令上、正しいものは次のうちどれか。

(1) 1台

(2) 2台

(3) 3台

(4) 4台

問題 2 ▶ □□

P型（またはGP型）2級受信機で1回線のものを設置できる防火対象物の最大の延べ面積として、消防法令上、正しいものは次のうちどれか。

(1) 150㎡

(2) 250㎡

(3) 300㎡

(4) 350㎡

問題1 解説 　　　　　　　　　　　受信機の設置台数の制限 ⇨ 速 **P.135**

🍎 **ここが POINT!**

P型（またはGP型）受信機の設置台数
- **1級で2回線以上のもの ⇒ 3台以上設置できる**
- **そのほかのもの　　　　⇒ 2台までしか設置できない**

　受信機のうち次のものは、1つの防火対象物について**2台以下**しか設置することができません（地階、無窓階、2階以上の階など階ごとに自動火災報知設備を設置する場合は、その階につき2台まで）。

> - P型・GP型　1級受信機で1回線
> - P型・GP型　2級受信機
> - P型・GP型　3級受信機

　なお、P型（またはGP型）2級受信機にも1回線のものと2回線以上のものがありますが、いずれにしても2台までとされています。**3台以上設置**できるのは、P型・GP型1級受信機で2回線以上のみです。

正解（2）

問題2 解説 　　　　　　　　　　　面積に基づく設置の制限 ⇨ 速 **P.135**

🍎 **ここが POINT!**

面積に基づく設置の制限
- **P型・GP型　2級受信機で1回線 ‥‥‥‥ 350㎡以下**
- **P型・GP型　3級受信機‥‥‥‥‥‥‥‥‥ 150㎡以下**

　受信機のうち下の表に示すものは、それぞれ表に示された**延べ面積以下**の防火対象物にしか設置できません（地階、無窓階、2階以上の階など階ごとに自動火災報知設備を設置する場合は、その階の床面積以下と読み替える）。

P型・GP型　2級受信機・1回線	350㎡以下
P型・GP型　3級受信機	150㎡以下

　したがって、P型（またはGP型）2級受信機で1回線のものを設置できる防火対象物の最大の延べ面積は、**350㎡**となります。

正解（4）

8 ガス漏れ火災警報設備の設置義務

問題1 ✓重要

ガス漏れ火災警報設備の設置対象について、消防法令上、誤っているものは次のうちどれか。ただし、総務省令で定める温泉の採取のための設備はないものとする。

(1) 地下街のうち、延べ面積1000㎡以上のものは設置対象となる。

(2) 延べ面積1000㎡以上の準地下街であって、特定用途部分の床面積合計が500㎡以上のものは設置対象となる。

(3) 特定防火対象物の地階であって、床面積合計が500㎡以上のものは設置対象となる。

(4) 複合用途防火対象物の地階であって、床面積合計が1000㎡以上、かつ特定用途部分の床面積合計が500㎡以上のものは設置対象となる。

問題2 ✓重要

ガス漏れ火災警報設備を設置しなければならない場所として、消防法令上、正しいものは次のうちどれか。ただし、総務省令で定める温泉の採取のための設備はないものとする。

(1) 複合用途防火対象物の地階で、床面積の合計が1200㎡あり、そのうち遊技場に使用する部分の床面積の合計が600㎡のもの

(2) 映画館の地階で、床面積の合計が900㎡のもの

(3) 倉庫の地階で、床面積の合計が1500㎡のもの

(4) 延べ面積1200㎡の準地下街で、特定用途部分の床面積の合計が400㎡のもの

問題 1　解説　　　　ガス漏れ火災警報設備の設置対象 ⇨ (速) P.138, 139

ここがPOINT!

ガス漏れ火災警報設備の設置対象となる防火対象物

・地下街 ・特定防火対象物の地階	延べ面積1000㎡以上
・準地下街 ・特定用途部分を有する 　複合用途防火対象物の地階*	延べ面積（*地階の床面積合計）1000㎡以上 ＋特定用途部分の床面積合計500㎡以上

(1)　正しい。**地下街**で延べ面積1000㎡以上のものは設置対象となります。

(2)　正しい。**準地下街**は、延べ面積1000㎡以上で、**特定用途部分**（令別表第一の(1)～(4)、(5)イ、(6)、(9)イのために使用する部分）の床面積合計が500㎡以上であれば設置対象となります。

(3)　誤り。**特定防火対象物**（同(1)～(4)、(5)イ、(6)、(9)イに掲げるもの）の地階は、**床面積合計1000㎡以上**の場合に設置対象となります。

(4)　正しい記述です。

令別表第一に掲げる建築物その他の工作物のうち、その内部に温泉の採取のための設備（総務省令で定めるもの）が設置されているものも設置対象となります。

正解（3）

問題 2　解説　　　　ガス漏れ火災警報設備の設置対象 ⇨ (速) P.138, 139

ここがPOINT!

特定用途部分を有する複合用途防火対象物の地階
⇒ 床面積合計1000㎡以上＋特定用途部分500㎡以上で設置対象

(1)　正しい。**複合用途防火対象物の地階**で、床面積の合計が1000㎡以上であり、かつ、**特定用途部分**である遊技場（令別表第一(2)ロ）の床面積合計が500㎡以上なので、設置対象となります。

(2)　誤り。特定防火対象物である映画館（同(1)イ）の地階ですが、床面積の合計が1000㎡以上ではありません（◉問題1(3)）。

(3)　誤り。床面積合計が1000㎡以上の地階ですが、倉庫（同(14)）は特定防火対象物ではありません（◉問題1(3)）。

(4)　誤り。延べ面積1000㎡以上の**準地下街**ですが、特定用途部分の床面積の合計が500㎡以上ではありません（◉問題1(2)）。

正解（1）

問題1 ▶ □□

消防機関へ通報する火災報知設備の設置義務について、消防法令上、誤っているものは次のうちどれか。

(1) 避難が困難な要介護者を入居させている老人福祉施設は、面積とは関係なく、設置対象とされる。

(2) 旅館やホテルは、延べ面積が500㎡以上の場合に設置対象とされる。

(3) 設置対象とされる防火対象物でも、消防機関から歩行距離1000m以内の場所にあるものは、設置を省略することができる。

(4) 共同住宅は、延べ面積が1000㎡以上の場合に設置対象とされる。

問題2 重要 ▶

消防機関へ通報する火災報知設備を設置しなければならない防火対象物として、消防法令上、正しいものは次のうちどれか。ただし、いずれの防火対象物も、法令によって設置の省略が認められる場所にはないが、消防機関へ常時通報できる電話は設置しているものとする。

(1) 延べ面積が800㎡の公会堂

(2) 延べ面積が600㎡の飲食店

(3) 延べ面積が2500㎡の地下街

(4) 延べ面積が900㎡の病院

問題 1　解説　　消防機関へ通報する火災報知設備の設置義務 ⇨ 速 P.141

ここがPOINT!

消防機関へ通報する火災報知設備の設置を省略できる場合
● 消防機関から著しく離れた場所にあるとき
● 消防機関から歩行距離で500m以内の場所にあるとき
　例外：令別表第一(6)イ①・②
　　　　または(6)イ①・②の用途部分がある(16)イ、(16の2)、(16の3)
● 消防機関へ常時通報できる電話を設置したとき
　例外：令別表第一(5)イ、同(6)イ・ロ・ハ

(1)(2)　正しい。設置対象とされる防火対象物は次の表の通りです。避難が困難な要介護者を入居させている老人福祉施設は令別表第一(6)ロ、旅館やホテルは同(5)イに含まれます。

面積と関係なく	令別表第一(6)イ①〜③・ロ、(16の2)、(16の3)
延べ面積500㎡以上	同(1)、(2)、(4)、(5)イ、(6)イ④・ハ・ニ、(12)、(17)
延べ面積1000㎡以上	同(3)、(5)ロ、(7)〜(11)、(13)〜(15)

(3)　誤り。上記の設置対象に該当しても、消防機関から歩行距離500m以内の場所にあるときは、設置を省略できます（ただし、一部例外あり）。

(4)　正しい。共同住宅は令別表第一(5)ロに含まれます。　　　正解（3）

問題 2　解説　　消防機関へ通報する火災報知設備の設置義務 ⇨ 速 P.141

ここがPOINT!

自力避難困難者入所福祉施設等、旅館、ホテル、病院等
⇒「消防機関へ常時通報できる電話」を設置しても、
　消防機関へ通報する火災報知設備の設置は省略できない

　設置対象（●問題１の表）に該当しても、**消防機関へ常時通報できる電話**（119番通報できる電話）を設置した場合は、消防機関へ通報する火災報知設備を省略できます。ただし、令別表第一(5)イ、(6)イ・ロ・ハで設置対象とされるものは、通報が遅れると大事故につながるおそれがあるため省略できません。結局、(1)〜(3)は省略できますが（(2)飲食店〔同(3)ロ〕は延べ面積1000㎡以上でないため設置対象でもない）、(4)の病院（同(6)イ）は省略できず、設置する必要があります。　　　正解（4）

構造・機能等
（規格に関する部分）

ここでは、「構造・機能等（規格に関する部分）」の厳選された34の問題とその解説を掲載しています。
各問の解説の「ここがPOINT!」を参考に、1問1問をしっかり理解しながら、試験に向けた問題演習＆基礎固めを進めましょう。

分野別重点問題

4. 構造・機能等（規格に関する部分）

① 自動火災報知設備の概要

問題 1 重要

規格を定める省令（規格省令）に規定されている用語の定義として、誤っているものは次のうちどれか。

(1) 「火災信号」とは、火災によって生ずる熱または煙の程度その他火災の程度に係る信号をいう。

(2) 「火災表示信号」とは、火災情報信号の程度に応じて、火災表示を行う温度または濃度を固定する装置（感度固定装置）により処理される火災表示をする程度に達した旨の信号をいう。

(3) 「自動試験機能」とは、火災報知設備に係る機能が適正に維持されていることを、自動的に確認することができる装置による火災報知設備に係る試験機能をいう。

(4) 「遠隔試験機能」とは、感知器に係る機能が適正に維持されていることを、当該感知器の設置場所から離れた位置において確認することができる装置による試験機能をいう。

問題 2 ▶ □□

感知器に関する記述として、誤っているものは次のうちどれか。

(1) 感知器とは、火災により生ずる熱、煙または炎を利用して自動的に火災の発生を感知し、火災信号または火災情報信号を受信機もしくは中継器または消火設備等に発信するものをいう。

(2) 熱感知器には、差動式、定温式、熱複合式、熱アナログ式のものがある。

(3) 煙感知器には、イオン化式、光電式、イオン化アナログ式、光電アナログ式、紫外線赤外線併用式のものなどがある。

(4) 感知器の感度を表す種別を「感度種別」といい、数字が小さいものほど感度がよく、特種は1種よりさらに感度がよい。

問題 1　解説　　　　　　　　規格省令上の用語の意義 ⇨(速)P.145

👆ここがPOINT!

- 「火災信号」…………火災が発生した旨の信号
- 「火災情報信号」……火災によって生ずる熱または煙の程度その他火災の程度に係る信号

(1)は火災情報信号の定義です。火災信号とは「火災が発生した旨の信号」をいいます。(2)～(4)はすべて正しい記述です。

> 自動試験機能または遠隔試験機能の制御機能の**作動条件値**（異常の有無を判定する基準となる数値、条件等）については、設計範囲外に設定できず、また、容易に変更できないものでなければならないとされています。

正解（1）

問題 2　解説　　　　　　　　「感知器」の定義と種類 ⇨(速)P.145, 146

👆ここがPOINT!

- 熱感知器…差動式、定温式、熱複合式、熱アナログ式
- 煙感知器…イオン化式、光電式、イオン化アナログ式など

(3)「紫外線赤外線併用式」は煙感知器ではなく、炎感知器です。(1)(2)(4)は正しい記述です。熱感知器と煙感知器の種類は次の通りです（◐P.29）。

熱感知器	差動式	スポット型	1種・2種
		分布型	1種・2種・3種
	定温式	スポット型	特種・1種・2種
		感知線型	特種・1種・2種
	熱複合式	熱複合式スポット型	―
		補償式スポット型	1種・2種
	熱アナログ式	スポット型	―
煙感知器	イオン化式	スポット型	1種・2種・3種
	光電式	スポット型	1種・2種・3種
		分離型	1種・2種
	煙複合式	スポット型	―
	イオン化アナログ式	スポット型	―
	光電アナログ式	スポット型	―
		分離型	―
	熱煙複合式	スポット型	―

― : 感度種別がない

正解（3）

問題 1 ✔重要 ▶

差動式スポット型感知器の定義として、規格省令上、正しいものは次のうち
どれか。

(1) 周囲の温度の上昇率が一定の率以上になったときに火災信号を発信する
もので、広範囲の熱効果の累積により作動するもの

(2) 周囲の温度の上昇率が一定の率以上になったときに火災信号を発信する
もので、一局所の熱効果により作動するもの

(3) 一局所の周囲の温度が一定の範囲内の温度になったときに当該温度に対
応する火災情報信号を発信するもので、外観が電線状以外のもの

(4) 周囲の空気が一定の濃度以上の煙を含むに至ったときに火災信号を発信
するもので、一局所の煙によるイオン電流の変化により作動するもの

問題 2 ▶

差動式スポット型感知器のうち、空気の膨張を利用して作動するものについ
て、その検出部に用いられるものは次のうちどれか。

(1) メーターリレー

(2) バイメタル

(3) マノメーター

(4) ダイヤフラム

問題 1　解説　　　　　感知器の定義 ⇨⑳ **P.149, 151, 158, 160**

🖋 ここがPOINT!

差動式感知器の定義
⇒ **周囲の温度の上昇率が一定の率以上になったとき火災信号を発信**
- **差動式スポット型…一局所の熱効果により作動**
- **差動式分布型………広範囲の熱効果の累積により作動**

差動式とは、温度差が生じることによって作動する方式をいい、感知器の周囲の温度が上昇し、その上昇率が一定の率以上になったときに火災信号を発信します。差動式感知器には**スポット型**（局所的に熱などを感知する方式）と**分布型**（広範囲の熱を感知する方式）があります。

(1)　誤り。**差動式分布型**感知器の定義です。

(2)　正しい。**差動式スポット型**感知器の定義です。

(3)　誤り。**熱アナログ式スポット型**感知器の定義です。

(4)　誤り。**イオン化式スポット型**感知器の定義です。

（1）～（3）は熱感知器、（4）は煙感知器だね。

正解（2）

問題 2　解説　空気の膨張を利用した差動式感知器 ⇨⑳ **P.149, 152, 155, 239**

🖋 ここがPOINT!

空気の膨張を利用した差動式感知器の作動原理
　空気が暖められて膨張する → ダイヤフラムを押し上げる → 接点が接触

(1)　誤り。**メーターリレー**は、差動式分布型感知器の熱電対式や熱半導体式の検出部に用いられる部品です。

(2)　誤り。**バイメタル**は、定温式スポット型感知器などに用いられます。

(3)　誤り。**マノメーター**は、空気管式の差動式分布型感知器の流通試験などで使用する器具です。

(4)　正しい。**ダイヤフラム**は膨張収縮が可能な膜であり、火災の熱により**空気室**内の空気が温められて膨張し、ダイヤフラムを押し上げることによって⊕側と⊖側の接点が接触し、回路が閉じます。

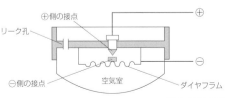

■ **差動式スポット型感知器の構造**
（空気の膨張を応用したもの）

⊕側の接点　　　⊕
リーク孔
⊖側の接点　　空気室　　ダイヤフラム

正解（4）

差動式分布型感知器（空気管式）

問題1 重要　　　　　　　　　　　　　　　▶ □□

差動式分布型の空気管式の感知器の作動原理として、正しいものは次のうちどれか。

(1)　リーク孔から出てくる空気の温度上昇率を感知して作動する。

(2)　異なる2種類の金属を接合して熱電対とし、その接点に温度差を与えることによって発生する熱起電力を感知して作動する。

(3)　天井に分布させた熱半導体素子に温度差が生じることによって発生する熱起電力を感知して作動する。

(4)　暖められて膨張した空気がダイヤフラムを押し上げ、＋側と－側の接点が接触することによって作動する。

問題2 重要　　　　　　　　　　　　　▶ □□

差動式分布型感知器（空気管式）の構造および機能について、規格省令上、誤っているものは次のうちどれか。

(1)　空気管は、1本（継ぎ目のないものをいう）の長さが10m以上で、内径および肉厚が均一でなければならない。

(2)　空気管の肉厚は、0.3㎜以上でなければならない。

(3)　空気管の外径は、1.94㎜以上でなければならない。

(4)　リーク抵抗および接点水高を容易に試験することができるものでなければならない。

問題1　解説　　　　差動式分布型感知器の作動原理 ⇨ 速 P.149, 151, 152

✔ ここがPOINT!

- 差動式分布型…空気管式、熱電対式、熱半導体式に分けられる
- 空気管式の作動原理 ⇒ 空気の膨張を利用した差動式スポット型と同じ

(1)　誤り。リーク孔は、感知器が火災以外の緩やかな温度上昇（暖房など）によって誤作動しないよう、膨張した空気を逃がすための穴です。

(2)　誤り。これは**熱電対式**の差動式分布型感知器の作動原理です。

(3)　誤り。これは**熱半導体式**の差動式分布型感知器の作動原理です。

(4)　正しい。**差動式分布型の空気管式**は、差動式スポット型の空気の膨張を利用したもの（▶P.153）と同じ原理を応用したものであり、「空気室」を「空気管」という長い管（銅製のパイプ）に置き換えたものといえます。

■差動式分布型（空気管式）感知器の構造

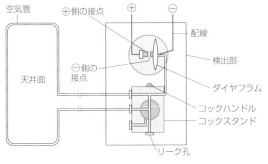

空気管を天井に張り巡らす（分布させる）ことにより、広範囲の熱を感知することができます。

正解（4）

問題2　解説　　　　差動式分布型感知器（空気管式）の構造・機能 ⇨ 速 P.151

✔ ここがPOINT!

空気管
- 継ぎ目のない1本の長さ20m以上
- 内径および肉厚が均一
- 肉厚は0.3mm以上、外径は1.94mm以上

　空気管は継ぎ目のない1本の長さが20m以上で、**内径および肉厚が均一**であり、その機能に有害な影響を及ぼすおそれのある傷、割れ、ねじれ、腐食等を生じないこととされています。(2)〜(4)は正しい記述です。

■空気管の肉厚と外径

肉厚
0.3mm
以上

外径
1.94mm以上

正解（1）

4 熱感知器①

問題 1　重要　▶

規格省令上、次のように定義される熱感知器として、正しいものはどれか。

「一局所の周囲の温度が一定の温度以上になったときに火災信号を発信するもので、外観が電線状以外のものをいう。」

(1)　定温式スポット型感知器

(2)　熱複合式スポット型感知器

(3)　定温式感知線型感知器

(4)　熱アナログ式スポット型感知器

問題 2　重要　▶ □□

次の文中の（　　）内に当てはまる語句の組合せとして、正しいものはどれか。

「定温式感知器は、感知器の周囲の温度が一定の温度になったとき作動し、火災信号を受信機に送信する。この一定の温度を（　A　）といい、規格省令では、定温式感知器の（　A　）の範囲を60℃から（　B　）までと定めている。」

	A	B
(1)	公称感知温度範囲	165℃
(2)	公称作動温度	165℃
(3)	公称感知温度範囲	150℃
(4)	公称作動温度	150℃

問題1　解説　　　　　　　　**定温式感知器等の定義** ⇨ 逮 P.155〜158

ここがPOINT!

定温式感知器 ⇒ **一局所の周囲の温度が一定の温度以上になったとき作動**
- **定温式スポット型**…外観が電線状以外のもの
- **定温式感知線型**……外観が電線状のもの

　これは、**定温式スポット型感知器**の定義です。定温式とは、一局所の周囲の温度が一定の温度になったときに火災信号を発信する方式をいい、このうち外観が**電線状以外**のものを**スポット型**、外観が**電線状**のものを感知線型といいます。(2)のような**複合式**の感知器は、異なる2種類の感知器の性能を併せもっており、**熱複合式スポット型感知器**は「差動式スポット型感知器の性能および定温式スポット型感知器の性能を併せもつもので、二以上の火災信号を発信するもの」と定義されています。

> 熱複合式で1種類の火災信号のみを発信するものは、補償式スポット型といいます。 ▶P.30、151

正解 (1)

問題2　解説　　　　　　　　**公称作動温度** ⇨ 逮 P.154, 158

ここがPOINT!

公称作動温度…定温式感知器が火災を感知し、作動する温度
　⇒ **公称作動温度の範囲：60℃から150℃まで**

　定温式感知器は、感知器の周囲の温度が一定の温度になったとき作動し、火災信号を受信機に送信します。この一定の温度を「**公称作動温度**」といいます。規格省令では、公称作動温度の区分として次のように定めています。

> 公称作動温度の範囲…60℃から150℃まで
> - 60℃以上80℃以下のもの ⇒ **5℃刻み**とする
> - 80℃を超えるもの 　　　⇒ **10℃刻み**とする

　この公称作動温度の区分は、定温式スポット型と定温式感知線型のほか、熱複合式スポット型、補償式スポット型にも準用されます（ただし、補償式スポット型の場合は「公称定温点」という）。なお、「**公称感知温度範囲**」とは、**熱アナログ式スポット型感知器**が作動する温度範囲のことであり、その上限値の範囲が60℃以上〜165℃以下とされています。

正解 (4)

問題 1 ▶ □□

定温式スポット型感知器の作動原理に関する次の文中の（　　　）内に当てはまる語句の組合せとして、正しいものはどれか。

「定温式スポット型感知器には（　A　）式のものや、金属の膨張式と呼ばれるものなどがある。（　A　）とは、（　B　）が著しく異なる2つの金属板を張り合わせたものをいい、火災が発生して温度が上昇すると（　A　）がたわんで接点が押し上げられ、回路が閉じることによって火災信号が受信機に送信される。」

	A	B
(1)	半導体	熱膨張率
(2)	バイメタル	熱膨張率
(3)	半導体	抵抗率
(4)	バイメタル	抵抗率

問題 2 ▶ □□

補償式スポット型感知器の作動原理に関する次の文中の（　　　）内に当てはまる語句の組合せとして、正しいものはどれか。

「補償式スポット型感知器は、温度が（　A　）上昇した場合、空気室の空気が膨張してダイヤフラムを押し上げ、回路が閉じる。また、温度が（　B　）上昇した場合でも、公称定温点まで上昇すると、（　C　）金属が膨張して回路が閉じる。」

	A	B	C
(1)	急激に	緩やかに	低膨張
(2)	緩やかに	急激に	低膨張
(3)	急激に	緩やかに	高膨張
(4)	緩やかに	急激に	高膨張

問題1　解説　　　　　　　　　**定温式スポット型感知器の作動原理** ⇨速 **P.155**

ここがPOINT!

● 定温式スポット型…バイメタル式、金属の膨張式などがある
● バイメタル…熱膨張率が異なる２つの金属板を張り合わせたもの

　定温式スポット型感知器には、バイメタル式や金属の膨張式のものなどがあります。バイメタルとは、熱膨張率が著しく異なる２つの金属板を張り合わせたもので、温度が高くなるにつれて大きくたわむ性質があります。火災によって温度が上昇するとバイメタルがたわんで接点が押し上げられ、接点が接触して回路が閉じると火災信号が受信機に送信されます。

■円形バイメタルの場合

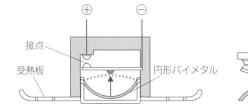

接点
受熱板
円形バイメタル

円形バイメタルは、このようにたわんで接点を押し上げるよ。

正解（2）

問題2　解説　　　　　　　　　**補償式スポット型感知器の作動原理** ⇨速 **P.157**

ここがPOINT!

補償式スポット型 ┬ ● 温度が急激に上昇……差動式の原理で作動
　　　　　　　　　└ ● 温度が緩やかに上昇…定温式の原理で作動

　補償式スポット型感知器は、差動式スポット型の性能と定温式スポット型の性能を併せもつ熱複合式の感知器です。温度が**急激**に上昇すると、空気室の空気が膨張してダイヤフラムを押し上げ、回路が閉じます。

　温度が**緩やか**に上昇した場合はリーク孔から空気が逃げてしまいますが、公称定温点まで上昇すると、**高膨張**金属が膨張して回路が閉じます。

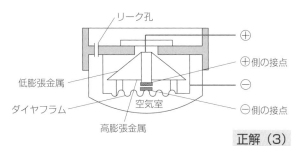

リーク孔
⊕
⊕側の接点
低膨張金属
⊖
ダイヤフラム
空気室
⊖側の接点
高膨張金属

正解（3）

6 煙感知器

問題 1　✔重要　　　　　　　　　　　　　　　▶ ☐ ☐

煙感知器の定義として、規格省令上、正しいものは次のうちどれか。

(1)　光電式スポット型感知器……周囲の空気が一定の範囲内の濃度の煙を含むに至ったときに当該濃度に対応する火災情報信号を発信するもので、一局所の煙による光電素子の受光量の変化を利用するもの

(2)　光電式分離型感知器……周囲の空気が一定の濃度以上の煙を含むに至ったときに火災信号を発信するもので、広範囲の煙の累積による光電素子の受光量の変化により作動するもの

(3)　光電アナログ式スポット型感知器……周囲の空気が一定の範囲内の濃度の煙を含むに至ったときに当該濃度に対応する火災情報信号を発信するもので、広範囲の煙の累積による光電素子の受光量の変化を利用するもの

(4)　光電アナログ式分離型感知器……周囲の空気が一定の濃度以上の煙を含むに至ったときに火災信号を発信するもので、一局所の煙による光電素子の受光量の変化により作動するもの

問題 2　　　　　　　　　　　　　　　　　　▶ ☐ ☐

イオン化式スポット型感知器の定義を述べた次の文中の（　　）内に当てはまる語句の組合せとして、正しいものはどれか。

「周囲の空気が（　A　）の煙を含むに至ったときに（　B　）を発信するもので、一局所の煙による（　C　）の変化により作動するものをいう。」

	A	B	C
(1)	一定の範囲内の濃度	火災信号	光電素子の受光量
(2)	一定の範囲内の濃度	火災情報信号	イオン電流
(3)	一定の濃度以上	火災信号	イオン電流
(4)	一定の濃度以上	火災情報信号	光電素子の受光量

問題1　解説　　　　　**光電式・光電アナログ式感知器の定義** ⇨ 速 P.161～163

ここがPOINT!

光電式・光電アナログ式…光電素子の受光量の変化を利用

	一局所の煙による	広範囲の煙の累積による
一定の濃度以上の煙	光電式スポット型	光電式分離型
一定の範囲内の濃度の煙	光電アナログ式スポット型	光電アナログ式分離型

(1)　誤り。これは、**光電アナログ式スポット型感知器**の定義です。

(2)　正しい。**光電式分離型感知器**の定義です。

(3)　誤り。これは、**光電アナログ式分離型感知器**の定義です。

(4)　誤り。これは、**光電式スポット型感知器**の定義です。

> 火災情報信号を発信することからも、アナログ式の
> 感知器であることが判断できるね。

正解（2）

問題2　解説　　　　　**イオン化式スポット型感知器** ⇨ 速 P.160, 163

ここがPOINT!

イオン化式・イオン化アナログ式 ⇒ イオン電流の変化により作動
- **イオン化式**……………一定の濃度以上の煙 → 火災信号
- **イオン化アナログ式**…一定の範囲内の濃度の煙 → 火災情報信号

　イオン化式スポット型感知器は、「周囲の空気が**一定の濃度以上の煙**を含む
に至ったときに**火災信号**を発信するもので、一局所の煙による**イオン電流**の
変化により作動するもの」と定義されます。

　内部と外部のイオン室内に**アメリシウム**という放射性物質を放射すると空
気分子が＋と－のイオンに分かれ、これに直流電圧を加えると微弱な**イオン
電流**が生じます。このとき火災の
煙が外部イオン室に流入すると、
煙の粒子がイオンと結合して外部
イオン室だけイオン電流が減少し
ます。この**イオン電流の変化**を感
知してスイッチング回路が閉じ、
火災信号を受信機に送信します。

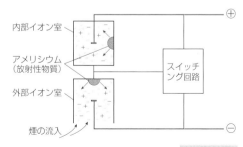

正解（3）

問題1 ▶ ☐☐

イオン化アナログ式スポット型感知器に関して、規格省令上、誤っているものは次のうちどれか。

(1)　周囲の空気が一定の範囲内の濃度の煙を含むに至ったときに当該濃度に対応する火災情報信号を発信するもので、一局所の煙によるイオン電流の変化を利用するものである。

(2)　公称感知濃度範囲は、1m当たりの減光率に換算した値で、上限値が15％以上、25％以下、下限値は1.2％以上、上限値より7.5％低い濃度以下とされている。

(3)　公称感知濃度範囲の値は、1％刻みとされている。

(4)　光電アナログ式スポット型感知器の公称感知濃度範囲も、1m当たりの減光率でイオン化アナログ式スポット型感知器と同様の上限値と下限値が定められている。

問題2 ▶ ☐☐

規格省令上、次のように定義される炎感知器として、正しいものはどれか。

「炎から放射される紫外線および赤外線の変化が一定の量以上になったときに火災信号を発信するもので、一局所の紫外線および赤外線による受光素子の受光量の変化により作動するものをいう。」

(1)　紫外線式スポット型感知器

(2)　赤外線式スポット型感知器

(3)　炎複合式スポット型感知器

(4)　紫外線赤外線併用式スポット型感知器

問題1　解説　　　　　　　イオン化アナログ式スポット型感知器 ⇨ 速 P.163

ここがPOINT!

公称感知濃度範囲…アナログ式の煙感知器が作動する煙の濃度の範囲
　⇒ 公称感知濃度範囲の値：0.1%刻み

(1)　正しい。なお、イオン化式スポット型感知器（●P.161）との相違点を確認しておきましょう。

(2)　正しい。アナログ式の煙感知器は、煙が**一定の範囲内の濃度**になったときに作動します。この一定の範囲を**公称感知濃度範囲**といいます。規格省令では、１m当たりの減光率に換算した値でイオン化アナログ式スポット型感知器の公称感知濃度範囲を次のように定めています。

> 公称感知濃度範囲
> ● 上限値…15%以上、25%以下
> ● 下限値…1.2%以上、上限値より7.5%低い濃度以下

(3)　誤り。公称感知濃度範囲の値は、**0.1%刻み**と定められています。

(4)　正しい。光電アナログ式スポット型感知器とイオン化アナログ式スポット型感知器の公称感知濃度範囲は同じです。

> 光電アナログ式分離型の公称感知濃度範囲は、イオン化アナログ式スポット型の場合よりも厳密に定められています。

正解（3）

問題2　解説　　　　　　　　　炎感知器の定義 ⇨ 速 P.164

ここがPOINT!

炎感知器 ⇒ 炎から放射される紫外線や赤外線の受光量の変化を感知することによって作動する（●P.29、30）

　これは、**紫外線赤外線併用式スポット型感知器**の定義です。炎感知器は、いずれもスポット型感知器であり、炎から放射される**紫外線**または**赤外線**の**受光量の変化**を感知することによって作動します。紫外線式は紫外線のみ、赤外線式は赤外線のみ、紫外線赤外線併用式は紫外線と赤外線の**両方の変化**が一定の量以上になったとき、火災信号を発信します。なお、(3)の炎複合式スポット型感知器は「紫外線式スポット型感知器の性能および赤外線式スポット型感知器の**性能を併せもつもの**」と定義されています。

正解（4）

8 発信機

▶ □□

問題1 重要

P型1級発信機が備えなければならない構造・機能について、規格省令上、誤っているものは次のうちどれか。

(1) 火災信号を伝達したとき、受信機が当該信号を受信したことを確認できる装置（確認灯）を有すること。

(2) 火災信号の伝達に支障なく、受信機との間で、相互に電話連絡をすることができる装置（電話ジャック）を有すること。

(3) 発信機の外箱の色は、赤色であること。

(4) 電話の送受話器を取り上げたとき、火災信号が自動的に送信されるようになっていること。

問題2 重要

▶ □□

P型1級発信機およびP型2級発信機に共通の構造・機能として、規格省令上、誤っているものは次のうちどれか。

(1) 押しボタンスイッチの前方に保護板を設け、その保護板を破壊することによってのみ、スイッチを押すことができるものとすること。

(2) 保護板には、透明の有機ガラスを用いること。

(3) 火災信号は、押しボタンスイッチを押したときに伝達されること。

(4) 押しボタンスイッチを押した後、当該スイッチが自動的に元の位置に戻らない構造のものについては、当該スイッチを元の位置に戻す操作を忘れないための措置を講じること。

問題1　解説　　　　　　　　発信機の定義および規格 ⇨ 速 P.166〜168

⇨ 速 P.166〜168

> ✔ **ここがPOINT!**
> **P型発信機の定義**
> 　各発信機に共通または固有の火災信号を受信機に手動により発信するもの
> で、発信と同時に通話することができないものをいう。

(1)(2)　正しい。確認灯と電話ジャックは、いずれもP型発信機のうち2級
　　　にはなく、1級のみが備えることとされている装置です。

(3)　正しい。これは、P型1級・2級およびT型に共通の規格です。

(4)　誤り。これはP型発信機ではなく、T型発信機の機能です。T型発信機
　　とは「各発信機に共通または固有の火災信号を受信機に手動により発信す
　　るもので、発信と同時に通話することができるもの」をいい、送受話器を
　　取り上げたとき自動的に火災信号が送信されるようになっています。これ
　　に対し、P型発信機は「発信と同時に通話することができないもの」とさ
　　れています。

　　また、以前はM型発信機
　　もありましたが、現在は
　　廃止されています。

ゴロ合わせ
【P型1級発信機の構造】
ビーチ(P型1級)へ発信(発信機)、
確認してから(確認灯)電話する(電話ジャック)

正解（4）

問題2　解説　　　　　　P型1級・2級に共通の構造・機能の規格 ⇨ 速 P.167, 168

⇨ 速 P.167, 168

> ✔ **ここがPOINT!**
> **P型1級・2級に共通の構造・機能**
> ● 外箱の色は、赤色とする
> ● 火災信号は、押しボタンスイッチを押したときに伝達されること
> ● 押しボタンスイッチが自動的に元の位置に戻らないものについては、元の位
> 　置に戻す操作を忘れないための措置を講じる
> ● 保護板には、透明の有機ガラスを用いる（無機ガラスは不可）
> ● 押しボタンスイッチは、保護板を破壊または押し外して押せること

(1)　誤り。押しボタンスイッチは、その前方に保護板を設け、その保護板を
　　破壊または押し外すことによって、容易に押すことができることとされて
　　います。したがって、破壊しない限り押せないというのは誤りです。

(2)〜(4)は、すべてP型1級と2級に共通の規格です。

正解（1）

⑨ 中継器

問題 1 ✔重要

自動火災報知設備に使用する中継器について、規格省令上、誤っているもの
は次のうちどれか。

(1)　受信開始から発信開始までの所要時間は、5秒以内でなければならない。

(2)　地区音響装置を鳴動させる中継器は、当該地区音響装置の鳴動を停止さ
せる装置を、中継器に設けなければならない。

(3)　配線は十分な電流容量を有し、かつ、接続が的確でなければならない。

(4)　定格電圧が60Vを超える中継器の金属製外箱には、接地端子を設けなけ
ればならない。

問題 2 ✔重要

検知器、受信機または他の中継器から電力を供給されない方式の中継器につ
いて、規格省令上、誤っているものは次のうちどれか。

(1)　自動火災報知設備だけでなく、ガス漏れ火災警報設備に使用する中継器
についても、主電源のほかに予備電源を設けなければならない。

(2)　主電源回路および予備電源回路には、ヒューズ、ブレーカ等の保護装置
を設ける必要がある。

(3)　外部負荷に電力を供給する場合は、その回路にもヒューズ、ブレーカ等
の保護装置を設けなければならない。

(4)　主電源が停止したときは主電源が停止した旨の信号を、また、保護装置
が作動したときは保護装置が作動した旨の信号を、受信機に自動的に送る
必要がある。

問題1　解説

中継器に関する規格 ⇨⊛ P.169

ここが POINT!

中継器に関する規格
● 受信から発信までの所要時間 ⇒ 5秒以内
● 地区音響装置を鳴動させる中継器 ⇒ 鳴動は受信機からの操作で停止

(1)　正しい。受信から発信までの所要時間は、**5秒以内**とされています。

> ガス漏れ火災警報設備に使用する中継器は、ガス漏れ信号の受信開始からガス漏れ表示までの所要時間が5秒以内の受信機に接続するものに限り、60秒以内とすることができます。

(2)　誤り。**地区音響装置を鳴動させる中継器**は、**受信機で操作しない限り**、鳴動を継続させることとされています。中継器が停止させることはできないので、鳴動を停止させる装置を中継器に設けるというのは誤りです。

(3)(4)　正しい記述です。

正解（2）

問題2　解説

中継器の電源 ⇨⊛ P.169, 170

ここが POINT!

中継器
● 電力を供給されない方式のもの
　⇒ **予備電源が必要**（ガス漏れ火災警報設備の中継器は除く）
● 電力を供給される方式のもの
　⇒ **予備電源は不要**

(1)　誤り。検知器や受信機またはほかの中継器から**電力を供給されない方式**の中継器については、電源がなくなると中継ができなくなるため、主電源のほかに**予備電源を設ける必要があります**。ただし、**ガス漏れ火災警報設備**に使用する中継器については、予備電源は必要ないとされています。

(2)〜(4)は、すべて正しい記述です。下図の▨が保護装置です。

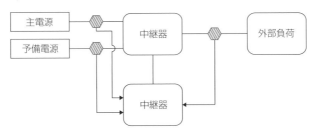

正解（1）

P型受信機の定義として、規格省令上、正しいものは次のうちどれか。

(1)　火災情報信号（当該火災情報信号の程度に応じて、火災表示および注意表示を行う温度または濃度を設定する装置により処理される火災表示および注意表示をする程度に達した旨の信号を含む）を受信し、火災の発生を防火対象物の関係者に報知するもの

(2)　火災信号もしくは火災表示信号を共通の信号として、または設備作動信号を共通もしくは固有の信号として受信し、火災の発生を防火対象物の関係者に報知するもの

(3)　火災信号、火災表示信号もしくは火災情報信号を固有の信号として、または設備作動信号を共通もしくは固有の信号として受信し、火災の発生を防火対象物の関係者に報知するもの

(4)　同一の警戒区域からの異なる2つの火災信号を受信したときに火災表示を行うことができる機能を有するもの

受信機の「火災表示」について述べた次の文中の（　　）内に当てはまる語句の組合せとして、正しいものはどれか。

「受信機（一部のものを除く）は、火災信号または火災表示信号を受信したとき、赤色の火災灯および（　A　）により火災の発生を、（　B　）により当該火災の発生した警戒区域をそれぞれ自動的に表示し、かつ、（　C　）を自動的に鳴動させるものでなければならない。」

	A	B	C
(1)	主音響装置	地区音響装置	非常ベル
(2)	地区音響装置	地区表示灯	主音響装置
(3)	主音響装置	地区表示装置	地区音響装置
(4)	地区表示装置	主音響装置	地区音響装置

愛読者カード

ユーキャンの消防設備士第4類 重要問題集&模試3回 第3版

　ご購読ありがとうございます。読者の皆さまのご意見、ご要望等を今後の企画・編集の参考にしたいと考えております。お手数ですが、下記の質問にお答えいただきますようお願いします。

1．本書を何でお知りになりましたか？
　　a.店頭で　　　　　　b.ネット書店で　　　　c.知人・友人から
　　d.インターネット・SNSで
　　e.その他　　（　　　　　　　　　　　　　　　　　　　　　　）

2．多くの類書の中から本書を購入された理由は何ですか？
　　（　　　　　　　　　　　　　　　　　　　　　　　　　　　　）

うら面へ続きます

3. 本書の内容について
　　①わかりやすさ　　　　（a.良い　　　b.ふつう　　　c.悪い）
　　②内容のレベル　　　　（a.高い　　　b.ちょうど良い　c.やさしい）
　　③誌面の見やすさ　　　（a.良い　　　b.ふつう　　　c.悪い）
　　④価格　　　　　　　　（a.安い　　　b.ふつう　　　c.高い）
　　⑤役立ち度　　　　　　（a.高い　　　b.ふつう　　　c.低い）
　　⑥本書の内容で良かったこと、悪かったことをお書きください

4. 第4類消防設備士試験について
　　①勉強を始めたのはいつですか？　　試験の（　　　　　　　）前
　　②受験経験はありますか？　　　　　（a.無い　　　b.1回　　　c.2回以上）
　　③今までの学習方法は？　　　　　　（a.市販本　　b.通信教育　c.学校等）

5. 通信講座の案内資料を無料でお送りします。ご希望の講座の欄に○印
　　をおつけください（お好きな講座［2つまで］をお選びください）。

危険物取扱者　　Zi		電気工事士(二種)　ZE	
ボイラー技士(二級)　ZC		電験三種　　ZF	

住所	〒□□□−□□□□		都道府県		市郡（区）
	アパート、マンション等、名称、部屋番号もお書きください				様方
氏名	フリガナ	電話	市外局番（　　　） 市内局番　　　番　号		
		年齢	歳	（男）・（女）	

Q9QQRŌ＊＊Q1

お客様の個人情報は、当社の教材・商品の発送やサービスの提供、当社および当社が適切と認めた企業・団体等の商品・サービスに関する当社からの案内等の送付、ご連絡・お問合せ対応、アンケート・モニター・体験談・取材やレビュー等の依頼、教材・商品・サービス・当社のウェブサイト等の改善や開発、調査・分析・統計など当社事業に関連するマーケティング・研究資料の作成、学習・受験状況や成績の管理、お支払情報等の管理に利用します。その他個人情報の取扱いについては、当社ウェブサイトをご確認ください。

問題1　解説　　　　　　　　　　　受信機の定義 ⇨ 速 P.173, 174

👆 **ここが POINT!**
Ｐ型受信機とＲ型受信機の違い
● Ｐ型…火災信号等を共通の信号として受信する
● Ｒ型…火災信号等を固有の信号として受信する

(1)　誤り。これは、アナログ式受信機の定義です。

(2)　正しい。Ｐ型受信機の定義です。「共通の信号」とは各回線からの信号がどれも同一であるという意味です。どの回線から発信されたのかという情報が火災信号や火災表示信号に含まれていないので、回線ごとに専用の「地区表示灯」を設ける必要があります。

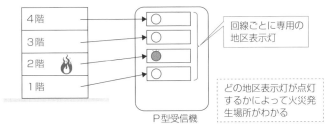

(3)　誤り。これは、Ｒ型受信機の定義です。「固有の信号」とは回線ごとに信号が異なるという意味です。このため、信号そのものから火災発生場所を判断することができます（配線を1つにまとめることも可能）。

(4)　誤り。これは、2信号式受信機の定義です。

正解（2）

問題2　解説　　　　　　　　　　　受信機の火災表示 ⇨ 速 P.173

👆 **ここが POINT!**
● 赤色の火災灯および主音響装置 → 火災の発生を表示
● 地区表示装置（地区表示灯など）→ 火災の発生した警戒区域を表示

　受信機（2信号式、アナログ式、Ｇ型を除く）は、火災信号または火災表示信号を受信したときは、赤色の火災灯および主音響装置により火災の発生を、地区表示装置により火災の発生した警戒区域をそれぞれ自動的に表示するとともに、地区音響装置を自動的に鳴動させなければなりません。これらの動作をまとめて火災表示といいます。

正解（3）

分野別重点問題

4 ● 構造・機能等（規格に関する部分）

11 受信機に共通の構造・機能①

問題 1 重要　　　　　　　　　　　　　　　▶ □□

自動火災報知設備およびガス漏れ火災警報設備の受信機に共通する構造について、規格省令上、誤っているものは次のうちどれか。

(1)　不燃性または難燃性の外箱で覆うほか、水滴が浸入しにくいものとしなければならない。

(2)　主電源を監視する装置は、受信機の前面に設けなければならない。

(3)　復旧スイッチや音響装置の鳴動を停止するスイッチは、受信機の内部に設ける場合などを除き、専用のものとしなければならない。

(4)　蓄積時間を調整する装置を設ける場合は、受信機の前面で容易に操作することができるものでなければならない。

問題 2 重要　　　　　　　　　　　　　　　▶ □□

受信機またはその部品の構造および機能として、規格省令上、誤っているものは次のうちどれか。

(1)　音響装置の鳴動を停止するスイッチの操作は、注意灯の点滅に影響しないものとする。

(2)　スイッチの接点は腐食するおそれがなく、容量は最大使用電流に耐えるものとする。

(3)　表示灯（火災灯、地区表示灯など）は、周囲の明るさが300ルクスの状態で、前方3m離れた地点で点灯していることを明確に識別できるものとする。

(4)　音響装置は、定格電圧の90％（予備電源を設けた場合は、予備電源の定格電圧の85％）の電圧で音響を発するものとする。

問題1　解説　　　　　　　**各受信機に共通の構造・機能** ⇨ 速 **P.174, 175**

> ✔ **ここが POINT!**
>
> 各受信機に共通の構造・機能（主なもの）
> - 水滴が浸入しにくいこと
> - 主電源を監視する装置を受信機の前面に設けること
> - 復旧スイッチや音響装置の鳴動を停止するスイッチは、専用のものとすること
> - 蓄積時間を調整する装置を設ける場合は、受信機の内部に設けること

(1)～(3)　すべて正しい記述です。

(4)　誤り。受信機に蓄積時間（火災信号等を検出してから受信を開始するまでの時間）を調整する装置を設ける場合は、受信機の**内部**に設けることとされています。なお、受信機の前面で容易に操作することができなければならないとされているのは、受信機の**試験装置**と(2)の**主電源を監視する装置**です。

> 蓄積式受信機の蓄積時間は、**5秒を超え60秒以内**とされています。ただし、発信機からの火災信号を検出したときは（人からの確実な信号なので）、蓄積機能を自動的に解除することとされています。

正解 **(4)**

問題2　解説　　　　　　　**受信機とその部品の構造・機能** ⇨ 速 **P.175, 176**

> ✔ **ここが POINT!**
>
> 定位置に自動的に戻らないスイッチ
> ⇒ 定位置にないときは、音響装置または点滅する注意灯が作動する

(1)　誤り。音響装置の鳴動を停止するスイッチは、「停止」側に倒したとき自動的には定位置に戻らないタイプのスイッチです。このような**定位置に自動的に戻らないスイッチ**（倒れきりスイッチ）が定位置にないときは、**音響装置または点滅する注意灯が作動する**こととされています。したがって、音響装置の鳴動を停止するスイッチの操作が注意灯の点滅に影響しないというのは誤りです。なお、指を離すと自動的に定位置に戻るタイプは**「はね返りスイッチ」**といい、火災復旧スイッチや予備電源試験スイッチがこれに当たります。

(2)～(4)は、すべて正しい記述です。

正解 **(1)**

分野別重点問題

4 • 構造・機能等（規格に関する部分）

問題1 ✓重要 ▶ □□

受信機の表示灯（火災灯、地区表示灯など）に使用する電球の接続について、規格省令上、正しいものは次のうちどれか。

(1) 表示灯に白熱電球を使用する場合は、2個以上直列に接続して使用しなければならない。

(2) 表示灯に放電灯を使用する場合は、2個以上並列に接続して使用しなければならない。

(3) 表示灯に発光ダイオードを使用する場合は、2個以上を接続して使用する必要はない。

(4) 表示灯にハロゲン電球を使用する場合は、2個以上を接続して使用する必要はない。

問題2 ✓重要 ▶

自動火災報知設備の受信機に設ける予備電源について、規格省令上、誤っているものは次のうちどれか。

(1) 主電源が停止したときは主電源から予備電源に、また、主電源が復旧したときは予備電源から主電源に、自動的に切り替える装置を設けなければならない。

(2) 口出線は、色分けするとともに、誤接続を防止するための措置を講じなければならない。

(3) P型2級1回線およびP型3級の受信機には、予備電源を設ける必要がない。

(4) 予備電源は、開放型または密閉型の蓄電池でなければならない。

問題1　解説　　　　　　　　　受信機の表示灯に使用する電球 ⇨速 P.175

ここがPOINT!

受信機の表示灯（火災灯、地区表示灯など）に使用する電球
- 原則…2個以上並列に接続して使用する
- 例外…放電灯または発光ダイオードの場合は1個でもよい

　受信機の表示灯（火災灯、地区表示灯など）に使用する電球は、2個以上を並列に接続しなければなりません。ただし、**放電灯または発光ダイオード**の場合は1個でもよいとされています。

(1)　誤り。白熱電球なので、2個以上並列に接続する必要があります。直列に接続するのは誤りです。

(2)　誤り。**放電灯**を使用する場合は、1個でもよいとされているので、2個以上並列に接続して使用しなければならないというのは誤りです。

(3)　正しい。**発光ダイオード**の場合は、1個でもよいとされています。

(4)　誤り。ハロゲン電球は、2個以上並列に接続します。

正解（3）

問題2　解説　　　　　　　　　　受信機の予備電源 ⇨速 P.175, 176

ここがPOINT!

受信機の予備電源
- 密閉型蓄電池であること（開放型は不可）
- 主電源が停止したときは主電源から予備電源に、主電源が復旧したときは予備電源から主電源に、自動的に切り替える装置を設ける

(1)(2)　正しい記述です。なお、**口出線**とは、電源の引込みや引出しに用いる電線のことです。

(3)　正しい。**予備電源を設けなくてよい受信機**は、次の通りです。

- P型2級（1回線）　　　● P型3級　　　● G型
- GP型2級（P型の部分が1回線のもの）　● GP型3級

(4)　誤り。受信機の予備電源は、**密閉型蓄電池**に限られます。

> さらに、P型とR型の受信機の予備電源は、監視状態を60分間継続した後、2回線分の火災表示の作動と、接続しているすべての地区音響装置を同時に鳴動させることができる消費電流を10分間継続して流せる容量以上であることが必要です。

正解（4）

13 P型受信機①

問題 1 ✔重要

受信機の回線数について、規格省令上、誤っているものは次のうちどれか。

(1) P型1級受信機の回線数は、20回線以下とされている。

(2) P型2級受信機の回線数は、5回線以下とされている。

(3) P型3級受信機の回線数は、1回線のみとされている。

(4) R型受信機の回線数には、制限がない。

問題 2 ✔重要

P型1級受信機（多回線用）が備えることとされている装置や機能について、規格省令上、誤っているものは次のうちどれか。

(1) 火災表示試験装置とは、受信機が火災信号を受信したときの作動が正常であるかどうかを試験する機能をもった装置をいう。

(2) 電話連絡装置は、P型1級発信機から火災信号を受信した場合、火災信号を受信した旨の信号を当該発信機に送ることができ、当該発信機との間で電話連絡できるものでなければならない。

(3) 蓄積式の受信機でない限り、火災信号等の受信開始から火災表示までの所要時間は、地区音響装置の鳴動を除き、2秒以内でなければならない。

(4) 火災信号等を2回線から同時に受信した場合でも、火災表示できることが必要である。

問題1　解説　　　　　　受信機の回線数 ⇨ 速 **P.178, 179, 181, 184**

🍎 **ここがPOINT!**

受信機の回線数（＝警戒区域数）
- P型1級受信機（およびR型受信機）⋯⋯回線数に制限なし
- P型2級受信機⋯⋯⋯⋯⋯⋯⋯⋯⋯⋯⋯⋯ 5回線以下
- P型3級受信機⋯⋯⋯⋯⋯⋯⋯⋯⋯⋯⋯⋯ 1回線のみ

　P型受信機は、1級～3級に分かれます。1級と2級は**多回線用と1回線用**がありますが、3級は**1回線用のみ**です（⏵P.32）。

(1)　誤り。P型1級受信機は、回線数に制限がありません。2回線以上のものはすべて多回線用です（多いものでは50回線用というものもある）。

(2)～(4)はすべて正しい記述です。

正解（1）

問題2　解説　　　　P型1級多回線用が備える装置・機能 ⇨ 速 **P.179, 180**

🍎 **ここがPOINT!**

- **火災表示までの所要時間…地区音響装置の鳴動を除き、5秒以内**
  ⇒ **すべてのP型受信機とR型受信機に共通**
- **火災信号等を2回線から同時受信した場合でも火災表示ができる**
  ⇒ **多回線用の受信機に共通**

(1)　正しい。「火災表示の作動を容易に確認することができる装置」を略して、**火災表示試験装置**といいます。

(2)　正しい。また、**電話連絡装置**は、T型発信機（⏵P.165）を接続している受信機で2回線以上から同時にかかってきた場合、通話すべき発信機を任意に選択でき、かつ、遮断された回線のT型発信機にも話中音（通話の内容）が流れるものでなければなりません。

(3)　誤り。蓄積式受信機でない場合、火災信号等の受信開始から火災表示までの所要時間は、地区音響装置の鳴動を除き、**5秒以内**とされています。なお、この機能はすべてのP型受信機とR型受信機に共通のものです。

> ただし、これは**非蓄積式**の受信機の場合です。蓄積式受信機の場合は、5秒を超えて60秒以内の蓄積時間が設けられます（⏵P.171）。

(4)　正しい。この機能は多回線用の受信機に共通のものです。

正解（3）

問題1 ✔重要 ▶ □□

規格省令上、P型1級受信機の多回線用および1回線用のいずれにも備える必要がある装置の組合せとして、正しいものは次のうちどれか。

(1) 火災表示試験装置　　　導通試験装置　　　　電話連絡装置

(2) 火災灯　　　　　　　　火災表示の保持装置　　電話連絡装置

(3) 火災表示試験装置　　　火災表示の保持装置　　予備電源装置

(4) 火災灯　　　　　　　　導通試験装置　　　　予備電源装置

問題2 ✔重要 ▶ □□

P型受信機の装置または機能について、規格省令上、正しいものは次のうちいくつあるか。

ア　P型2級受信機およびP型3級受信機には、火災表示試験装置を備える必要がない。

イ　P型2級受信機の多回線用には、地区表示灯を備える必要がある。

ウ　P型2級受信機の1回線用には、導通試験装置を備える必要がある。

エ　P型3級受信機には、火災表示の保持装置を備える必要がない。

(1) 1つ

(2) 2つ

(3) 3つ

(4) すべて正しい

問題 1　解説　　　　　　　　　　　**P型1級受信機** ⇨ 速 P.179～182

ここがPOINT!

P型1級多回線用は、すべての機能を備えたフルバージョンタイプ
⇒ そのほかのP型受信機は、P型1級多回線用が備える機能・装置のうちいくつかを免除されたタイプ

P型受信機が備える装置等をまとめると、下の表の通りです（▶P.32）。

	1級		2級		3級
	多回線	1回線	多回線	1回線	1回線
火災表示試験装置	○	○	○	○	○
火災表示の保持装置	○	○	○	○	－
予備電源装置	○	○	○	－	－
地区表示灯	○	－	○	－	－
火災灯	○	－	－	－	－
電話連絡装置	○	－	－	－	－
導通試験装置	○	－	－	－	－
主音響装置	○	○	○	○	○
地区音響装置	○	○	○	－	－

(3)　P型1級受信機の多回線用および1回線用のいずれにも備える必要があるのは、**火災表示試験装置、火災表示の保持装置、予備電源装置**の組合せです。

正解（3）

問題 2　解説　　　　　　　　　**P型2級・3級受信機** ⇨ 速 P.181, 182

ここがPOINT!

- 火災表示試験装置 ⇒ P型受信機のすべてに必要
- 火災表示の保持装置 ⇒ P型3級受信機のみ不要
- 地区表示灯 ⇒ 多回線用のP型受信機に必要

ア　誤り。**火災表示試験装置**は、P型受信機のすべてに必要です。

イ　正しい。P型2級受信機も多回線用には、**地区表示灯**を備える必要があります。

> 多回線用のP型受信機は、地区表示灯を設けないと、どの回線から発信されたのかわからないんだ（▶P.169）。

ウ　誤り。**導通試験装置**を備えるP型受信機は、1級多回線用のみです。

エ　正しい。**火災表示の保持装置**は、P型3級受信機のみ不要とされます。

以上より、正しいものはイ、エの2つです。

正解（2）

分野別重点問題

4 • 構造・機能等（規格に関する部分）

問題1 ▶ □□

R型受信機について、規格省令上、誤っているものは次のうちどれか。

(1) P型受信機と比べて配線の数が多くなるため、配線敷設の施工コストが高くつく。

(2) 火災灯、地区表示装置および電話連絡装置を備える必要がある。

(3) 受信機から終端器に至る外部配線の断線を検出できる試験機能を備えなければならない。

(4) 受信機から中継器（感知器からの火災信号を直接受信するものについては感知器）に至る外部配線の短絡を検出できる試験機能を備えなければならない。

問題2 ✓重要 ▶ □□

アナログ式受信機が火災情報信号のうち注意表示をする程度に達したものを受信したときに自動的に行う動作として、規格省令上、正しいものは次のうちいくつあるか。

ア 火災灯および主音響装置によって火災の発生を表示する。

イ 注意灯および注意音響装置によって異常の発生を表示する。

ウ 地区表示装置によって異常の発生した警戒区域を表示する。

エ 地区音響装置を鳴動させる。

(1) 1つ

(2) 2つ

(3) 3つ

(4) すべて正しい

問題1 解説 R型受信機 ⇨ 速 P.174, 184, 185

> ✔ **ここがPOINT!**
> R型受信機
> ● 「固有の信号」を受信 ⇒ 配線を1つにまとめることが可能
> ● 断線および短絡を検出できる試験機能が必要

(1) 誤り。R型受信機は火災信号・火災表示信号・火災情報信号を固有の信号として受信することから、中継器を介して配線を1つにまとめることができ（▶P.169）、P型受信機よりも**配線の数が少なくて済む**ので、配線敷設の施工コストを低減することができます。

(2) 正しい。R型受信機が備える機能や装置は、**P型1級受信機多回線用**とほぼ同じです。ただしR型受信機では、固有の信号を判別して表示パネル（地区表示装置）に火災発生場所を表示することができます。

(3)(4) 正しい。なお、これらはP型1級受信機多回線用の導通試験装置にはない、R型受信機だけが備える機能です。

正解（1）

問題2 解説 アナログ式受信機 ⇨ 速 P.185, 186

> ✔ **ここがPOINT!**
> アナログ式受信機の注意表示
> ● 注意灯および注意音響装置によって異常の発生を表示
> ● 地区表示装置によって異常の発生した警戒区域を表示

アナログ式受信機（R型受信機に含まれる）は、アナログ式の感知器から**火災情報信号**（▶P.151）を受信し、いまだ火災に至らない段階で、**注意表示**（火災表示をするまでの間において補助的に異常の発生を表示するもの）を行うことができます。注意表示の動作はイ、ウの2つです。一方、ア、エは**火災表示**として行う動作です。アナログ式受信機では、火災信号、火災表示信号または火災情報信号のうち火災表示をする程度に達したものを受信したときに、アナログ式以外の受信機と同様の火災表示を行います（▶P.169）。

火災情報信号の受信開始から注意表示までの所要時間は5秒以内とされています（一方、火災信号等の受信開始から火災表示までの所要時間もアナログ式以外の受信機と同様、5秒以内です）。

正解（2）

16 ガス漏れ火災警報設備その他①

問題 1 ✔重要 ▶ □□

ガス漏れ火災警報設備の検知器について、消防庁告示または規則上、誤っているものは次のうちどれか。

(1) ガスの濃度が爆発下限界の 4 分の 1 以上のときに確実に作動するとともに、200 分の 1 以下のときには作動しないものでなければならない。

(2) 爆発下限界の 4 分の 1 以上の濃度のガスにさらされているときは、継続して作動する必要がある。

(3) ガス漏れ信号を発する濃度のガスに接したとき、ガス漏れ信号を発するまでの時間は 5 秒以内でなければならない。

(4) 「検知器の標準遅延時間」とは、検知器がガス漏れ信号を発する濃度のガスを検知してからガス漏れ信号を発するまでの標準的な時間をいう。

問題 2 ▶

ガス漏れ火災警報設備の検知器のうちガス漏れの発生を音響により警報する機能（以下「警報機能」という）を有するものについて、誤っているものは次のうちどれか。

(1) ガス漏れ信号を発する濃度のガスに接したとき、60 秒以内にガス漏れ信号および警報を発しなければならない。

(2) 警報機能を有する検知器が警報を発する方式の種類は、警報遅延型または反限時警報型のどちらかである。

(3) ガス濃度が警報設定値に達した後、その濃度以上の状態が一定時間継続したときに警報を発する方式を、警報遅延型という。

(4) 反限時警報型とは、警報遅延型のうち、ガス濃度が高いほど警報を遅延する時間を短くする機能を備えたものをいう。

問題1　解説　　ガス漏れ火災警報設備の検知器 ⇨ 速 P.189〜191

✔ **ここがPOINT!**

ガス漏れ火災警報設備の検知器
● 爆発下限界の1/4以上で確実に作動、1/200以下では作動しない
● 信号を発する濃度のガスに接してから60秒以内に信号を発信する

(1)(2)　正しい。ガスは空気と一定の濃度範囲で混合している場合のみ燃焼（または爆発）します。この濃度範囲を**爆発範囲**などといい、この範囲の濃度が濃いほうの限界を**爆発上限界**、薄いほうの限界を**爆発下限界**といいます。爆発下限界の1/200以下で作動しないこととしているのは、微量のガスによる誤作動を防ぐためです。

(3)　誤り。検知器は、信号を発する濃度のガスに接したとき、**60秒以内に信号を発する**こととされています。

(4)　正しい記述です。

> 受信機がガス漏れ信号を受信してからガス漏れが発生した旨の表示をするまでの標準的な時間を「受信機の標準遅延時間」といい、規則では、**検知器と受信機の標準遅延時間を合計して60秒以内**とするよう定めています。

正解（3）

問題2　解説　　警報機能を有する検知器 ⇨ 速 P.189, 190

✔ **ここがPOINT!**

警報機能を有する検知器
● 警報を発する方式 ⇒ 即時警報型、警報遅延型、反限時警報型の3種類
● 反限時警報型…ガス濃度が高いほど警報を遅延する時間を短くする

(1)　正しい。検知器にはそれ自体に**警報機能**（ガス漏れの発生を音響により警報する機能）を有するものがあり、ガス漏れ信号を発する濃度のガスに接したときは、**60秒以内にガス漏れ信号および警報を発し**なければならないとされています（警報機能を有しない場合 ●問題1 (3)）。

(2)　誤り。警報機能を有する検知器が警報を発する方式には、**即時警報型、警報遅延型、反限時警報型**の3種類があります。即時警報型は、ガス濃度が警報設定値に達した直後に警報を発するタイプです。

(3)(4)　正しい記述です。

正解（2）

問題1 ☑重要 ▶ □□

ガス漏れ火災警報設備の受信機が備える機能について、規格省令上、誤っているものは次のうちどれか。

(1) 受信機がガス漏れ信号の受信を開始してからガス漏れ表示を行うまでの所要時間は、60秒以内でなければならない。

(2) ガス漏れ信号を2回線から同時に受信した場合でも、ガス漏れ表示ができなければならない。

(3) ガス漏れ信号を受信したとき、ガス漏れ表示灯および主音響装置によりガス漏れの発生を、地区表示装置によりガス漏れの発生した警戒区域を、それぞれ自動的に表示するものでなければならない。

(4) GP型とGR型の地区表示装置は、火災の発生した警戒区域とガス漏れの発生した警戒区域とを明確に識別できるように表示するものでなければならない。

問題2 ▶

非常電源として用いる蓄電池設備の構造および性能として、消防庁告示上、誤っているものは次のうちどれか。

(1) 自動的に充電するものとし、充電電源電圧が定格電圧の±10%の範囲内で変動しても機能に異常なく充電できるものであること。

(2) 過放電防止機能を設けること。

(3) 蓄電池設備の蓄電池の単電池当たりの公称電圧は、鉛蓄電池では2V、アルカリ蓄電池では1.2Vであること。

(4) 補液の必要がない蓄電池を除き、減液警報装置が設けられていること。

問題1　解説　　　　　　ガス漏れ火災警報設備の受信機 ⇨ 速 P.190, 191

ここがPOINT!

G型・GP型・GR型受信機の「ガス漏れ表示」
- 黄色のガス漏れ灯および主音響装置により、ガス漏れの発生を表示
- 地区表示装置により、ガス漏れの発生した警戒区域を表示

　ガス漏れ火災警報設備の受信機にはガス漏れ専用のG型受信機のほかに、火災報知と併用のGP型（P型＋G型の機能）、GR型（R型＋G型の機能）の受信機があります（受信機の種類 ◉ P.33）。

(1)(2)　正しい。どちらもG型、GP型およびGR型に共通の機能です。

(3)　誤り。G型、GP型、GR型受信機は、ガス漏れ信号を受信したとき、**黄色のガス漏れ灯と主音響装置**によりガス漏れの発生を、**地区表示装置**によりガス漏れの発生した警戒区域を、それぞれ自動的に表示するものでなければなりません。これらの動作をまとめて**「ガス漏れ表示」**といいます。なお、ガス漏れ表示灯は、ガス漏れ火災警報設備の**警報装置**の1つです。このほかに音声警報装置、検知区域警報装置が警報装置に含まれます。

(4)　正しい記述です。

正解 **(3)**

問題2　解説　　　　　　　蓄電池設備の基準 ⇨ 速 P.194, 195

ここがPOINT!

蓄電池設備の構造・機能
- 自動的に充電すること（定格電圧の±10%の範囲内で異常なく充電）
- 過充電防止機能を設けること
- 出力電圧または出力電流を監視できる電圧計または電流計を設ける
- 0℃～ 40℃の範囲の周囲温度において機能に異常を生じないこと

蓄電池の構造・性能
- 単電池当たりの公称電圧 ⇒ 鉛蓄電池：2 V、アルカリ蓄電池：1.2V
- 減液警報装置を設ける（補液の必要がないものは除く）

(1)(3)(4)は、正しい記述です。

(2)　誤り。蓄電池設備には、**過充電防止機能**を設けることとされていますが過放電防止設備は設ける必要がありません。

> 「蓄電池設備の基準」は、消防庁告示によって定められているよ。

正解 **(2)**

分野別重点問題

4 • 構造・機能等（規格に関する部分）

構造・機能等
（電気に関する部分）

ここでは、「構造・機能等（電気に関する部分）」の厳選された40の問題とその解説を掲載しています。
各問の解説の「ここがPOINT!」を参考に、1問1問をしっかり理解しながら、試験に向けた問題演習＆基礎固めを進めましょう。

分野別重点問題

5. 構造・機能等（電気に関する部分）

1 感知器共通の設置基準①

問題 1 ▶ □□

次の文中の（　　）内に当てはまる語句の組合せとして、正しいものはどれか。

「感知器が火災発生を有効に感知できる区域を（　A　）といい、消防法施行規則では、『壁または取付け面から（　B　）（差動式分布型感知器または煙感知器を設ける場合にあっては（　C　））以上突出したはり等によって区画された部分をいう』と定義されている。」

	A	B	C
(1)	感知区域	0.6m	0.4m
(2)	警戒区域	0.6m	0.4m
(3)	感知区域	0.4m	0.6m
(4)	警戒区域	0.4m	0.6m

問題 2 ▶ □□

次の設置場所に必要とされる差動式スポット型感知器（2種）の個数として、正しいものはどれか。ただし、差動式スポット型感知器（2種）の感知面積については、下記の文章を参考とすること。

〔設置場所〕
構造：耐火構造、取付け面の高さ：3m、感知区域：500㎡

「取付け面の高さが4m未満の場合は、主要構造部が耐火構造ならば70㎡、その他の構造ならば40㎡とする。取付け面の高さが4m以上8m未満の場合には、主要構造部が耐火構造ならば35㎡、その他の構造ならば25㎡とする。」

(1) 7個

(2) 8個

(3) 13個

(4) 15個

問題 1 解説 感知区域 ⇨ 速 P.198

✔ ここがPOINT!
感知区域…感知器が火災発生を有効に感知できる区域
⇒ 壁または取付け面から0.4m（差動式分布型感知器・煙感知器は0.6m）以上
　突出したはり等によって区画された部分

感知器が火災発生を有効に感知できる区域を**感知区域**といい、「壁または取付け面から**0.4m**（差動式分布型感知器または煙感知器の場合は**0.6m**）以上突出したはり等によって区画された部分をいう」と定義されています。

■ 感知区域の例

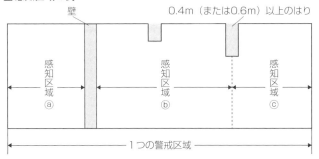

1つの警戒区域（ ▶ P.137）がいくつかの感知区域に分けられるかたちになります。

正解（3）

問題 2 解説 感知器の感知面積と設置個数 ⇨ 速 P.199～201

✔ ここがPOINT!
● 感知面積…1個の感知器が火災を有効に感知できる床面積
● 感知器の設置個数 = $\dfrac{\text{感知区域の面積〔㎡〕}}{\text{感知器1個の感知面積〔㎡〕}}$

1個の感知器が火災を有効に感知できる床面積を**感知面積**といい、感知器の種別や取付け面の高さ等に応じて規定されています。本問の場合は、感知器の種別が**差動式スポット型感知器（2種）**であり、設置場所が耐火構造、取付け面の高さが3m（＝4m未満）なので、感知面積は70㎡となります。感知器の設置個数は、感知区域の面積〔㎡〕を感知器1個の**感知面積**〔㎡〕で割ることによって求められます（小数点以下は切り上げて整数とする）。

$$\therefore \text{感知器の設置個数} = \frac{\text{感知区域の面積〔㎡〕}}{\text{感知器1個の感知面積〔㎡〕}} = \frac{500㎡}{70㎡} = 7.14\cdots$$

小数点以下を切り上げて、**8個**設置します。

正解（2）

分野別重点問題

5 ● 構造・機能等（電気に関する部分）

2 感知器共通の設置基準②

▶ □□

問題 1 重要

感知器の設置基準に関する記述として、誤っているものは次のうちどれか。

(1) 熱感知器は、その下端が取付け面の下方0.3m以内の位置になるように設ける必要がある。

(2) 煙感知器（光電式分離型を除く）は、その下端が取付け面の下方0.6m以内の位置になるように設ける必要がある。

(3) 差動式分布型および光電式分離型のもの並びに炎感知器を除き、感知器は、換気口等の空気吹出し口付近に設ける必要がある。

(4) 煙感知器（光電式分離型を除く）は、天井付近に吸気口のある居室においては、その吸気口付近に設ける必要がある。

問題 2 重要

▶ □□

感知器とその取付け場所の傾斜角度の最大値との組合せとして、誤っているものは次のうちどれか。

(1) 差動式スポット型感知器·························· 5度

(2) 差動式分布型感知器の検出部·············· 5度

(3) 定温式スポット型感知器························ 45度

(4) 炎感知器 ··· 90度

問題1　解説　　　　　　　**感知器の取付け位置について** ⇨ 速 **P.201, 202, 209**

✔ ここがPOINT!

取付け面から感知器の下端までの距離
- ● 熱感知器……………………………… **取付け面の下方0.3m以内**
- ● 煙感知器（光電式分離型を除く）… **取付け面の下方0.6m以内**

(1)(2)　正しい記述です。

取付け面の下方
熱感知器は0.3m以内、
煙感知器（光電式分離型を除く）は**0.6m以内**の位置に、
感知器の**下端**がおさまるようにする

(3)　誤り。差動式分布型および光電式分離型のもの並びに炎感知器を除き、感知器は、換気口等の**空気吹出し口から1.5m以上離れた位置**に設けなければなりません。

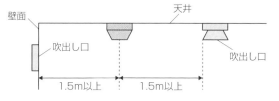

感知器の中心から吹出し口の端までで1.5m以上だよ。

(4)　正しい。「**吸気口**」と「**空気吹出し口**」を混同しないようにしましょう。

正解（3）

問題2　解説　　　　　　　**感知器の傾斜角の最大値について** ⇨ 速 **P.202**

✔ ここがPOINT!

各感知器の傾斜角の最大値

● 差動式分布型感知器の検出部	5度
● スポット型の感知器（炎感知器を除く）	45度
● 光電式分離型感知器 ● 光電アナログ式分離型感知器 ● 炎感知器	90度

　感知器は、一定の角度まで傾斜させて取り付けても機能に異常を生じないものでなければなりません。この角度を**傾斜角**といいます。

(1)　誤り。差動式を含む**スポット型の感知器の傾斜角の最大値は、45度**です。
(2)～(4)はすべて正しい組合せです。

正解（1）

3 各感知器の設置基準①

▶ □ □

問題 1

最高周囲温度が55℃の場所に定温式スポット型感知器を設置する場合、当該感知器の公称作動温度として、最も適当なものは次のうちどれか。

(1)　60℃

(2)　65℃

(3)　70℃

(4)　75℃

 問題 2 重要

▶ □ □

差動式分布型感知器（空気管式）の設置について、誤っているものは次のうちどれか。

(1)　1つの検出部に接続する空気管の全長は20m以下でなければならない。

(2)　空気管は、原則として感知区域の取付け面の各辺から1.5m以内の位置に設けなければならない。

(3)　空気管の屈曲部の半径は0.5cm以上としなければならない。

(4)　空気管の止め金具の間隔は35cm以内とする。ただし、屈曲部を止める場合は屈曲部から5cm以内を止めなければならない。

問題1　解説　　　　　　**定温式の性能を有する感知器の設置基準** ⇨ 速 P.204

> ✊ **ここがPOINT!**
>
> 定温式の性能を有する感知器
> ⇒ 正常時の最高周囲温度が公称作動温度*より20℃以上低い場所に設ける
> 　　　　　　　　　＊補償式スポット型感知器の場合は公称定温点

　定温式スポット型その他の**定温式の性能を有する感知器**は、正常時における最高周囲温度が**公称作動温度**（❏P.157）よりも**20℃以上低い場所に設ける**こととされています。逆に言うと、設置場所の正常時の最高周囲温度よりも20℃以上高い公称作動温度の感知器を設置すればよいわけです。

　本問では最高周囲温度が55℃の場所に設置するので、最も適当な公称作動温度は55＋20＝75℃ということになります。

正解（4）

問題2　解説　　　　**差動式分布型感知器（空気管式）の設置** ⇨ 速 P.205～207

> ✊ **ここがPOINT!**
>
> 差動式分布型感知器（空気管式）の空気管の長さ
> ● 接続長（１つの検出部に接続する空気管の全長）⇒ 100m以下
> ● 最小露出長（露出している部分の長さ）⇒ 感知区域ごとに20m以上

（1）　誤り。１つの検出部に接続する空気管の全長（**接続長**）は、**100m以下**とされています。なお、空気管の露出する部分（**最小露出長**）は感知区域ごとに**20m以上**とする必要があります。

（2）　正しい。空気管の取付け間隔について、感知区域の**取付け面の各辺から1.5m以内**の位置に設けることなどが原則とされています。

> 相対する空気管の相互間隔は、主構造部が耐火構造の場合に9m、それ以外の構造の場合に6mとされています。
>

（3）（4）　正しい。空気管は下図のようにして取り付けます。

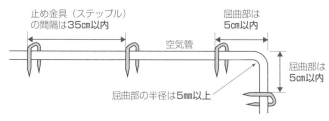

止め金具（ステップル）の間隔は35cm以内　　　屈曲部は5cm以内

空気管

屈曲部は5cm以内

屈曲部の半径は5mm以上

正解（1）

問題 1 ✓**重要**　　　　　　　　　　　　　　　　　　▶ □ □

煙感知器の設置場所に関する記述として、誤っているものは次のうちどれか。

(1) 煙感知器（光電式分離型を除く）は、天井が低い居室または狭い居室に
　　おいては、その入口付近に設置する必要がある。

(2) 煙感知器（光電式分離型を除く）は、壁またははりから0.3m以上離れた
　　位置に設置する必要がある。

(3) 煙感知器は、じんあい、微粉等が多量に滞留する場所には設置すること
　　ができない。

(4) ボイラー室のような著しく高温となる場所や、厨房その他正常時におい
　　て煙が滞留する場所などは、煙感知器を設置することができない。

問題 2 ✓**重要**　　　　　　　　　　　　　　　　　　▶ □ □

**煙感知器（光電式分離型を除く）の設置基準として、誤っているものは次の
うちどれか。**

(1) 1種または2種の感知器を廊下に設置する場合は、水平距離30mにつき
　　1個以上を設けること。

(2) 3種の感知器を廊下に設置する場合は、歩行距離20mにつき1個以上を
　　設けること。

(3) 1種または2種の感知器を階段に設置する場合は、垂直距離15mにつき
　　1個以上を設けること。

(4) 3種の感知器を階段に設置する場合は、垂直距離10mにつき1個以上を
　　設けること。

問題1　解説　　　　　　　　　**煙感知器の設置場所** ⇨ 速 **P.133, 209**

💟 **ここがPOINT!**

煙感知器（光電式分離型を除く）の取付け位置
● **天井が低い居室または狭い居室では、入口付近に設ける**
● **壁またははりから0.6m以上離れた位置に設ける**

(1)　正しい。天井が低い居室（天井面までおおむね2.3m未満）や狭い居室（おおむね40㎡未満）では、入口付近に設置することとされています。

(2)　誤り。壁またははりから0.6m以上離れた位置に設置します。

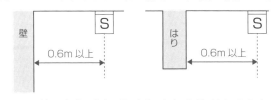

(3)(4)　正しい。いずれも煙感知器（光電式分離型を含む）の特性上、誤報を生じやすい場所なので設置できません（●P.27）。

正解（2）

問題2　解説　　　　　　　**煙感知器（光電式分離型を除く）の設置基準** ⇨ 速 **P.210**

💟 **ここがPOINT!**

煙感知器（光電式分離型を除く）の設置基準
● **廊下・通路……1・2種は歩行距離30m、3種は同20mにつき1個以上**
● **階段・傾斜路…1・2種は垂直距離15m、3種は同10mにつき1個以上**

(1)　誤り。水平距離ではなく、**歩行距離**（実際に歩いた場合の距離）です。
(2)～(4)は正しい記述です。

■廊下・通路に設ける場合

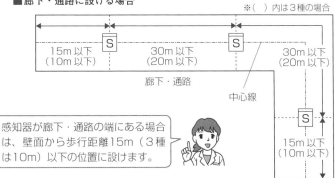

感知器が廊下・通路の端にある場合は、壁面から歩行距離15m（3種は10m）以下の位置に設けます。

正解（1）

問題1 重要　　　　　　　　　　　　　　　　　　　　　▶ ☐☐

光電式分離型感知器の設置基準として、誤っているものは次のうちどれか。

(1)　感知器の光軸の長さが当該感知器の公称監視距離の範囲内となるように設けなければならない。

(2)　送光部および受光部は、その背部の壁から1m以内の位置に設けなければならない。

(3)　感知器の光軸の高さが天井等の高さの80％以上となるように設けなければならない。

(4)　感知器を設置する区域の天井等の高さが20m以上の場所に設けなければならない。

問題2　　　　　　　　　　　　　　　　　　　　　　　　▶ ☐☐

炎感知器の設置基準として、誤っているものは次のうちどれか。

(1)　屋内型または屋外型の炎感知器は天井等または壁に、道路型の炎感知器は道路の側壁部または路端の上方に設ける必要がある。

(2)　屋内型または屋外型の炎感知器は、壁によって区画された区域ごとに、当該区域の床面から高さ1.2mまでの空間（監視空間）の各部分から感知器までの距離が公称監視距離の範囲内となるように設ける必要がある。

(3)　道路型の炎感知器は、道路面（監視員通路が設けられている場合は当該通路面）からの高さが1.5m以上2.5m以下の部分に設ける必要がある。

(4)　屋内型、屋外型および道路型の炎感知器は、感知障害が生じないように遮光板等を設けた場合を除き、日光を受けない位置に設ける必要がある。

問題1　解説　　　**光電式分離型感知器の設置基準** ⇨(速) P.134, 211, 212

▼ここがPOINT!
光電式分離型感知器は天井等の高さが20m未満の場所に設置
- **15m以上～20m未満 ……… 1種のみ**
- **15m未満 ……………………… 1種または2種**

(1)～(3)はすべて正しい記述です。**光電式分離型感知器**の場合、送光部から受光部までの距離を**公称監視距離**といい、5m以上100m以下（5m刻み）とするよう定められています。

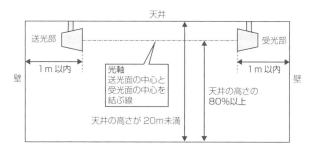

(4)　**誤り**。光電式分離型感知器は、天井等の高さが**20m未満**の場所に設置することとされています。なお、20m以上は炎感知器のみです。　**正解（4）**

> また光電式分離型感知器は、壁によって区画された区域ごとに当該区域の各部分から1つの光軸までの水平距離が7m以下となるように設け、光軸は並行する壁から0.6m以上離れた位置となるようにします。

問題2　解説　　　**炎感知器の設置基準** ⇨(速) P.214, 215

▼ここがPOINT!
道路型の炎感知器
⇒ 道路面（または通路面）から高さ1.0m以上1.5m以下の部分に設置

(1)(2)(4)は正しい記述です。

(3)　**誤り**。道路型の炎感知器は道路面（または通路面）から高さ1.0m以上1.5m以下の部分に設置する必要があります。

正解（3）

■屋内型・屋外型の場合

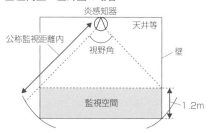

問題 1 ✔重要 ▶ □□

発信機の設置について、正しいものは次のうちどれか。

(1) 各階ごとに、その階の各部分から発信機までの水平距離が50m以下となるように設けなければならない。

(2) 子どもによるいたずらが多いので、容易に手が届かないよう、床面からの高さが1.8m以上の箇所に設ける必要がある。

(3) すぐ近くに消火栓用の表示灯が設置されている場合であっても、発信機の直近の箇所には表示灯を設ける必要がある。

(4) 発信機の表示灯は赤色の灯火とし、取付け面と15度以上の角度となる方向に沿って10m離れたところから点灯していることが容易に識別できるものでなければならない。

問題 2 ✔重要 ▶ □□

発信機と受信機との接続に関する記述として、誤っているものは次のうちどれか。

(1) Ｐ型1級発信機は、ＧＰ型の1級受信機に接続できる。

(2) Ｐ型2級発信機は、Ｒ型受信機に接続できる。

(3) Ｐ型2級受信機の1回線用のものは、発信機を設ける必要がない。

(4) Ｐ型2級発信機は、ＧＰ型の2級受信機に接続できる。

問題1　解説　　　　　　　　　　　　　　**発信機の設置基準** ⇨ 速 P.218, 219

> ✔ **ここがPOINT!**
> 発信機の取付け位置
> ● その階の各部分から発信機まで歩行距離50m以下となるように設ける
> ● 床面から高さ0.8m以上1.5m以下の箇所に設ける

(1)　誤り。水平距離ではなく、歩行距離で50m以下となるように設けます。

(2)　誤り。子どものいたずらと関係なく、発信機は床面から高さ0.8m以上1.5m以下の箇所に設けなければなりません。

> 発信機は、ホールの入口、階段付近または廊下等で多数の者の目にふれやすく、すみやかに操作できる場所に設ける必要があるよ。

(3)　誤り。発信機の直近の箇所には表示灯を設けることとされていますが、消火栓用の表示灯の直近に発信機を設置した場合は、自動火災報知設備の発信機の表示灯を設けないことができます。

(4)　正しい記述です。

正解（4）

問題2　解説　　　　　　　　　　　　**発信機と受信機との接続** ⇨ 速 P.219

> ✔ **ここがPOINT!**
> Ｐ型発信機を接続する受信機の種類
> ● Ｐ型1級発信機 ┬ Ｐ型（ＧＰ型）1級受信機
> 　　　　　　　　└ Ｒ型（ＧＲ型）受信機
> ● Ｐ型2級発信機 ── Ｐ型（ＧＰ型）2級受信機

(1)　正しい。Ｐ型1級発信機は、Ｐ型（ＧＰ型）の1級受信機に接続することができます。

(2)　誤り。Ｒ型（ＧＲ型）受信機に接続できるのは、Ｐ型1級発信機です。Ｐ型2級発信機は接続できません。

(3)　正しい。次の受信機は、発信機を設ける必要がありません。
　● Ｐ型（ＧＰ型）2級受信機の1回線用
　● Ｐ型（ＧＰ型）3級受信機

(4)　正しい。Ｐ型2級発信機は、Ｐ型（ＧＰ型）の2級受信機に接続することができます。

正解（2）

問題 1 ▶ □□

自動火災報知設備の受信機の設置基準として、誤っているものは次のうちどれか。

(1) 受信機は、防災センター等に設けること。

(2) 受信機（いすに座って操作するものを除く）の操作スイッチは、床面から高さ0.8m以上1.5m以下の箇所に設けること。

(3) 地区音響停止スイッチを設ける受信機は、火災表示をしている間に当該スイッチを停止状態にした場合、その停止状態の間に受信機が火災信号等を受信したときは、一定時間以内に自動的に鳴動させる状態に移行するものであること。

(4) 受信機の主音響装置の音圧は、無響室で音響装置の中心から1m離れた地点で測定した値が85dB（P型3級受信機は70dB）以上であること。

問題 2 重要 ▶ □□

地区音響装置についての記述として、誤っているものは次のうちどれか。

(1) 地区音響装置は、各階ごとに、その階の各部分から1つの地区音響装置までの水平距離が25m以下となるように設ける必要がある。

(2) 地区音響装置の音圧は、取り付けられた音響装置の中心から1m離れた位置で90dB（音声の場合は92dB）以上でなければならない。

(3) 音声による警報の場合、感知器作動警報に係る音声は男声、火災警報に係る音声は女声によるものでなければならない。

(4) 音声警報音（警報用シグナル、警報用メッセージ）を発する放送設備が設置され、自動火災報知設備の作動と連動して当該区域に放送設備の音声警報音が自動的に放送される場合は、その有効範囲において自動火災報知設備の地区音響装置を設けないことができる。

問題１　解説

受信機の設置基準 ⇨ 速 P.176, 219, 220

ここがPOINT!

地区音響停止スイッチが停止状態の間に火災信号等を受信したとき
⇒ 一定時間以内に自動的に地区音響装置を鳴動させる状態に移行
ただし、火災表示をしている間に停止状態とした場合は直ちに移行

(1)　正しい。受信機は、常時人がいる**防災センター等**（防災センターのほか中央管理室、守衛室その他これに類する場所を含む）に設けます。

(2)　正しい。受信機の**操作スイッチ**は、床面から**高さ0.8m**（いすに座って操作するものについては**0.6m**）**以上1.5m以下**の箇所に設けます。

(3)　誤り。**地区音響停止スイッチ**が鳴動を**停止状態**にしている間に受信機が火災信号等を受信したときは、**一定時間以内**に、自動的に地区音響装置を**鳴動させる状態**に移行することとされています。ただし、本問のように、**火災表示をしている間**に停止状態とした場合には、一定時間以内にではなく、**直ちに移行**するものでなければなりません。

(4)　正しい記述です。

正解（3）

問題２　解説

地区音響装置の設置基準 ⇨ 速 P.220, 221

ここがPOINT!

- **地区音響装置の音圧…１m離れた位置で90dB（音声の場合は92dB）**
- **音声による警報………感知器作動警報：女声、火災警報：男声**

(1)　正しい。これは歩行距離ではなく、**水平距離で25m以下**です。

(2)　正しい。音響装置の音圧（音響装置の中心から１m離れた地点で測定）の値をまとめると、次の通りです。

- 主音響装置……**85dB**（Ｐ型３級は70dB）以上（▶問題１の(4)）
- 地区音響装置…**90dB**（**音声の場合は92dB**）以上

(3)　誤り。感知器作動警報が**女声**で、火災警報が**男声**と決まっています。

(4)　正しい記述です。

このほか、１つの防火対象物に２つ以上の受信機が設けられているときは、地区音響装置はいずれの受信機からも鳴動させることができなければなりません。

正解（3）

問題 1

自動火災報知設備の非常電源について、誤っているものは次のうちどれか。

(1) 非常電源とは、火災等により常用電源が停電してもこれに替えて電力を供給できるものをいう。

(2) 自動火災報知設備の非常電源は、蓄電池設備、自家発電設備または非常電源専用受電設備によるものでなければならない。

(3) 延べ面積が1000㎡以上の特定防火対象物に設ける自動火災報知設備の非常電源は、蓄電池設備に限られる。

(4) 蓄電池設備や非常電源専用受電設備は、他の電気回路の開閉器や遮断器によって遮断されないものでなければならない。

問題 2

自動火災報知設備の非常電源として用いる蓄電池設備について、誤っているものは次のうちどれか。

(1) 直交変換装置を有しないものに限られる。

(2) 常用電源が停電したとき、自動的に常用電源から非常電源に切り替えられるものでなければならない。

(3) 自動火災報知設備を有効に10分間作動することができる容量以上でなければならない。

(4) 非常電源の容量が予備電源の容量以上である場合には、予備電源を省略することができる。

問題1 解説　　　　　自動火災報知設備の非常電源 ⇨ 速 P.194, 224

ここがPOINT!

自動火災報知設備の非常電源
- 延べ面積1000㎡以上の特定防火対象物 ⇒ 蓄電池設備に限る
- 上記以外の防火対象物 ⇒ 非常電源専用受電設備または蓄電池設備

(1)　正しい。電源には、通常用いる**常用電源**、常用電源が停電の時に用いる**非常電源**、非常電源が故障した場合などに用いる予備電源があります。

(2)　誤り。自動火災報知設備の非常電源は、**蓄電池設備または非常電源専用受電設備**（蓄電池設備等を使用せず、電力会社から受電する電源を非常電源とみなして運用する方式）によるものとされています。

(3)　正しい。延べ面積1000㎡以上の**特定防火対象物**に設ける自動火災報知設備の非常電源は、**蓄電池設備**に限られています（それ以外の防火対象物に設ける場合には、非常電源専用受電設備を用いることもできます）。

(4)　正しい記述です。

正解（2）

問題2 解説　　　　　非常電源として用いる蓄電池設備 ⇨ 速 P.225

ここがPOINT!

予備電源の容量 ≧ 非常電源の容量
⇒ 非常電源を省略することができる（その逆は不可）

(1)　正しい。**直交変換装置**とは、交流の電流を直流に変換して蓄電池を充電する機能と、直流の電流を交流に変換する機能を併せもつ装置をいいます。

> 直交変換装置を有する蓄電池設備は、常用電源から非常電源に切り替わる際に若干時間を要することなどから、自動火災報知設備の非常電源としては不適当と考えられます。

(2)　正しい。また停電後、常用電源が復旧したときも**自動的**に非常電源から常用電源に切り替えられるものでなければなりません。

(3)　正しい。予備電源の容量（●P.173）と混同しないようにしましょう。

(4)　誤り。**予備電源の容量**が当該自動火災報知設備に要求される非常電源の容量以上である場合は、**非常電源を省略**することができますが、反対に、非常電源の容量が予備電源の容量以上であっても予備電源を省略することはできません。

正解（4）

❾ 配線関係①

Ｐ型（またはＧＰ型）受信機の感知器回路に設ける共通線について、正しいものは次のうちどれか。

(1) 共通線1本につき1警戒区域とすること。

(2) 共通線1本につき3警戒区域以下とすること。

(3) 共通線1本につき5警戒区域以下とすること。

(4) 共通線1本につき7警戒区域以下とすること。

次の文中の（　　）内に当てはまる語句の組合せとして、正しいものはどれか。

「自動火災報知設備の配線に使用する電線とそれ以外の電線は、原則として同一の管やダクト、線ぴ、プルボックス等の中に設けないこととされている。これは、自動火災報知設備の配線に使用する電線が、（　Ａ　）ようにするためである。ただし、（　Ｂ　）以下の弱電流回路に使用する電線の場合はこの限りではない。」

	Ａ	Ｂ
(1)	他の電線から誘導障害を受けない	60V
(2)	他の電線と短絡を起こさない	60V
(3)	他の電線から誘導障害を受けない	100V
(4)	他の電線と短絡を起こさない	100V

問題 1　解説　　　　　　　　　　　　　　共通線の制限 ⇨ 速 P.229, 230

ここがPOINT!

P型（またはGP型）受信機の感知器回路に設ける共通線
⇒ 共通線1本につき7警戒区域以下とする

　P型（またはGP型）受信機の感知器回路では、1つの警戒区域に2本の配線（＋と－）が必要です（図1）。しかし、2本のうち1本は共通線とすることができるので、これによって配線の数を減らすことができます（図2）。規則では、P型（またはGP型）受信機の感知器回路の配線について共通線を設ける場合、**共通線1本につき7警戒区域以下**とすることとしています。

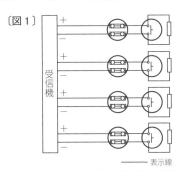

〔図1〕

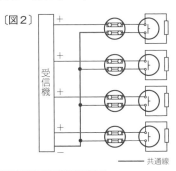

〔図2〕

―― 表示線

―― 共通線

R型（またはGR型）の受信機の場合は火災信号等を固有の信号として受信することから、もともと配線を1つにまとめることができるので（▶P.169）、このような制限はありません。

正解（4）

問題 2　解説　　　　　　　　　　　　　　誘導障害の防止 ⇨ 速 P.230

ここがPOINT!

自動火災報知設備の配線に使用する電線とそれ以外の電線
⇒ 誘導障害の防止のため、同一の管やダクト等に設けない
　　（ただし、60V以下の弱電流回路に使用する電線は例外）

　自動火災報知設備の配線に使用する電線とそれ以外の電線を、**同一の管や**
ダクト（絶縁効力のあるもので仕切った場合は除く）、**線ぴ、プルボックス**等
の中に設けないこととされているのは、自動火災報知設備の配線に使用する
電線が、それ以外の電線に流れる電流の電磁誘導等による影響（**誘導障害**）
を受けないようにするためです。ただし、60V以下の弱電流回路に使用する
電線は例外とされています。

正解（1）

問題 1 ✔重要　　　　　　　　　　　　　　　　▶

自動火災報知設備のうち耐火配線としなければならない回路として、正しい
ものは次のうちどれか。

(1)　常用電源から受信機までの回路

(2)　非常電源から受信機までの回路

(3)　受信機から地区音響装置までの回路

(4)　感知器から受信機までの回路

問題 2 ✔重要　　　　　　　　　　　　　　　　▶ □□

耐火配線の工事方法として、誤っているものは次のうちどれか。

(1)　MIケーブルを使用して、そのまま露出配線とする。

(2)　600V 2種ビニル絶縁電線（HIV）を使用し、金属管に収めて露出配管
　　とする。

(3)　600V 2種ビニル絶縁電線（HIV）と同等以上の耐熱性の電線を使用し
　　て合成樹脂管に収め、これを耐火構造の壁に埋設する。

(4)　基準に適合した耐火用の電線を使用して、そのまま露出配線とする。

問題 1　解説　　　　　　　耐火配線と耐熱配線 ⇒ 速 P.230, 231

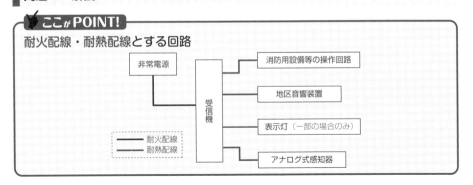

(1)　誤り。常用電源から受信機までは、**一般配線**でよいとされています。

(2)　正しい。**非常電源から受信機**までは、**耐火配線**とする必要があります。

(3)　誤り。受信機から地区音響装置までは、**耐熱配線**とされています。

(4)　誤り。感知器が**アナログ式ならば耐熱配線**、それ以外ならば**一般配線**で よいとされています。

正解（2）

分野別重点問題

5 ● 構造・機能等（電気に関する部分）

問題 2　解説　　　　　　　耐火配線工事の方法 ⇒ 速 P.231

ここがPOINT!

耐火配線工事の方法（①、②のいずれか）
①600V 2種ビニル絶縁電線（HIV）またはこれと同等以上の**耐熱電線**を使用→ **金属管等（合成樹脂管を含む）に収める**→**耐火構造の主要構造部に埋設する**
②**MIケーブル**または基準に適合する**耐火電線**を使用→そのまま**露出配線**

(1)(4)　正しい。**MIケーブル**または基準に適合する耐火用の電線を使用した 場合は、そのまま**露出配線**とすることができます。金属管等に収めたり、 耐火構造の主要構造部（壁など）に埋設したりする必要はありません。

> MIケーブル（無機絶縁ケーブル）とは、銅線と銅管の間に 無機絶縁物を入れた耐火用ケーブルのことです。

(2)　誤り。600V 2種ビニル絶縁電線（HIV）またはこれと同等以上の**耐熱 性を有する電線**を使用した場合は、**金属管等に収め**、これをさらに**耐火構 造の主要構造部に埋設**する必要があります。

(3)　正しい。合成樹脂管も「金属管等」に含まれます。

正解（2）

問題 1 重要

600V 2種ビニル絶縁電線（HIV）と同等以上の耐熱性を有する電線として、不適当なものは次のうちどれか。

(1)　600Vビニル絶縁電線（IV）

(2)　シリコンゴム絶縁電線

(3)　クロロプレン外装ケーブル

(4)　ポリエチレン絶縁電線

問題 2 重要

受信機から地区音響装置までの回路の配線工事の方法として、誤っているものは次のうちどれか。

(1)　基準に適合する耐火用の電線を使用し、そのまま露出配線とした。

(2)　600V 2種ビニル絶縁電線（HIV）を使用し、これを合成樹脂管に収めて露出配管とした。

(3)　アルミ被ケーブルを使用して金属管に収め、そのまま露出配管とした。

(4)　600V 2種ビニル絶縁電線（HIV）を使用し、居室に面した壁に露出配線した。

問題1　解説　　　　　　　　　　　　　　　　耐熱性を有する電線 ⇨ 速 P.225, 231

✍ ここがPOINT!

600V 2種ビニル絶縁電線（HIV）と同等以上の耐熱性を有する電線
⇒ 600Vビニル絶縁電線（IV）は含まれない

　600V 2種ビニル絶縁電線（HIV）は、通常の600Vビニル絶縁電線（IV）よりも耐熱性のよい絶縁体で被覆された電線です。したがって、600Vビニル絶縁電線（IV）は、600V 2種ビニル絶縁電線（HIV）と同等以上の耐熱性を有する電線には含まれません。

■HIVと同等以上の耐熱性を有する電線のうち主なもの

● シリコンゴム絶縁電線	● ポリエチレン絶縁電線	● EPゴム絶縁電線
● アルミ被ケーブル	● 鉛被ケーブル	● CDケーブル
● クロロプレン外装ケーブル		（❂P.36）

HIVと同等以上の耐熱性を有する電線でないものは、耐火配線工事・耐熱配線工事ともに使用できません。

正解（1）

問題2　解説　　　　　　　　　　　　　　　　耐熱配線工事の方法 ⇨ 速 P.231

✍ ここがPOINT!

耐熱配線工事の方法（①または②のいずれか）
①600V 2種ビニル絶縁電線（HIV）またはこれと同等以上の耐熱電線を使用
　→金属管等（合成樹脂管を含む）に収める。埋設は不要
②MIケーブルまたは基準に適合する耐火電線もしくは耐熱電線を使用→そのまま露出配線

(1)　正しい。MIケーブルまたは基準に適合する**耐火用**（**耐熱用**でもよい）の電線を使用した場合は、そのまま**露出配線**とすることができます。金属管等に収めたり、埋設したりする必要はありません。

(2)(3)　正しい。600V 2種ビニル絶縁電線（HIV）またはこれと同等以上の**耐熱性を有する電線**を使用した場合は、**金属管等**（合成樹脂管を含む）に収めて露出配管とすることができます。埋設は不要です。

(4)　誤り。**金属管等に収め**なければなりません。露出配線は不適切です。

正解（4）

問題 1 ✔重要

600V 2種ビニル絶縁電線（HIV）を相互に接続する方法またはその結果として、最も不適当なものは次のうちどれか。

(1) 電線の引っ張り強さが10％減少した。

(2) 接続部分の電気抵抗が5％増加した。

(3) 心線の露出した接続部分をビニルテープで被覆した。

(4) スリーブを使用して電線相互を接続し、ろう付けはしなかった。

問題2

自動火災報知設備の配線について、誤っているものは次のうちどれか。

(1) 感知器の信号回路は、容易に導通試験が行えるよう、送り配線にすることが原則とされている。

(2) 感知器の信号回路の末端には、原則として、発信機、押しボタンまたは終端器を設ける必要がある。

(3) P型受信機の感知器回路の電路の抵抗（回路抵抗）は、60Ω以下としなければならない。

(4) 配線が感知器や発信機からはずれた場合や配線に断線があった場合に受信機が自動的に警報を発するものについては、送り配線としたり押しボタン等を設けたりするなどの措置は必要ない。

問題1 解説　　　　　　　　　　電線の接続 ⇨ 遠 P.232

ここがPOINT!
電線の接続についての注意点
● 電線の強さ（引っ張り強さ）を20％以上減少させないようにする
● 接続部分の電線の電気抵抗を増加させないようにする

(1)　電線の引っ張り強さを20％以上減少させないように接続することとされているので、10％の減少であれば不適当とはいえません。

(2)　最も不適当。接続部分において電線の**電気抵抗を増加させない**ようにしなければならないので、たとえ5％の増加でも不適当です。

(3)　電線の接続部分は、絶縁物のスリーブやコネクタ類を使用する場合を除き、心線が露出したままなので、接続電線の絶縁物と同等以上の絶縁効力のあるもので十分被覆します。一般には**ビニルテープ**を用います。

(4)　電線の接続には**スリーブ**などの接続管その他の器具を使用するか、または電線相互を直接**ろう付け**（はんだ付け）して、通常の使用状態において断線のおそれがないようにします。スリーブを使用して電線相互を堅固に接続したのであれば、ろう付けは不要です。

正解（2）

問題2 解説　　　　感知器回路の配線と回路抵抗 ⇨ 遠 P.226, 227, 234

ここがPOINT!
感知器の　┌● 送り配線にする
信号回路　└● 回路の末端に発信機、押しボタンまたは終端器を設ける

(1)(2)(4)　正しい。感知器の信号回路は、容易に**導通試験**をすることができるように、**送り配線**（感知器等の機器を数珠つなぎに配線していく方式）にするとともに、回路の末端に**発信機**、**押しボタン**（回路試験機）または**終端器**（回路の端末にある感知器または発信機に設ける抵抗〔終端抵抗〕のこと）を設ける必要があります。ただし、配線が感知器や発信機からはずれた場合や配線に断線があった場合に**受信機が自動的に警報を発する**ものについては、この限りではないとされています。

(3)　誤り。P型およびGP型受信機の感知器回路の電路の抵抗（回路抵抗）は、**50Ω以下**となるように設けることとされています。

正解（3）

13 絶縁抵抗

問題 1 ▶□□

感知器回路（電源回路を除く）と大地との間および各回路の配線相互の間の絶縁抵抗の最小値として、正しいものは次のうちどれか。ただし、絶縁抵抗は1つの警戒区域ごとに直流250Vの絶縁抵抗計で計った値とする。

(1)　　　50Ω

(2)　　100Ω

(3)　　50kΩ

(4)　　0.1MΩ

問題 2 重要 ▶□□

下表は、ある会社の第1工場～第4工場において、直流250Vの絶縁抵抗計を用いて電源回路の対地電圧ごとに絶縁抵抗を測定した結果である。これら4つの工場のうち、絶縁不良を起こしていると考えられるものはどれか。

		対地電圧100V	対地電圧200V	対地電圧400V
(1)	第1工場	0.2MΩ	0.3MΩ	0.5MΩ
(2)	第2工場	0.3MΩ	0.2MΩ	0.3MΩ
(3)	第3工場	0.1MΩ	0.4MΩ	0.5MΩ
(4)	第4工場	0.2MΩ	0.3MΩ	0.4MΩ

問題1　解説　　　　　　　　　　　　　絶縁抵抗の値 ⇨ 速 P.57, 234, 235

ここがPOINT!

絶縁抵抗はきわめて大きな値をとる ⇒ 単位：MΩ（メガオーム）
- 1MΩ＝100万Ω
- 絶縁抵抗の測定には、メガー（絶縁抵抗計）を使用する

　絶縁物は電圧を加えても電気を通さない物質とされていますが、実際には微小な電流が流れています。これを「漏れ電流」といいます。絶縁物に加えた電圧を、そのとき流れた漏れ電流で割ったものが**絶縁抵抗**です。漏れ電流が大きいと感電や火災等の原因となるため、絶縁抵抗の値はできるだけ大きくする必要があります。規則では、**感知器回路**（電源回路を除く）と**大地の間**およびそれぞれの回路の**配線相互の間**の絶縁抵抗について、1つの警戒区域ごとに直流250Vの絶縁抵抗計で計った値が0.1MΩ以上でなければならないとしています。

正解（4）

問題2　解説　　　　　　　　　　　　電源回路の絶縁抵抗 ⇨ 速 P.234, 235

ここがPOINT!

電源回路と大地との間および電源回路の配線相互の間の絶縁抵抗

（直流250Vの絶縁抵抗計で計った値）

電源回路の対地電圧	絶縁抵抗の値
150V以下	0.1MΩ以上
150Vを超え、300V以下	0.2MΩ以上
300Vを超えるもの	0.4MΩ以上

　規則や電気設備技術基準によると、**電源回路と大地との間**および**電源回路の配線相互の間**の絶縁抵抗は、上の表のように定められています。各工場の絶縁抵抗の値を見ると、まず対地電圧100V（＝150V以下）の回路はいずれも0.1MΩ以上であり、対地電圧200V（＝150Vを超え、300V以下）の回路はいずれも0.2MΩ以上なので、問題ありません。しかし対地電圧400V（＝300Vを超えるもの）の回路については、0.4MΩ以上でなければならないにもかかわらず、第2工場だけ0.3MΩとなっているため、絶縁不良を起こしていることが考えられます。

正解（2）

問題 1 ▶ □ □

接地工事を行う目的として、正しいものは次のうちいくつあるか。

ア　感電事故の防止

イ　電圧降下の防止

ウ　力率の改善

エ　機器の損傷防止

(1)　1つ

(2)　2つ

(3)　3つ

(4)　すべて正しい

問題2 ▶

D種の接地工事における接地線の太さと接地抵抗値の組合せとして、正しいものは次のうちどれか。

	接地線の太さ	接地抵抗値
(1)	1.6mm以上	10Ω以下
(2)	2.6mm以上	10Ω以下
(3)	1.6mm以上	100Ω以下
(4)	2.6mm以上	100Ω以下

問題1　解説　　　　　　　　　　接地工事の目的 ⇨ 速 P.235, 236

> **ここがPOINT!**
>
> 接地（アース）…電気設備を大地と電気的に接続すること
>
> 接地工事の目的 ─ ● 感電事故の防止
> 　　　　　　　　 ● 漏電による火災や機器の損傷防止

　電気設備を大地と電気的に接続することを**接地**といい、一般に「アース」と呼んでいます。接地をすれば、抵抗値の大きな人体よりも、**接地線**（大地に接続する電線）を通って電流が地球（大地）に流れるので感電の危険性が減少します。**接地工事の目的**としては、人間や家畜に対する**感電事故の防止**のほかに、**漏電による火災や機器の損傷防止**なども挙げられます。これに対し、接地には電圧降下を防止したり、力率（●P.87）を改善したりする効果はありません。したがって、正しいのはア、エの2つです。

正解（2）

問題2　解説　　　　D種接地工事の接地線の太さ・接地抵抗値 ⇨ 速 P.235, 236

> **ここがPOINT!**
>
> D種接地工事 ─ ● 接地線の太さ…1.6mm
> 　　　　　　　 ● 接地抵抗値……100Ω以下

　接地工事にはA種からD種までの4種類があり、それぞれ**接地線の太さ**と**接地抵抗値**が次のように定められています。接地線は**太い**ほど、接地抵抗値は**小さい**ほど、接地の効果が大きくなります。

	接地線の太さ	接地抵抗値
A種	2.6mm以上	10Ω以下
C種	1.6mm以上	10Ω以下＊
D種	1.6mm以上	100Ω以下＊

＊一定の装置を設けた場合は500Ω以下とすることができる

> B種接地工事は、ほかの3種類とは目的が異なるので省略するよ。

(1)　誤り。これはC種接地工事です。

(2)　誤り。これはA種接地工事です。

(3)　正しい。**D種接地工事**です。

(4)　誤り。A種からD種のどれにも当たりません。

正解（3）

問題1

差動式スポット型感知器（1種）について、加熱試験器を用いて作動試験を行ったときの作動時間（感知器が作動するまでの時間）の合否判定基準として、正しいものは次のうちどれか。ただし、蓄積型感知器を除く。

(1)　5秒以内

(2)　15秒以内

(3)　30秒以内

(4)　60秒以内

問題2

差動式分布型感知器（空気管式）について、その性能に直接関係する要素として不適当なものは次のうちどれか。

(1)　リーク抵抗

(2)　ゆるやかな気圧の変動

(3)　マノメーターの水位の変化

(4)　接点水高値

問題1　解説　　　　スポット型熱感知器の作動試験 ⇨⑳ P.237

✔ ここが POINT!

スポット型熱感知器の作動試験…加熱試験器を用いて感知器を加熱
⇒ 差動式スポット型感知器の作動時間は、1種・2種ともに30秒以内

　スポット型熱感知器の作動試験では、**加熱試験器を用いて感知器を加熱**して作動するまでの時間（作動時間）を測定し、所定時間内であるかどうかを確認します。各感知器の作動時間は、次の表の秒数以内とされています。

■ 主な熱感知器の種別ごとの作動時間（単位：秒）

	特種	1種	2種	3種
差動式スポット型	－	30	30	－
補償式スポット型	－	30	30	－
定温式スポット型*	40	60	120	－
熱アナログ式スポット型*	40	－	－	－

＊公称作動温度または火災表示に係る設定表示温度と周囲温度との差が50℃を超える
　場合は、作動時間を2倍の値にできる

煙感知器の場合は加煙試験器を用いて作動時間を測定します。

　上の表より、**差動式スポット型感知器（1種）の作動時間**の合否判定基準は、**30秒以内**です。

正解（3）

問題2　解説　　　差動式分布型感知器（空気管式）の試験 ⇨⑳ P.238〜241

✔ ここが POINT!

リーク抵抗…リーク孔（◐P.155）から漏れる空気への抵抗
⇒ リーク抵抗が大きいと、接点が閉じるまでの時間（作動時間）が短くなる

(1)　適当。リーク抵抗が規定値よりも**大きい**と空気の漏れが少なすぎて空気の膨張速度が早くなり、**作動時間が短くなります**（誤報につながる）。

(2)　不適当。ゆるやかな気圧の変動であれば、リーク孔によって圧力の平衡が保たれるため、感知器の性能には直接関係しません。

(3)　適当。空気管に**マノメーター**（U字型のガラス管に水を入れたもの）を接続して、水位を約100㎜まで上昇させたとき、**水位が徐々に下降する場合**は、空気管に漏れがあることがわかります。

(4)　適当。**接点水高値**（接点が閉じるときのマノメーター水位）が規定より高いときは接点が閉じにくいため、遅報の原因となります。

正解（2）

問題 1 ✔重要 ▶ □□

差動式分布型感知器（空気管式）のリーク孔に関する次の文中の（　）内に当てはまる語句の組合せとして、正しいものはどれか。

「ほこりやじんあい等が多く、結露の生じやすい設置場所では、リーク孔が詰まりやすく、リーク抵抗（リーク孔から漏れる空気への抵抗）が（　A　）しやすい。リーク抵抗が（　A　）すると、接点が閉じるまでの時間（作動時間）は（　B　）なり、作動継続時間は（　C　）なる。」

	A	B	C
(1)	増加	短く	長く
(2)	減少	長く	短く
(3)	増加	長く	短く
(4)	減少	短く	長く

問題 2 ✔重要 ▶

差動式分布型感知器（空気管式）の流通試験および接点水高試験についての記述として、誤っているものは次のうちどれか。

(1) 流通試験では、テストポンプの空気を試験孔から空気管に注入し、マノメーターの水位を約100mmのところまで上昇させて水位を停止させる。

(2) マノメーターの水位が上昇しない場合は、空気管が詰まっているか切断されていることが考えられる。

(3) 接点水高試験では、テストポンプによってダイヤフラムまで空気を注入し、接点が閉じるときのマノメーターの水位の高さ（接点水高値）を測定する。

(4) 接点水高値が規定より高い場合、非火災報の原因となる可能性がある。

問題1　解説　　リーク抵抗と作動時間・作動継続時間 ⇨ 速 **P.239**

ここがPOINT!

		空気の漏れ	作動時間	作動継続時間
リーク抵抗	大きい	少ない	短い	長い
	小さい	多い	長い	短い

　ほこりやじんあい等が多く、結露の生じやすい設置場所では、リーク孔が詰まりやすく、リーク抵抗が**増加**しやすくなります。リーク抵抗が増加して規定値より大きくなると、空気の漏れが少なすぎて空気の膨張速度が早くなり、接点が閉じるまでの時間（作動時間）が**短く**なります。一方、リーク孔から空気が漏れにくいので、作動継続時間は**長く**なります。

> リーク抵抗が大きいと、周囲の温度上昇率が規定の値より小さくても作動し、誤報（非火災報）となるおそれがあるんだ。

正解 **（1）**

問題2　解説　　流通試験と接点水高試験 ⇨ 速 **P.239〜241**

ここがPOINT!

● 接点水高値が規定より高い（＝接点間隔が広い）⇒ **遅報**の原因
● 接点水高値が規定より低い（＝接点間隔が狭い）⇒ **非火災報**の原因

(1)(2)　正しい。**流通試験**では、テストポンプの空気を試験孔から注入し、マノメーターの水位を約100mmのところまで上昇させて停止させます。なお、水位が上昇しても停止せず、徐々に下降する場合は、空気管に漏れがあるので、接続部分の緩みや穴の有無を確認します。

(3)　正しい記述です。

(4)　誤り。**接点水高値が高い**ということは、検出部の⊕側と⊖側の**接点間隔が広い**ということなので、接点が閉じ

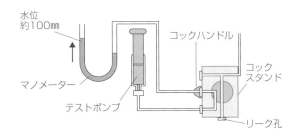

にくく、**遅報**の原因となる可能性があります。逆に、接点水高値が低い（＝接点間隔が狭い）場合は、**非火災報**の原因となる可能性があります。

正解 **（4）**

問題 1 ▶

P型1級受信機（多回線用）について行う機能試験の内容として、誤っているものは次のうちどれか。

(1) 火災表示試験……受信機の火災表示が正常に作動するかどうか、および自動的に通常の監視状態に復旧するかどうかを確認する

(2) 同時作動試験……複数の回線（警戒区域）から火災信号を同時に受信した場合でも火災表示が正常に作動するかどうかを確認する

(3) 回路導通試験……感知器回路の断線の有無を確認する

(4) 予備電源試験……常用電源と予備電源とが自動的に切り替わるかどうか、および予備電源が正常であるかどうかを確認する

問題2 ▶

P型1級受信機（多回線用）について、火災表示試験を行っても異常があるかどうかを確認できないものは、次のうちどれか。

(1) 火災灯の点灯状況

(2) 地区表示装置の作動状況

(3) 感知器の接点の状況

(4) 主音響装置および地区音響装置の鳴動状況

■ 問題1　解説　　　　　　　　**受信機の機能試験** ⇨ 速 **P.243～245**

✔ ここがPOINT!

火災表示試験で確認すること
● 火災表示（火災灯、地区表示装置、音響装置）の正常な作動
● 自己保持機能（手動で復旧しない限り火災表示を保持する機能）

(1)　誤り。**火災表示試験**では、受信機の火災表示（火災灯、地区表示装置、
主音響装置、地区音響装置）が正常に作動すること、および**自己保持機能**
について確認します。自己保持機能とは、火災表示がなされたとき、手動
で復旧しない限り、表示された状態を保持する機能をいいます。具体的に
は、**火災復旧スイッチにより火災表示を止める**（＝通常の監視状態に復旧
する）まで火災表示の状態（❍P.169）が保持されていることを確認します。
火災表示の保持装置を備える受信機（❍P.177）では、火災表示から通常
の監視状態に自動的に復旧してはなりません。

(2)～(4)　すべて正しい記述です。なお、P型1級受信機（多回線用）では、
導通試験スイッチを「導通」側にして、回線選択スイッチによって選択し
た回線ごとに**回路導通試験**を行いますが、**導通試験装置**がないそのほかの
受信機の場合は、回路の末端に設けた発信機や回路試験器の押しボタンを
押すことによって断線を確認します（❍P.209）。

> また、回路導通試験は、感知器回路の断線の有無を確認する試験で
> あって、感知器自体の異常は確認できないことに注意しましょう。

正解（1）

■ 問題2　解説　　　　　　　**受信機の火災表示試験と感知器** ⇨ 速 **P.243, 244**

✔ ここがPOINT!

受信機の火災表示試験
⇒ 感知器の異常を確認することはできない

受信機の**火災表示試験**は、火災表示の正常な作動等を確認する機能試験で
あり、(1)**火災灯**の点灯状況、(2)**地区表示装置**の作動状況、(4)**主音響装置**お
よび**地区音響装置**の鳴動状況などを確認することができます。しかし、あく
までも受信機における試験であり、感知器を作動させるわけではないので、
感知器の接点の状況まで確認することはできません。

正解（3）

問題1

▶

P型1級受信機が受信した火災信号が非火災報であった場合、これを復旧させる方法として、最も適当なものは次のうちどれか。

(1) 受信機の主電源スイッチを切る。

(2) 受信機の火災復旧スイッチを手動で操作する。

(3) 感知器が復旧すれば自動的に復旧する。

(4) 発信機を操作することによって復旧させる。

問題2 　重要

▶ ☐☐

自動火災報知設備の受信機にある導通試験スイッチによって回路導通試験を行っても、導通を確認することができないものは、次のうちどれか。

(1) 差動式分布型感知器（空気管式）の空気管が切断されている場合

(2) 煙感知器の半導体素子が破損している場合

(3) 感知器の接点に接触不良がある場合

(4) 終端器の接続端子に接触不良がある場合

問題1　解説　　　　　　　　　火災復旧スイッチ ⇨ 速 P.244

> ✔ **ここがPOINT!**
>
> **火災復旧スイッチ**
> **受信機が作動状態になったとき、元の状態に復旧させるためのスイッチ**
> ⇒ **非火災報を受信したときの復旧にも使用する**

(1)　不適当。主電源スイッチを切っても、自動的に予備電源に切り替わるので（●P.173）、不適当です。

(2)　適当。受信機の**火災復旧スイッチ**は、**非火災報**を受信したときの復旧にも使用します。

(3)　不適当。P型3級を除く受信機は**火災表示の保持装置**を備えているので（●P.177）、感知器が復旧しても受信機は表示の状態を保持します。

(4)　不適当。発信機の操作は、直接関係ありません。

正解（2）

問題2　解説　　　　　　回路導通試験と終端器 ⇨ 速 P.226, 227, 245

> ✔ **ここがPOINT!**
>
> **終端器（終端抵抗）の接続端子の接触不良**
> ⇒ **試験電流が流れないので、回路の導通を確認できない**

　感知器と受信機を結ぶ信号回路は**送り配線**であり（●P.209）、回路の末端に**終端器（終端抵抗）**を設けると微弱な試験電流が常時流れ、回路に断線があれば試験電流が流れなくなることによって断線を確認する仕組みになっています（図1）。したがって、(4)**終端器の接続端子に接触不良**がある場合はそもそも試験電流が流れないので導通を確認することができません。

〔図1〕

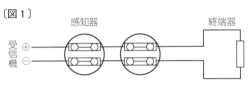

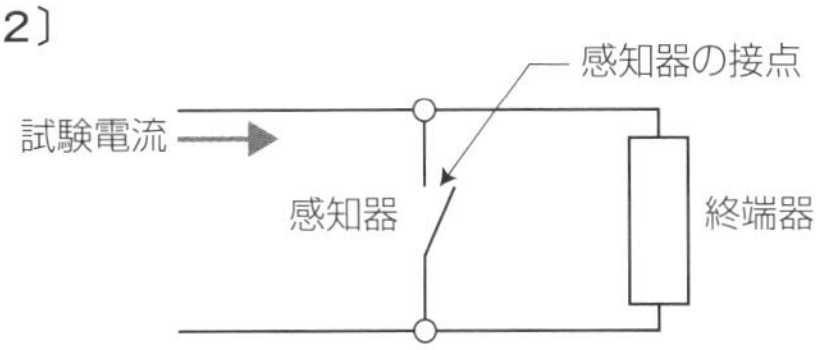

これに対し、(1)空気管の切断、(2)半導体素子の破損は、試験電流には影響しません。

〔図2〕

　(3)感知器の接点に接触不良があっても、試験電流は終端器を通じて流れるので影響ありません（図2）。

正解（4）

分野別重点問題

5 ● 構造・機能等（電気に関する部分）

問題1 重要　　　　　　　　　　　　　　▶ ☐ ☐

ガス漏れ火災警報設備の検知器の取付け場所に関する次の文中の（　　）内に当てはまる語句の組合せとして、正しいものはどれか。ただし、検知対象とするガスの空気に対する比重は、1未満とする。

「検知器は、その（　A　）が天井面等の下方（　B　）以内の位置になるように、また、ガスコンロ等のガス燃焼機器（以下「燃焼器」という）または貫通部から水平距離で（　C　）以内となるように設けなければならない。」

	A	B	C
(1)	下端	0.3m	8 m
(2)	上端	0.6m	8 m
(3)	下端	0.6m	4 m
(4)	上端	0.3m	4 m

問題2　　　　　　　　　　　　　　　　　　▶ ☐ ☐

ガス漏れ火災警報設備の検知器の設置基準について、誤っているものは次のうちどれか。

(1)　貫通部に設ける検知器の警戒区域は、ほかの検知器の警戒区域と区別しなければならない。

(2)　検知対象とするガスの空気に対する比重が1未満の場合、天井面等が0.6m以上突出したはり等によって区画されているときは、検知器を当該はり等よりも燃焼器側または貫通部側に設置しなければならない。

(3)　検知対象とするガスの空気に対する比重が1未満の場合、天井面付近に吸気口があるときは、検知器を燃焼器から最も遠い吸気口付近に設置しなければならない。

(4)　換気口の空気の吹出し口から1.5m以内の場所には、検知器を設置してはならない。

問題1 解説 　　　　　　検知器の設置基準 ⇨ 速 P.248〜250

ここがPOINT!
検知対象ガスが軽ガス（比重が1未満）の場合
● 検知器の下端が天井面等の下方0.3m以内になるように設ける
● 燃焼器または貫通部から水平距離で8m以内となるように設ける

　都市ガスなど空気に対する**比重が1未満**のガス（軽ガス）は上昇し、天井付近に滞留するため、検知器の下端が**天井面等の下方0.3m以内**の位置に設けます。また、燃焼器または貫通部（防火対象物に燃料用ガスを供給する導管が当該防火対象物の外壁を貫通する場所）から**水平距離で8m以内**に設けます。一方、空気に対する比重が1を超えるガスは「**重ガス**」といい、**LPガス**がこれに当たります。重ガスは床面付近に滞留するため、検知器の**上端が床面の上方0.3m以内**の位置になるように設けます（燃焼器または貫通部からは**水平距離で4m以内**）。

ゴロ合わせ

【検知器の設置基準】
軽い（軽ガス）カミさん（天井面等の下方0.3m以内に下端）
重病で（重ガス）下山（床面の上方0.3m以内に上端）

正解（1）

問題2 解説 　　　　　　検知器の設置基準 ⇨ 速 P.247, 249, 250

ここがPOINT!
検知対象ガスが軽ガスで、天井面等の付近に吸気口がある場合
⇒ 燃焼器または貫通部から最も近い吸気口付近に設ける

(1)　正しい。**貫通部**は、導管が破損する可能性があり、ガス漏れの危険性が大きいため、ほかの検知器の警戒区域とは区別しなければなりません。

(2)　正しい記述です。

(3)　誤り。検知対象ガスが軽ガスであって、天井面等の付近に**吸気口**がある場合は、燃焼器または貫通部から**最も近い吸気口付近**に設けます。

(4)　正しい。検知器は、次の場所には**設置してはならない**とされています。

● 出入口の付近で外部の気流がひんぱんに流通する場所
● 換気口の空気の吹出し口から1.5m以内の場所
● 燃焼器の廃ガスに触れやすい場所
● その他ガス漏れの発生を有効に検知できない場所

正解（3）

問題 1 ✓重要　　　　　　　　　　　　　　　▶ □□

ガス漏れ火災警報設備の検知器がガス漏れを検知する方式として、誤っているものは次のうちどれか。

(1) 半導体にガスが吸着するときに半導体の電気抵抗が減少し、電気伝導度が上昇することを利用する。

(2) 白金線（検出素子）の表面にガスが接触して燃焼するときに、白金線の電気抵抗が増大することを利用する。

(3) ガスと空気の熱伝導度の違いにより、半導体が塗られた白金線の温度が変化することを利用する。

(4) 暗箱の中で光源から光を一定方向に照射し、ガスが流入すると光が散乱して、受光素子の受光量が変化することを利用する。

問題 2 ✓重要　　　　　　　　　　　　　　　▶ □□

ガス漏れ火災警報設備の警報装置の設置基準として、誤っているものは次のうちどれか。

(1) 1つの防火対象物に2つ以上の受信機が設けられているときは、これらの受信機のあるいずれの場所からも、音声警報装置を作動させることができなければならない。

(2) 音声警報装置のスピーカーは、各階ごとに、その階の各部分から1つのスピーカーまで水平距離50m以下となるように設ける。

(3) ガス漏れ表示灯については、前方3m離れた地点で点灯していることを明確に識別できるように設ける必要がある。

(4) 検知区域警報装置の音圧については、装置から1m離れた位置で70dB以上と定められている。

問題1　解説　　　　　　　　**検知器の検知方式** ⇨ 速 **P.248**

> 🔥 **ここがPOINT!**
>
> **検知器がガス漏れを検知する方式**
> ⇒ **半導体式、接触燃焼式、気体熱伝導度式の３種類**

　ガス漏れ火災警報設備の検知器がガス漏れを検知する方式（**検知方式**）の
うち、(1)は**半導体式**、(2)は**接触燃焼式**、(3)は**気体熱伝導度式**について説明
しています（❍P.35）。しかし、(4)は**光電式スポット型**の煙感知器（❍P.161）
についての説明です。

正解（4）

問題2　解説　　　　　　　**ガス漏れ火災警報設備の警報装置** ⇨ 速 **P.192, 251**

> 🔥 **ここがPOINT!**
>
> **ガス漏れ火災警報設備の警報装置**
> ● **音声警報装置** ⇒ 各階の各部分からスピーカーまで**水平距離25m以下**
> ● **ガス漏れ表示灯** ⇒ 前方３m離れた地点で点灯を明確に識別できる
> ● **検知区域警報装置** ⇒ 音圧は、装置から１m離れた位置で**70dB以上**

　ガス漏れ火災警報設備の警報装置は、**音声警報装置、ガス漏れ表示灯**およ
び**検知区域警報装置**からなります。

音声警報装置	● **音声**によってガス漏れの発生を**防火対象物の関係者および利用者**に警報する装置 ● 非常警報設備としての**放送設備**を設置した場合、その有効範囲内の部分については音声警報装置を設ける必要がない
ガス漏れ表示灯	● 検知器の作動と連動して、表示灯によってガス漏れの発生を**通路にいる防火対象物の関係者**に警報する装置 ● 通路に当たるものがない場合には設ける必要がない
検知区域警報装置	● 検知器の作動と連動して、**音響**によってガス漏れの発生を検知区域で防火対象物の関係者に警報する装置 ● 警報機能を有する検知器を設置する場合や、**常時人がいない場所**（機械室等）には設ける必要がない

(1)(3)(4)は正しい記述です。

(2)　誤り。音声警報装置のスピーカーは、各階ごとに、その階の各部分から
　　１つのスピーカーまで**水平距離25m以下**となるように設けます。

正解（2）

鑑別等

ここでは、「鑑別等」の厳選された14の問題とその解説を掲載しています。
各問の解説の「ここがPOINT!」を参考に、1問1問をしっかり理解しながら、試験に向けた問題演習＆基礎固めを進めましょう。

分野別重点問題

6. 鑑別等

---

1 感知器の構造①

問題 1 ✔重要 ▶ □□

下の図イは、写真アの差動式スポット型感知器（空気膨張型）の構造図である。イのⒶⒷⒸの名称と、Ⓑのはたらきを解答欄に書きなさい。

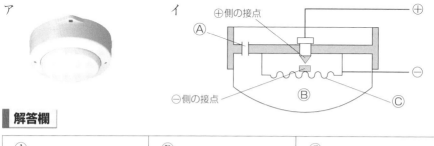

ア

イ

⊕側の接点
Ⓐ
⊕
⊖
⊖側の接点
Ⓑ
Ⓒ

解答欄

Ⓐ	Ⓑ	Ⓒ
Ⓑのはたらき		

問題 2 ▶ □□

下の図は、差動式スポット型感知器（半導体式）の構造図である。図のⒶⒷの名称と、Ⓐのはたらきを解答欄に書きなさい。

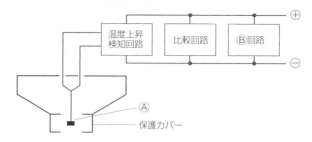

温度上昇
検知回路　比較回路　Ⓑ回路
⊕
⊖
Ⓐ
保護カバー

解答欄

Ⓐ	Ⓑ	回路
Ⓐのはたらき		

問題 1　解説　　　　差動式スポット型感知器（空気膨張型）⇨（速）P.149, 271

> **ここが POINT!**
>
> 差動式スポット型感知器（空気膨張型）の構造
> ①空気室、ダイヤフラム、リーク孔などか
> 　らなる
> ②空気室内の空気が温められて膨張し、ダ
> 　イヤフラムを押し上げることで回路が閉
> 　じ、火災信号が受信機に送られる

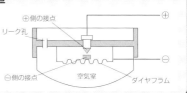

Ⓐのリーク孔は、膨張した空気を逃がすための穴です。暖房の熱などで空気室の空気が緩やかに膨張したような場合は、その分の空気はリーク孔から逃げるため、誤って回路が閉じることを防ぎます。

Ⓒのダイヤフラムは膨張収縮が可能な膜です。

正解

Ⓐ　リーク孔	Ⓑ　空気室	Ⓒ　ダイヤフラム
Ⓑのはたらき	空気室内の空気が膨張してダイヤフラムを押し上げる	

問題 2　解説　　　　差動式スポット型感知器（半導体式）⇨（速）P.150, 271

> **ここが POINT!**
>
> 差動式スポット型感知器（半導体式）の構造
> ①保護カバー、温度検知素子、温度
> 　上昇検知回路、比較回路、スイッ
> 　チング回路などからなる
> ②温度変化によって抵抗値が変化す
> 　る半導体素子を、温度検知素子
> 　（サーミスタ）として利用する

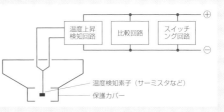

温度上昇の割合が一定以上になると、温度上昇検知回路がこれを検出し、スイッチング回路を働かせて火災信号を受信機に送ります。

正解

Ⓐ　温度検知素子（サーミスタ）	Ⓑ　スイッチング 回路
Ⓐのはたらき	温度変化を検知して温度上昇検知回路に送る

問題 1 ✔重要 　　　　　　　　　　　　　　　　▶ ☐ ☐

下の図イは、写真アの定温式スポット型感知器の構造図である。イのⒶⒷⒸ
の名称と、Ⓒの構造を解答欄に書きなさい。

ア

イ

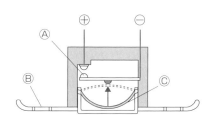

解答欄

Ⓐ	Ⓑ	Ⓒ
Ⓒの構造		

問題 2 　　　　　　　　　　　　　　　　　　　▶ ☐ ☐

下の図イは、写真アの煙感知器の構造図である。イのⒶⒷの名称と、この感
知器の名称を解答欄に書きなさい。

ア

放射線マーク（）が
添付されている

イ

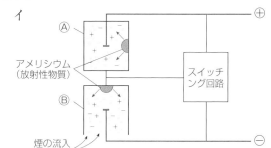

アメリシウム
（放射性物質）

煙の流入

解答欄

Ⓐ	Ⓑ
感知器の名称	

問題1　解説　　定温式スポット型感知器（円形バイメタル式）⇨ 速 P.155, 270

🔖ここがPOINT!

定温式スポット型感知器（円形バイメタル式）の構造
①接点、受熱板、円形バイメタルなどからなる
②バイメタルとは、熱膨張率が著しく異なる2つの金属板を張り合わせたもので、温度が高くなるにつれて形が変化する（大きくたわむ）性質がある

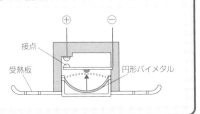

受熱板で吸収した熱が円形バイメタルに伝わり、それがたわむことで＋側と－側の接点が接触して回路が閉じ、火災信号が受信機に送られます。

正解

Ⓐ　接点	Ⓑ　受熱板	Ⓒ　円形バイメタル
Ⓒの構造	熱膨張率が著しく異なる2つの金属板を張り合わせたもの	

問題2　解説　　イオン化式スポット型煙感知器 ⇨ 速 P.160, 161, 272

🔖ここがPOINT!

イオン化式スポット型煙感知器の構造
①内部イオン室、外部イオン室、放射性物質、スイッチング回路などからなる
②内部イオン室と外部イオン室にアメリシウム（放射性物質）を放射すると空気分子が＋と－のイオンに分かれる。これに直流電圧を加えると微弱なイオン電流が生じる。
火災による煙が外部イオン室に流入すると、煙の粒子がイオンと結合し、外部イオン室だけイオン電流が減少する。このイオン電流の変化を感知する

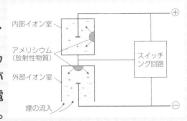

イオン電流の変化でスイッチング回路が閉じ、火災信号が送信されます。

正解

Ⓐ　内部イオン室	Ⓑ　外部イオン室
感知器の名称	イオン化式スポット型煙感知器

分野別重点問題

6 ● 鑑別等

③ 感知器の設置等

問題1 ✔重要　　　　　　　　　　　　　　　　　　▶ ☐ ☐

下の図イは、写真アの感知器の設置図である。イのⒶⒷの名称とⒸの距離、この感知器の名称を解答欄に書きなさい。

ア

イ

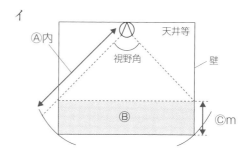

Ⓐ内　天井等　視野角　壁　Ⓑ　Ⓒm

解答欄

Ⓐ　　　　　内	Ⓑ	Ⓒ　　　　　m
感知器の名称		

問題2　　　　　　　　　　　　　　　　　　　　▶ ☐ ☐

下の図イは、写真アの感知器の設置図である。イのⒶⒷの名称とⒸの距離、この感知器の名称を解答欄に書きなさい。

ア

イ

Ⓐ部　Ⓑ部　光軸　煙　公称監視距離（5〜Ⓒm）

解答欄

Ⓐ　　　　　部	Ⓑ　　　　　部	Ⓒ　　　　　m
感知器の名称		

問題1　解説　　　スポット型炎感知器 ⇨ 速 **P.164, 214, 273**

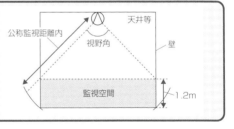

ここがPOINT!

炎感知器の設置等
　床面から高さ1.2mまでの空間（監視空間）の各部分から感知器までの距離が公称監視距離の範囲内となるように設ける

スポット型炎感知器の公称監視距離については、次のように定められています。

● 視野角5度ごとに定める

● 20m未満の場合…1m刻み　　● 20m以上の場合…5m刻み

正解

Ⓐ	公称監視距離 内	Ⓑ	監視空間	Ⓒ	1.2	m
感知器の名称		スポット型炎感知器（紫外線・赤外線式）				

問題2　解説　　　光電式分離型煙感知器 ⇨ 速 **P.162, 273**

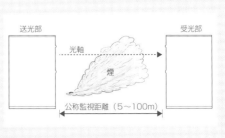

ここがPOINT!

光電式分離型煙感知器の設置等
①送光部、受光部、光軸などからなる
②送光部と受光部を一定の距離をあけて設置し、送光部から受光部に向けて光を照射する。火災による煙が発生すると、送光部から出た光がさえぎられ、受光部の光電素子の受光量が変化する

　送光部から受光部までの距離を**公称監視距離**といい、**5m以上100m以下**（5m刻み）とするよう規格省令で定めています。

正解

Ⓐ	送光 部	Ⓑ	受光 部	Ⓒ	100	m
感知器の名称		光電式分離型煙感知器				

感知器の試験器、試験器具

下の写真アとイは、感知器の試験器である。それぞれの試験器の名称と、適応する感知器の名称を１つずつ、解答欄に書きなさい。

ア　　　　　　　　　　イ

解答欄

試験器の名称	ア	イ
感知器の名称	ア	イ

下の写真アとイは、感知器の試験器である。それぞれの試験器の名称と、適応する感知器の名称を１つずつ、解答欄に書きなさい。

ア　　　　　　　　　　イ

解答欄

感知器等の名称	ア	イ
感知器の名称	ア	イ

問題 1　解説　　　　　　　　　感知器の試験器 ⇨ 速 P.278, 279

ここがPOINT!

感知器の試験器
①加煙試験器
　スポット型煙感知器の作動試験に使用する。検知器本体は棒型
②加熱試験器
　差動式や定温式のスポット型感知器など、熱に反応するスポット型感知器の
　作動試験に使用する。試験器本体はおわん型

　加熱式は、ベンジンを燃やして熱を加えます。一方、加煙式は、実煙（線香）式のものとガス式のものがあります。

正解

試験器の名称	ア 加煙試験器	イ 加熱試験器
感知器の名称	ア スポット型煙感知器	イ 差動式（定温式）スポット型感知器

問題 2　解説　　　　　　　　　感知器の試験器 ⇨ 速 P.278, 280

ここがPOINT!

感知器の試験器
①加ガス試験器
　規定量の試験用ガスをガス漏れ検知器に加えて作動試験を行う
②減光フィルター
　光電式分離型感知器の受光部の前にかざして、作動・不作動試験を行う

　そのほかの試験器具には、以下のようなものがあります。

- 感度試験器………………スポット型煙感知器の感度の測定に使用する
- 炎感知器用作動試験器…炎感知器に近づけて作動試験を行う
- メーターリレー試験器…差動式分布型感知器（**熱電対式**）の試験器
- マノメーター等…………差動式分布型感知器（**空気管式**）の試験器具

正解

感知器等の名称	ア 加ガス試験器	イ 減光フィルター
感知器の名称	ア ガス漏れ検知器	イ 光電式分離型感知器

5 工具・計器

問題 1 ✔重要 ▶ □ □

下の写真アイウは、工具である。それぞれの工具の名称と、用途を解答欄に
書きなさい。

ア   イ   ウ

解答欄

名称	ア	イ	ウ
用途	ア	イ	ウ

問題 2 ✔重要 ▶ □ □

下の写真アイウは、計器である。それぞれの計器の名称を解答欄に書きなさ
い。

ア   イ   ウ

解答欄

名称	ア	イ	ウ

問題1 解説

工具 ⇨ 速 P.283〜286

ここがPOINT!

工具の種類

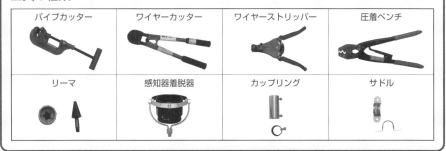

| パイプカッター | ワイヤーカッター | ワイヤーストリッパー | 圧着ペンチ |
| リーマ | 感知器着脱器 | カップリング | サドル |

上の表の上段の左から3つ以外の用途は、以下の通りです。

- ● **圧着ペンチ**……スリーブを使って電線を接続する
- ● **リーマ**…………金属配管の切断面内側や端子盤などの孔あけ後の形状を整える
- ● **感知器着脱器**…高いところに設置されている感知器を着脱する
- ● **カップリング**…金属配管どうしを接続する
- ● **サドル**…………金属配管やケーブルを壁面などに固定する

正解

名称	ア パイプカッター	イ ワイヤーカッター	ウ ワイヤーストリッパー
用途	ア 電線を通す金属配管やパイプを切断する	イ ケーブルの切断などに使用する	ウ 電線の被覆をはがし心線を露出させる

問題2 解説

計器 ⇨ 速 P.281, 282

ここがPOINT!

計器の種類
①テスタ（回路計）…外線の断線チェック、各部の電圧や電流、抵抗値を測定
②メガー（絶縁抵抗計）…電源配線や感知器配線の絶縁抵抗値を計測
③アーステスタ（接地抵抗計）…接地線などが規定通りの接地抵抗以下であるか測定する

正解

名称	ア テスタ（回路計）	イ メガー（絶縁抵抗計）	ウ アーステスタ（接地抵抗計）

⟨6⟩ 発信機と中継器

問題1 ✔重要 ▶ □□

下は、P型発信機の図である。この図をみて、P型1級受信機にだけ当てはまる機能をⒶ～Ⓔの中から2つ選び、その記号とそれぞれの機能の目的を解答欄に書きなさい。

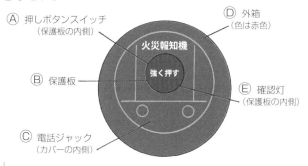

Ⓐ 押しボタンスイッチ
（保護板の内側）

Ⓓ 外箱
（色は赤色）

火災報知機

強く押す

Ⓑ 保護板

Ⓔ 確認灯
（保護板の内側）

Ⓒ 電話ジャック
（カバーの内側）

解答欄

P型1級だけの機能		
機能の目的		

問題2 ▶ □□

下は、電力を供給されない方式の中継器の配置図である。この図の 🔷 の部分の名称と、それが意味する具体的装置名を2つ、解答欄に書きなさい。

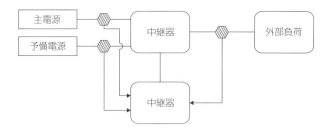

主電源 — 中継器 — 外部負荷
予備電源 — 中継器

解答欄

名称	
装置名	

問題1 解説　　　　　　　　　　　　P型発信機 ⇨ 速 **P.167, 168**

ここが POINT!

P型1級発信機だけにある機能
① 電話ジャック…送受話器を差し込むことで、受信機側と通話する
② 確認灯…火災信号を伝達したときに、受信機が火災信号を受信したことを確認する

確認灯は、「確認ランプ」「受信ランプ」などとも呼ばれます。

以下は、1級・2級共通です。

- ● 外箱の色を**赤色**にする
- ● 保護板を透明の有機ガラスにする
- ● 押しボタンスイッチは、**保護板を破壊**または**押しはずす**ことによって、容易に押すことができるようにする

正解

P型1級だけの機能	ⓒ	ⓔ
機能の目的	送受話器を差し込むことで、受信機側と通話する	受信機が火災信号を受信したことを確認する

問題2 解説　　　　　　　　　　　　中継器 ⇨ 速 **P.169, 170**

ここが POINT!

中継器の電源
① 電力を供給されない方式…予備電源と保護装置が必要
② 電力を供給される方式…保護装置だけ必要

①②とも、保護装置が作動したときにその旨の信号を、受信機に自動的に送る仕組みが必要です。

正解

名称	保護装置
装置名	ヒューズ、ブレーカ

> ①は、主電源が停止したときにその旨の信号を受信機に自動的に送る仕組みも必要です。

⟨7⟩ 受信機の試験

▌問題1 ▶ □ □

下は、P型1級受信機（多回線用）の図である。火災表示試験を行う手順と
して正しいものを解答欄に書きなさい。

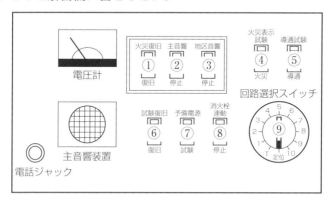

(1) ⑧ → ④ → ⑨ → ① → ⑨ → ①

(2) ⑧ → ④ → ① → ⑨ → ① → ⑨

(3) ④ → ⑧ → ② → ③ → ⑨ → ①

(4) ② → ③ → ④ → ⑧ → ① → ⑨

▌解答欄

▌問題2 ▶ □ □

問題1の図で、回路導通試験を行う手順として正しいものを解答欄に書きな
さい。

(1) ⑨ → ⑤

(2) ② → ⑤

(3) ⑤ → ⑧

(4) ⑤ → ⑨

▌解答欄

問題 1　解説　　　　　　　　　　　　受信機の試験 ⇨ 速 **P.243, 244**

> 💢 **ここがPOINT!**
>
> 火災表示試験の手順
> - 消火栓連動停止スイッチを「停止」側にして、受信機と接続されている消火栓その他の設備・機器等を試験時に連動させないようにする
> - 火災表示試験スイッチを「火災（試験）」側にする
> - 回線選択スイッチで１つ目の回線（警戒区域）を選択する。選んだ回線で火災灯および地区表示灯の点灯、音響装置の鳴動、回線選択スイッチの番号と地区表示灯の番号の一致を確認する
> - 火災復旧スイッチで火災表示を止める。復旧するまで火災表示の状態が保持されること（自己保持機能）を確認する
> - すべての回線について回線選択スイッチと火災復旧スイッチで点検を行う
> - 最後に火災表示試験スイッチや消火栓連動停止スイッチを定位に戻す

⑧消火栓連動停止スイッチ→④火災表示試験スイッチ→⑨回路選択スイッチ→①火災復旧スイッチ→⑨回路選択スイッチ→①火災復旧スイッチ

正解（1）

問題 2　解説　　　　　　　　　　　　受信機の試験 ⇨ 速 **P.245**

> 💢 **ここがPOINT!**
>
> 回路導通試験の手順
> - 導通試験スイッチを「導通」側にする
> - 回線選択スイッチによって回線（警戒区域）を選択し、選択した回線ごとに試験用計器の指示値（電圧計の目盛板上の表示）が適正であるかどうかを確認する。機種によっては試験用計器ではなく、導通表示灯の点灯によって導通を確認するものもある
> - 点検が終わったら、導通試験スイッチを定位に戻す

⑤導通試験スイッチ→⑨回路選択スイッチ

> 回路導通試験を行うのは、**導通試験装置を有する受信機**のみです。導通試験装置がない受信機では、回路の末端に設けた発信機や回路試験器の押しボタンを押すことによって、断線の有無を確認します。

正解（4）

製　図

ここでは、「製図」の厳選された14の問題とその解説
を掲載しています。

各問の解説の「ここがPOINT!」を参考に、１問１問
をしっかり理解しながら、試験に向けた問題演習＆基
礎固めを進めましょう。

7. 製図

1 平面図の基礎① 警戒区域の設定

問題1 重要 ▶ ☐ ☐

下の図は、耐火構造4階建（床面積646㎡、延べ床面積2,584㎡、階高3.5m、天井高2.7m）の1階部分を示した平面図である。この平面図に一点鎖線で警戒区域を記載し、また警戒区域番号も記載しなさい。なお、警戒区域番号は、1階を①とし、それ以外の部分を⑤とする。

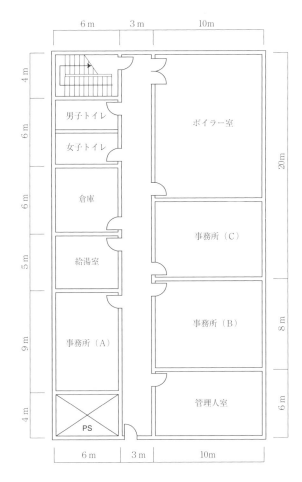

問題1　解説　　　　平面図の基礎①　警戒区域 ⇨ 速 P.126〜129, 312〜314

ここがPOINT!

警戒区域は、原則、面積600㎡以下で一辺の長さは50m以下、2つ以上の階にわたらないことが基本で、次のような例外がある。
1 主要な出入り口から内部を見通せる場合は、1000㎡以下でもよい
2 面積の合計が500㎡以下の場合は、2つの階にまたがってもよい
3 たて穴区画（階段、傾斜路、エレベーター、パイプシャフトなど）は、煙感知器を配置して、別の警戒区域とする
4 水平距離50m以内にあるたて穴区画は、1警戒区域としてよい

　　まず上の1により、たて穴区画であるPS（パイプシャフト）と階段は別警戒区域として一点鎖線で区切ります。しかし、PSと階段の距離は26mで、上の4に該当するので、1警戒区域にできます。㊞と書き入れます。なお、警戒区域番号は、その警戒区域の近くに書き入れます。

　　残りの部分は、下記の計算により600㎡以下なので1警戒区域にできます。

　　1階の床面積 −（階段の面積 + PSの面積）= 646㎡ −（24㎡ + 24㎡）= 598㎡

正解

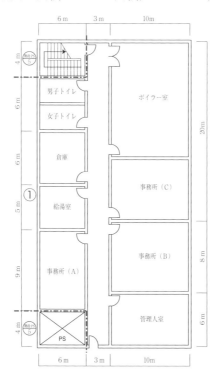

問題 1

▶ □ □

下の図の建物の警戒区域数を解答欄に書きなさい。

①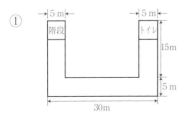

②

③

④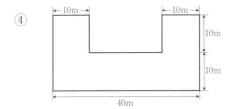

解答欄

記号	警戒区域数
①	
②	
③	
④	

問題1 解説 平面図の基礎② 警戒区域の設定 ⇨⃝速 P.126〜129, 312〜314

✔ ここがPOINT!

警戒区域の数
1 面積600㎡を超えると増える
2 一辺の長さが50mを超えると増える
3 たて穴区画は別の警戒区域とする
4 複数のたて穴区画の水平距離が50mを超えると別の警戒区域になる

この問題は、245ページの問題1の「ここがPOINT!」の原則と、例外の3、4に関する問題です。

①面積：$(15m×5m)×2+(5m×30m)=300㎡ < 600㎡$、一辺の長さ：最長で30m < 50mですから、**1警戒区域**になります。

また、トイレや浴室は、警戒区域には含まれませんが、**階段**は、たて穴区画なので独立した警戒区域になりますから、警戒区域数は2です。

②面積：$5m×90m=450㎡ < 600㎡$、一辺の長さ：最長で60m > 50mですから、**2警戒区域**になります。

階段とエレベーターは、たて穴区画なので独立した警戒区域になり、相互の水平距離は60mなので、それぞれ別の警戒区域になります。よって、警戒区域数は4です。

③面積：$14m×50m=700㎡ > 600㎡$、一辺の長さ：最長で50m。ほかの要因はないので、警戒区域数は2です。

④面積：$(10m×10m)×2+(10m×40m)=600㎡ ≦ 600㎡$、一辺の長さ：最長で40m < 50mで、ほかの要因はないので、警戒区域数は1です。

正解

記号	警戒区域数
①	2
②	4
③	2
④	1

分野別重点問題

7 ● 製図

問題 1　✔重要　　　　　　　　　　　　　　　▶ ☐ ☐

下の図は耐火構造４階建（床面積646㎡、階高3.5m、天井高2.7m）の１階部分を示した平面図である。下図に適合する感知器の記号を最低限必要な数だけ書き込みなさい。

凡例

感知器の種類	記号	備考
差動式スポット型感知器	⌵	2種
定温式スポット型感知器	⌵	1種　　防水型は ⍙
煙感知器	S	2種

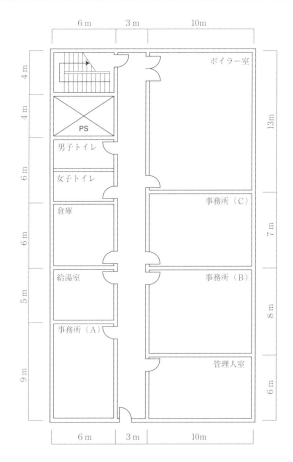

問題1　解説　　平面図の基礎③　感知器の種類と個数 ⇨ 速 **P.198〜201, 302〜311**

🐾ここが**POINT!**

①感知器の設置を除外できる部分…トイレ、浴室等

②たて穴区画…ＰＳは最上階に煙感知器1個。
　階段は、最上階と垂直距離15m以内ごとに煙感知器1個。
　階高3.5m×4階＝14mで計算すれば、最上階に1個だけでたりる

③廊下…廊下の端から15m以内に、さらに歩行距離30m以内ごとに煙感知器
　1個。1階の廊下は34mなので2個必要

正解

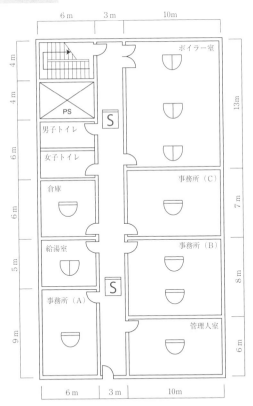

🐾合わせ

【4m未満の煙感知器の感知面積】
1、2（1種・2種）はイチゴ（150㎡）
3（3種）はゴマ（50㎡）

● **その他の居室等**

各居室等の面積を、それぞれの感知器の感知面積で割ります。答えが1以下なら1個、1を超えて2以下なら2個……となります。居室等の面積が感知面積以下なら1個です（はりがある場合はその条件に従います）。

● **感知面積**（耐火構造4m未満）
差動式スポット型2種・70㎡
定温式スポット型1種・60㎡
煙感知器2種・150㎡
（廊下は歩行距離）

● **適合感知器**

ボイラー室、給湯室…**定温式スポット型感知器の防水型**（温度が上がりやすく煙や湿気の可能性あり）
その他の居室等…**差動式スポット型感知器**

分野別重点問題

7 ・ 製図

問題 1　🏴重要　　　　　　　　　　　　　　　▶ □□

下の図は「3　平面図の基礎③　感知器の種類と個数」の問題 1（P.199）
と同じ平面図である。正解の図を元にして、感知器回路の配線を完成させな
さい。なお、幹線の配線は機器収容箱の部分で行うものとし、機器収容箱の
取付け面は、廊下左側壁面とする。また、終端抵抗は管理人室の感知器に設
置する。

凡例

差動式スポット型感知器2種	⌣	機器収容箱	Ⓟ●Ⓑ
定温式スポット型感知器 （1種防水型）	⌣ ⌣	終端抵抗	Ω
		立ち上がり	♂
スポット型煙感知器2種	S	送り配線	╫

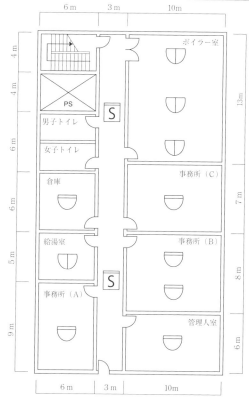

問題1　解説　　平面図の基礎④　感知器の配線 ⇨ (速) P.226, 227, 312〜314

ここがPOINT!

設置基準　①発信機…その階の各部分から歩行距離50m以下
　　　　　②表示器…発信機の直近
　　　　　③地区音響装置…その階の各部分から水平距離25m以下
配線の手順　感知器配線は、機器収納箱から出発し、管理人室の感知器が末端
　　　　　となるよう一筆書きする。配線には、送り配線の記号（─//─）を、
　　　　　機器収納箱には立ち上がり（♂）の記号を、また末端の感知器
　　　　　には終端抵抗（ Ω ）を書き入れる

　各機器の設置については、発信機、表示器、地区音響装置が機器収容箱に収容されていますので、機器収容箱をどこに設置するかということになります。上の①〜③の基準を満足する場所としては、倉庫前廊下部分が適当です。

正解例

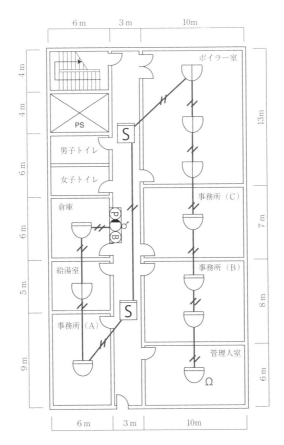

問題1 重要 ▶ □ □

下の図1は、耐火構造4階建の平面図である。図1のⒶとⒷが、図2の系統図のイロハニのどれに該当するかを、解答欄(1)に書きなさい。また、図2のイの感知器の幹線（Lのみ。Cは除く）の本数を解答欄(2)に書きなさい。

〔図1〕

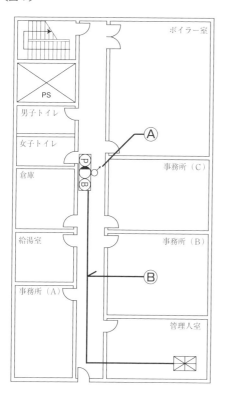

〔図2〕

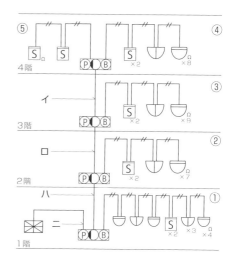

解答欄

(1)	Ⓐ	
	Ⓑ	
(2)		本

問題1 解説　　　　系統図の基礎①　系統図の理解 ⇨ 速 P.315～320

ここがPOINT!

- **系統図とは**…建物の各階ごとの機器の種類や個数、そこにつながる幹線の本数などをまとめて1枚に書き込んだ図
- **幹線とは**……各警戒区域の機器収納箱に出入りする電線

幹線の種類	本　　数
ベル（地区音響装置）線の共通線（BC）	1本
ベル（地区音響装置）線の表示線（B）	1本（区分鳴動の場合は、地上階は警戒区域の数分。地下階は2本）
表示灯線（PL）	2本
電話線（T）	P型1級発信機の場合だけ必要
応答線（A）	P型1級発信機の場合だけ必要
感知器線の共通線（C）	1本（警戒区域の数が7までの場合。8以上では2本。15以上では3本）
感知器線の表示線（L）	各階で、警戒区域の数分

(1)　Ⓐの ♂ は、「立ち上がり」といって、上の階の配線に接続していることを表す記号です（ ♀ は「引き下げ」といって、下の階の配線に接続していることを表す記号です）。図1には ♀ がないので、Ⓐが1階（ハ）であることがわかります。また、▨ は**受信機**の記号ですが、Ⓑは受信機につながっていますから、Ⓑがニであることがわかります。

(2)　問われているのは、「図2のイの感知器の幹線（Lのみ。Cは除く）の本数」です。上の表にあるように、「感知器の表示線（L）」は、「**各階で、警戒区域の数分**」必要です。イを通る幹線は、4階から降りてきますから、その数を数えます。4階の警戒区域は⑤と④の2つなので、イを通る感知器の表示線（L）は2本です。なお、**幹線の本数**を数える際には、**感知器の種類や個数は無関係**です。

「立ち上がり」♂と「引き下げ」♀はセットで覚えよう。

正解

(1)	Ⓐ	ハ
	Ⓑ	ニ
(2)	2	本

問題1 🔖重要 ▶ ☐ ☐

下の図は、耐火構造4階建（床面積646㎡、延べ床面積2,584㎡）の系統図である。図のイロハニを通るすべての幹線の数を解答欄に書きなさい。なお、受信機はP型1級とし消火栓連動はないものとする。

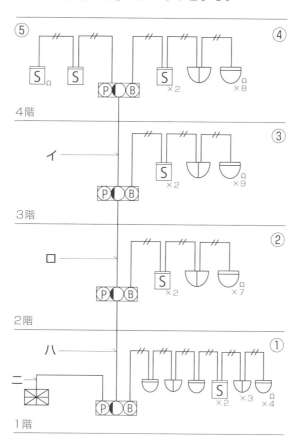

解答欄 HIV＝耐熱電線、600V2種ビニル絶縁電線等　IV＝一般電線、600Vビニル絶縁電線等

	HIV線	IV線		HIV線	IV線
イ	本	本	ハ	本	本
ロ	本	本	ニ	本	本

問題 1　解説　　　系統図の基礎②　幹線の数え方 ⇨ 速 P.231, 315〜320

ここが POINT!

- HIVにする幹線…ベル（地区音響装置）線のBC、Bの2本（ベル線はずっと鳴り続ける必要があるため耐熱性を有するHIV）
  表示灯線（PL）は、消火栓連動の場合のみHIV
- 上記以外の幹線…IVでよい

	線種	ベル線		表示灯線	電話線	応答線	感知器線		合計
		BC	B	PL	T	A	C	L	
イ	IV			2	1	1	1	2	7
	HIV	1	1						2
ロ	IV			2	1	1	1	3	8
	HIV	1	1						2
ハ	IV			2	1	1	1	4	9
	HIV	1	1						2
ニ	IV			2	1	1	1	5	10
	HIV	1	1						2

　今回は、建物の規模が**5階建以下**でかつ**延べ面積が3000㎡以下**なので、地区音響装置の鳴動は**一斉鳴動**になります。また問題では、「**消火栓連動はない**」となっています。ベル線（BC、Bで各1本）、表示灯線（PLは＋－で各1本）、電話線（T）、応答線（A）は、全階を通じて同じ本数です。

　その上で、次のような例外があります。

- **区分鳴動**の場合は、**地上階ではベル線（B）**が**警戒区域の数**だけ必要になる。地下階は2本のまま（▶P.267）
- **消火栓連動**（発信機をほかの消防用設備等の起動装置と兼用する）をする場合は、**表示灯線（PL）の2本もHIV**にする（▶P.265）
- **感知器線（C）**は、警戒区域の数が**8以上**の場合は**2本**にする
- **P型1級**発信機でなければ、**電話線（T）、応答線（A）は不要**

正解

	HIV線	IV線		HIV線	IV線
イ	2　本	7　本	ハ	2　本	9　本
ロ	2　本	8　本	ニ	2　本	10　本

7 **平面図の設計　天井高4m以上の場合**

 問題 1　**重要**　　　　　　　　　　　　　　　▶ □ □

下の図は、耐火構造1階建（延べ床面積600㎡、階高4.7m、天井高4.2m）の冷蔵保管倉庫の図面である。事務所部分を差動式スポット型感知器2種、それ以外の部分を定温式スポット型感知器1種で設計したとき、それぞれの感知器の設置個数は最低限何個になるか、解答欄に書きなさい。

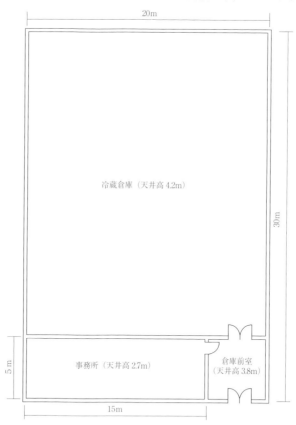

解答欄

部屋名	感知器種別	設置個数
倉庫前室	定温式スポット型感知器1種	
倉庫	定温式スポット型感知器1種	
事務所	差動式スポット型感知器2種	

問題1　解説　　　　　　平面図の設計　天井高4m 以上の場合 ⇨ 速 P.200

ここがPOINT！

感知面積
(㎡)

感知器の種類と種別		取付け面の高さ			
		4m未満		4m以上8m未満	
		耐火構造	それ以外	耐火構造	それ以外
定温式スポット型	特種	70	40	35	25
	1種	**60**	30	**30**	15
	2種	20	15	－	－
差動式スポット型	1種	90	50	45	30
	2種	**70**	40	35	25
補償式スポット型	1種	90	50	45	30
	2種	70	40	35	25

　問題文より、この倉庫は耐火構造です。それぞれの面積を求め、上の表にある感知面積で割ります。小数点以下は切り上げて設置個数を算出します。

● 倉庫前室は25㎡ ÷ 60㎡ = 0.416…よって、1個
● 倉庫は500㎡ ÷ 30㎡ = 16.6…よって、17個
● 事務所は75㎡ ÷ 70㎡ = 1.07…よって、2個

> 取付け面の高さが4m以上8m未満の感知面積は、4m未満のときの半分となるよ。

正解

部屋名	面積	感知器種別	高さ	感知面積	設置個数
倉庫前室	25㎡	定温式スポット型感知器1種	3.8m	60㎡	**1個**
倉庫	500㎡	定温式スポット型感知器1種	**4.2m**	30㎡	**17個**
事務所	75㎡	差動式スポット型感知器2種	2.7m	70㎡	**2個**

平面図の設計　はりがある場合

問題 1　重要　　　　　　　　　　　　　　　　　　　　　▶ □ □

下の図は、耐火構造1階建（延べ床面積600㎡、階高4.4m、天井高3.8m）の冷蔵保管倉庫の図面である。冷蔵倉庫に35㎝と60㎝のはりがある場合、冷蔵倉庫内の感知器（定温式スポット型感知器1種）の設置個数は最低限何個になるか、解答欄に書きなさい。

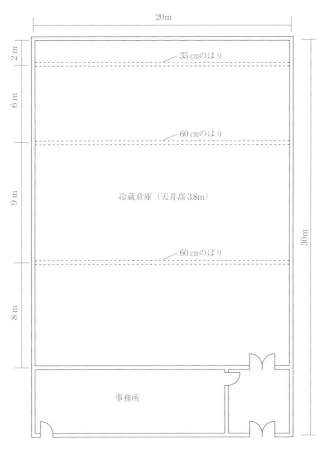

解答欄　　　□□□ 個

258

問題1　解説　　　　　　　平面図の設計　はりがある場合 ⇨ 速 P.198, 199

　P.257の「ここがPOINT！」より、取付け面の高さが4m未満のときの定温式スポット型1種の感知器の感知面積は60㎡です。

　右図の35cm（40cm未満）のはりは無視できますが、60cm（60cm以上）のはりは、別の感知区域になります。

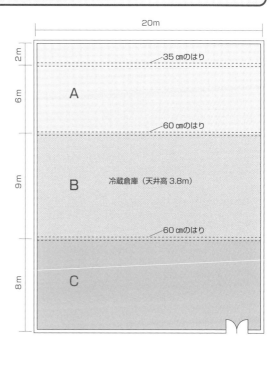

● **Aエリア**

　Aエリアの面積は、

　$8\,m \times 20m = 160㎡$

　となり、設置個数は、

　$160㎡ \div 60㎡ = 2.66\cdots$

　で、3個です。

● **Bエリア**

　Bエリアの面積は、$9\,m \times 20m = 180㎡$

　となり、設置個数は、$180㎡ \div 60㎡ = 3$ で、3個です。

● **Cエリア**

　Cエリアの面積は、$8\,m \times 20m = 160㎡$

　となり、設置個数は、$160㎡ \div 60㎡ = 2.66\cdots$で、3個です。

∴ABC全体の設置個数は、$3 + 3 + 3 = 9$個です。

正解

9　個

分野別重点問題

7
●
製図

下の図は、耐火構造で、天井高5mの1階工場部分を示した平面図である。
差動式分布型感知器（空気管式）の空気管を設計し、平面図に書き込みなさい。
ただし、検出部は1台とする。

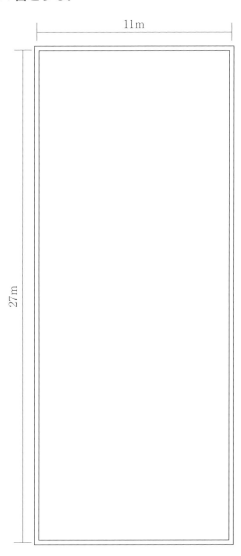

問題1　解説　平面図の設計　差動式分布型感知器（空気管式）⇨㊟ **P.205, 206**

ここがPOINT!

耐火構造の建物での空気管の基本
①1検出部に接続される空気管の露出部分は最短20m以上、空気管本体は100m以下であること
②空気管は、対向する2辺がそれぞれ9m以内となること
③取付け面の各辺から1.5m以内となること
④例外　下記の省略とその組み合わせが認められている
● 一辺省略　下の正解図のような形であれば、1辺を省略できる
● 二辺省略　対向する2辺が6m以内であれば、もう1組の対向する2辺については、9m以上となってもよい

　短辺が11mなので、壁からの距離（最大1.5m）を1m以上にすれば、空気管の長さが9mになりますから、基本形と一辺省略のいずれでもよいことになります。

　しかし、長辺については27mなので、基本形には該当しません。

　そこで、右のように一辺省略で設計すれば解決できます。

空気管の長さ（壁からの距離を1mとする）

　25m＋9m＋8m＋8m＋9m＋8m＋8m＋9m＝84m＜100m

正解

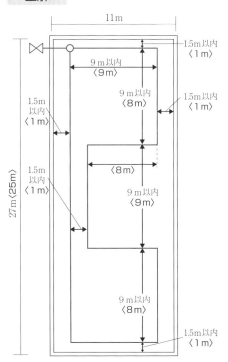

> 辺の長さが9m（基本の長さ）以下の四角を2つ、9m以下の距離でつなげるという考え方ですね。

10 平面図の設計　光電式分離型感知器

問題 1　✔重要　　　　　　　　　　　　　　　　▶ ☐ ☐

下の図は、耐火構造（中央に1mのはり）の建物である。天井高は、①5m、②10mとする。それぞれの場合の光電分離型感知器の必要セット数を、解答欄に書きなさい。

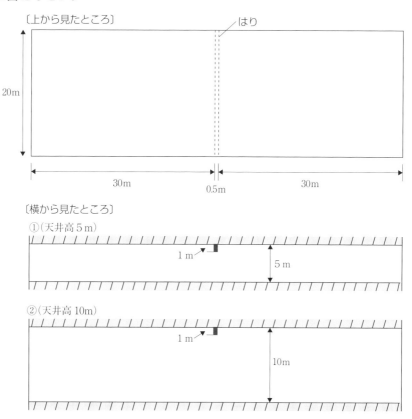

〔上から見たところ〕

はり

20m

30m　　0.5m　　30m

〔横から見たところ〕

①（天井高5m）

1m　　5m

②（天井高10m）

1m　　10m

解答欄

①（天井高5m）	セット	②（天井高10m）	セット

262

問題1　解説　　平面図の設計　光電式分離型感知器 ⇨ 速 **P.162, 211, 212, 299**

ここが POINT!

光電式分離式感知器の設置基準
1 送光部・受光部……距離は5m以上100m以下、背部の壁から1m以内
2 側部の壁から………0.6m以上7m以下
3 平行する光軸から…14m以下
4 高さ………………天井高の80%以上

　この問題は、上の4に関わる問題です。はりの出っ張りの1mと、天井高の20%（100%−80%）の差が、感知器本体の縦方向の長さよりも大きければ、はりの影響を受けずに感知器を取り付けることができます。

①天井高5mの場合…5m×0.2（20%）＝1m。「天井高の80%以上＝天井から1m以内」となり、はりによって感知区域が分かれます。
　　建物の幅が20mなので4セット必要です。

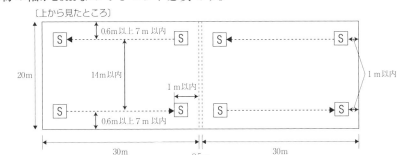

②天井高10mの場合…10m×0.2（20%）＝2mで、はりの出っ張りの1mとは1mの差があります。この1mの範囲のなかで取り付ければ、感知区域は分かれません。よって、①の半分の2セット必要です。

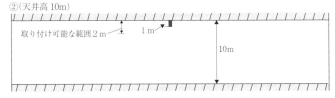

正解

①（天井高5m）	4セット	②（天井高10m）	2セット

分野別重点問題

7 ● 製図

問題 1　　　　　　　　　　　　　　　　　　　　　　　

下の図は、3階建ての建物のP型2級受信機の系統図である。Ⓐ〜Ⓒの配線本数を解答欄に書きなさい。なお、本図では階段は省略しています。また、消火栓連動があるものとします。

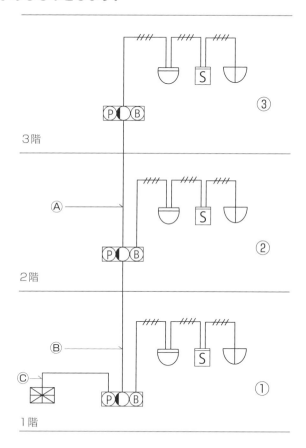

解答欄

	HIV電線	IV電線
Ⓐ	本	本
Ⓑ	本	本
Ⓒ	本	本

264

問題1　解説　系統図の設計　P型2級受信機 ⇨ 速 **P.167, 168, 181, 182, 297, 328**

ここがPOINT!

P型2級受信機…電話連絡装置がない → **電話線（T）、応答線（A）が不要**

本数を細かくみると、下の表の通りです。

	線種	ベル線		表示灯線	感知器線		合計
		BC	B	PL	C	L	
Ⓐ	IV				1	1	2
	HIV	1	1	2			4
Ⓑ	IV				1	2	3
	HIV	1	1	2			4
Ⓒ	IV				1	3	4
	HIV	1	1	2			4

　問題では、「**消火栓連動がある**」と書かれています。**消火栓連動**（発信機をほかの消防用設備等の起動装置と兼用する）をする場合は、**表示灯線（PL）**の2本もHIVにする必要があります。また、上の表では、ベル線（BC、B）、表示灯線（PL）は、全階を通じて同じ本数です。なお、地上3階建ての建物なので、区分鳴動（地上5階建て以上）はありません。

　なお、左ページの系統図では、配線が送り配線の複式になっていますので、いちばん端の感知器に終端抵抗器は付いていません。

分野別重点問題

7 ● 製図

正解		HIV電線	IV電線
	Ⓐ	4　本	2　本
	Ⓑ	4　本	3　本
	Ⓒ	4　本	4　本

注記　実際の設備図面では、受信機が蓄積式の場合、発信機を操作したときに蓄積機能を解除するため、発信機から受信機まで応答線を1本引きますが、試験では応答線を加算すると不正解とされてしまいます。

問題 1　重要　　　　　　　　　　　　　　　　　　　▶ ☐ ☐

下の図は、地区音響装置の系統図である。区分鳴動方式として、①〜⑦の
HIV幹線の数を解答欄に書きなさい。なお、消火栓連動はない。

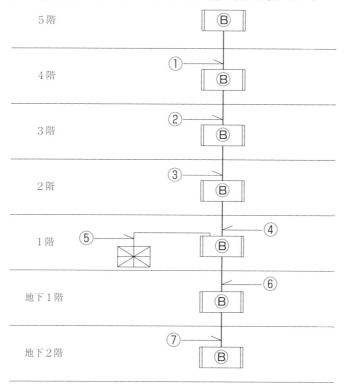

解答欄

①	HIV	本
②	HIV	本
③	HIV	本
④	HIV	本
⑤	HIV	本
⑥	HIV	本
⑦	HIV	本

問題1　解説　系統図の設計　地階のある区分鳴動の場合 ⇨ 速 P.136, 297, 298, 317

> **ここがPOINT!**
>
> ● 区分鳴動…地階を除く階数が5以上であって、かつ延べ面積が3000㎡を超えるもの
> ● 区分鳴動の場合
>   地上階ではベル線（B）が警戒区域の数だけ必要になる
>   地下階は、一斉鳴動のままなので2本

区分鳴動の場合は、ベル（地区音響装置）線の共通線（BC）が1本（全階共通）で、ベル線の表示線（B）が階ごとに増えます。ただし、**地下階**については、常に区分鳴動からははずれる（常に一斉鳴動）ため、ベル線の表示線（B）も1本のままとなります。

また、**BCとCは常にHIV**になります。今回、「消火栓連動はない」ということなので、表示灯線（PL）はIVのままです。HIV幹線の数は下記の通りです。

①ベル（地区音響装置）線の共通線（BC）が1本（全階共通。以下省略）、ベル線の表示線（B）が1本で計2本。

②Bが2本になって計3本。

③Bが3本になって計4本。

④Bが4本になって計5本。

⑤ベル線の表示線（B）が5本と、**機器収容箱から受信機までの往復で2本**、計7本。

⑥地下階なので、BC、Bが各1本、計2本。

⑦地下階なので、BC、Bが各1本、計2本。

分野別重点問題

7 ● 製図

正解

①	HIV	2	本
②	HIV	3	本
③	HIV	4	本
④	HIV	5	本
⑤	HIV	7	本
⑥	HIV	2	本
⑦	HIV	2	本

問題 1

▶ □ □

下の図は、系統図とその実体接続図（感知器回路）を表したものである。①
と②を表す実体配線図をイ〜ヘから答えよ。

〔系統図〕

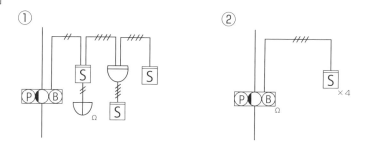

〔実体配線図〕

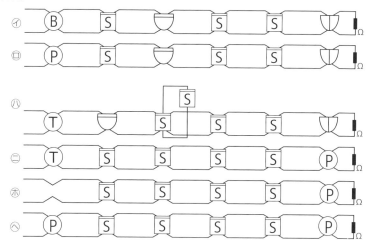

解答欄

①	
②	

問題 1　解説　　　　系統図の設計　複式の送り回線の理解 ⇨ 速 P.314

ここがPOINT!

複式の送り配線
- 送り配線（—#—）…送り配線の感知器回路の共通線と表示線の２線であることを示す
- 複式の送り配線（—##—）…送り配線の感知器回路の往路と復路を示す。終端抵抗を設置せずに、単独で感知器を設置した場合の配線で、行って帰ってくる形

　①は、**終端抵抗が定温式スポット型感知器の防水型**に設置されています。そこで、実体配線図の中から、終端抵抗が定温式スポット型感知器の防水型に設置されているものを選ぶと、イ・ロ・ハが該当します。

　次に、機器収容箱（実体配線図では Ⓟ）から出発しているものを選ぶとロになります。

　また、ハは送り配線になっていません。

　②は、**終端抵抗が機器収容箱**に設置されています。そこで、実体配線図の中から、終端抵抗が機器収容箱に設置されているものを選ぶと、ニ・ホ・ヘが該当します。

　その３つのなかで、ニはⓉから出発しているので実体に合いません。ヘは、Ⓟが２つになっていて、これも実体に合わないので、ホになります。

　ちなみに②は、機器収容箱に配線が戻るようになっており、最終端に発信機と終端抵抗を接続する、Ｐ型２級設備と同じような設計です。こうした場合、実体配線図では、機器収容箱（Ⓟ）は、**最後に１つだけ書き込みます**。

正解

①	ロ
②	ホ

問題1

下の図は、内階段が2カ所以上ある耐火構造の3つの建物の階段部分を表したものである。それぞれの階段部分の警戒区域数と最低限必要な感知器設置数を解答欄に書きなさい。なお、3つの建物とも、階高は3.5mで、階数は15とし、煙感知器の種類は2種とする。

A 地上15階、地下なし

15階	3.5m
14階	
13階	
12階	
11階	15m
10階	
9階	
8階	
7階	15m
6階	45m
5階	
4階	
3階	
2階	15m
1階	

B 地上14階、地下1階

| 14階 |
| 13階 |
| 12階 |
| 11階 |
| 10階 |
| 9階 |
| 8階 |
| 7階 |
| 6階 |
| 5階 |
| 4階 |
| 3階 |
| 2階 |
| 1階 |
| 地下1階 |

C 地上13階、地下2階

| 13階 |
| 12階 |
| 11階 |
| 10階 |
| 9階 |
| 8階 |
| 7階 |
| 6階 |
| 5階 |
| 4階 |
| 3階 |
| 2階 |
| 1階 |
| 地下1階 |
| 地下2階 |

解答欄

建物の階段部分	警戒区域数	最低限必要な感知器設置数
A		個
B		個
C		個

問題 1　解説　高層建築物の警戒区域数と必要感知器数 ⇨ 遠 **P.128, 129, 210, 211**

ここがPOINT!

①高層建築物…高さが31mを超える建築物
②高層建築物の階段の警戒区域
　…垂直距離45m以下ごとに別の警戒区域
③地階が2階以上ある場合は、地階と地上は別の警戒区域
④階段に煙感知器を設置する場合（1種・2種）
　…垂直距離15m（3種は10m）につき1個以上

● 高層建築物の階段の警戒区域数

　この建物は高層建築物です（①）。高層建築物の階段の警戒区域数は、**垂直距離45m以内ごと**（②）とされており、**地階が2以上ある場合は、地階と地上は別の警戒区域**（③）になります。

● 階段への感知器の設置

　問題に「内階段が2か所以上」とあるので、いずれの建物も特定1階段等防火対象物ではありません。ですので、いずれも上の④のように、**垂直距離15m以内ごと**（特定1階段等防火対象物は7.5m以内ごと）に1個設置すればよいことになります。その上で、

AB…警戒区域は45m以内ごとなので2つ。感知器の設置数は15m以内ごとなので4個。

C…警戒区域は、地下2階なので、地階で1つ。地上は、3.5m×13階＝45.5mなので2つ。合計3つ。感知器の設置数は、地階は高さ7m（15m以内）で1個。地上は45.5m÷15m＝3.033…で4個。合計5個。

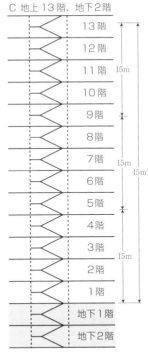

C 地上13階、地下2階

分野別重点問題

7
●
製図

正解	建物の階段部分	警戒区域数	最低限必要な感知器設置数
	A	2	4　個
	B	2	4　個
	C	3	5　個

予想模擬試験

第1回 ……………………………………………………………… P.274
第2回 ……………………………………………………………… P.292
第3回 ……………………………………………………………… P.310
解答カード ………………………………………………………… P.329

■予想模擬試験の活用方法

　この試験は、本試験前の学習理解度の確認用に活用してください。本試験での合格基準（各科目40％以上で、全体が60％以上かつ実技試験で60％以上の正解率）を目標に取り組みましょう。

■解答の記入の仕方

①解答の記入には、本試験と同様に<u>HBかBの鉛筆</u>を使用してください。なお、本試験では電卓、定規などは使用できません。

②解答カードは、本試験と同様のマークシート方式です。学科試験の解答欄の正解と思う番号数字の横の枠に縦線を濃く引いてください。その際、鉛筆が枠からはみ出さないよう気をつけてください。実技試験は問題用紙の解答欄に直接書き込みます。

③消しゴムはよく消えるものを使用し、本試験で解答が無効にならないよう注意してください。

■試験時間（本試験の試験時間と同じです）

甲種：3時間15分　　　乙種：1時間45分

■ 消防関係法令（共通）　甲種：問題1〜8、乙種：問題1〜6

問題1　消防法令上の用語の説明として、誤っているものは次のうちどれか。

(1)　「防火対象物」とは、山林または舟車、船きょもしくはふ頭に繋留された船舶、建築物その他の工作物もしくはこれらに属する物をいう。

(2)　「関係者」とは、防火対象物または消防対象物の所有者、管理者、占有者をいう。

(3)　「消防用設備等」とは、政令で定める消火設備、警報設備および消火活動上必要な施設をいう。

(4)　「複合用途防火対象物」とは、防火対象物のうち政令で定める2つ以上の用途に供されるものをいい、いわゆる「雑居ビル」はこれに当たる。

問題2　消防用設備等が設備等技術基準に従って維持されていない場合、当該基準に従ってこれを維持するために必要な措置をとるよう命令できる者と命令を受ける者との組合せとして、消防法令上、正しいものは次のうちどれか。

	命令できる者	命令を受ける者
(1)	都道府県知事または市町村長	防火対象物の所有者または管理者
(2)	都道府県知事または市町村長	工事着手の届出をした甲種消防設備士
(3)	消防長または消防署長	当該消防用設備等の点検を行う消防設備士
(4)	消防長または消防署長	防火対象物の関係者で権原を有するもの

問題3　消防用設備等の技術上の基準を定めた規定の改正とその適用について、消防法令上、正しいものは次のうちどれか。

(1)　現に存在している防火対象物や新築・増築等の工事中の防火対象物（以下「既存防火対象物」という）には、すべて改正後の基準に適合した消防用設備等を設置する必要がある。

(2)　既存防火対象物に設置されている消防用設備等には、原則として改正後の基準を適用しなくてよいが、一部の消防用設備等については例外とされている。

(3)　既存防火対象物に設置されている消防用設備等が、設置されたときの基準に違反している場合は、設置されたときの基準に適合させなければならない。

(4)　特定防火対象物の場合は、改正前の規定に適合していれば、改正後の基準を適用しなくてよい。

問題4　消防用設備等の定期点検を消防設備士または消防設備点検資格者にさせなければならない防火対象物として、消防法令上、正しいものは次のうちどれか。ただし、いずれも消防長または消防署長の指定は受けていないものとする。

⑴　マーケットで、延べ面積が1500㎡のもの

⑵　すべてのホテル

⑶　美術館で、延べ面積が3000㎡のもの

⑷　飲食店で、延べ面積が300㎡のもの

問題5　消防設備士の免状の種類および区分ごとに行うことができる消防用設備等の工事または整備として、消防法令上、正しいものは次のうちどれか。

⑴　甲種第3類消防設備士は、粉末消火設備の工事を行うことができる。

⑵　甲種第1類消防設備士は、泡消火設備の整備を行うことができる。

⑶　乙種第4類消防設備士は、自動火災報知設備の工事を行うことができる。

⑷　乙種第2類消防設備士は、消火器の整備を行うことができる。

問題6　消防設備士免状の書換えまたは再交付について、消防法令上、誤っているものは次のうちどれか。

⑴　免状を亡失、滅失、汚損または破損したときは、免状の交付をした都道府県知事または書換えをした都道府県知事に、免状の再交付を申請することができる。

⑵　免状を亡失して再交付を受けたあとで、亡失した免状を発見した場合は、再交付を受けた都道府県知事に発見した免状を10日以内に提出する必要がある。

⑶　免状の交付を受けた都道府県以外の地域で業務を行うこととなった場合は、免状の書換えを申請する必要がある。

⑷　免状の書換えは、免状を交付した都道府県知事だけでなく、居住地または勤務地を管轄する都道府県知事に申請することもできる。

甲 問題7　次の文中の（　　　）内に当てはまる語句の組合せとして、正しいものは
　どれか。
「建築物である防火対象物については（　A　）で消防用設備等を設置するのが原
　則であるが、その一部分が（　B　）で区画されているときはその部分を独立の防
　火対象物とみなす。」
　　　　　　　　A　　　　　　　　　　　　　　B
(1)　1敷地単位　　　防火戸を有する壁および耐火構造または準耐火構造の床
(2)　1棟単位　　　　防火戸を有する壁および耐火構造の床
(3)　1敷地単位　　　開口部のない耐火構造または準耐火構造の床または壁
(4)　1棟単位　　　　開口部のない耐火構造の床または壁

甲 問題8　火災予防に関する消防法の規定として、誤っているものは次のうちどれか。
(1)　建築物を新築する際、建築主から建築主事等に対して建築確認の申請を行うが、
　建築主事等が確認を行うためには、あらかじめ消防長または消防署長から消防同
　意を得ておく必要がある。
(2)　都市計画区域等の一般建築物についての消防同意の期間は、同意を求められた
　日から7日以内とされている。
(3)　消防長または消防署長は、火災予防のために必要があるときは、関係者に資料
　の提出を命じたり、消防職員に立入検査をさせたりすることができる。
(4)　消防長または消防署長は、火災の予防上必要があると認める場合は、権原を有
　する関係者に対し、当該防火対象物の改修など必要な措置を命じることができる。

■ 消防関係法令（類別）　甲種：問題9〜15、乙種：問題9〜12

問題9　消防法令上、自動火災報知設備を設置しなければならない防火対象物とし
　て、誤っているものは次のうちどれか。
(1)　幼稚園で、延べ面積が300㎡のもの
(2)　マーケットで、延べ面積が450㎡のもの
(3)　美術館で、延べ面積が650㎡のもの
(4)　神社で、延べ面積が900㎡のもの

問題10　消防法令上、スプリンクラー設備（総務省令で定める閉鎖型スプリンクラーヘッドを備えているもの）を設置した場合、その有効範囲内の部分であっても、自動火災報知設備の設置を省略することができない防火対象物は、次のうちどれか。

(1)　図書館

(2)　映画スタジオ

(3)　共同住宅

(4)　遊技場

問題11　ガス漏れ火災警報設備の設置対象となる防火対象物またはその部分として、消防法令上、**誤っている**ものは次のうちどれか。ただし、総務省令で定める温泉の採取のための設備はないものとする。

(1)　延べ面積1000㎡以上の地下街

(2)　延べ面積1000㎡の準地下街で、飲食店に使用する部分の床面積合計が450㎡

(3)　病院の地階で、床面積合計が1500㎡

(4)　複合用途防火対象物の地階で、劇場として使用する部分の床面積合計が1200㎡

問題12　P型受信機を1つの防火対象物に設置する場合、1級受信機で2回線以上のものを除き、消防法令上、何台以上設けてはならないとされているか。

(1)　1台

(2)　2台

(3)　3台

(4)　4台

㊙問題13　感知器の種類・種別ごとの取付け面の高さとして、設置基準に**適合しない**ものは、次のうちどれか。

(1)　定温式スポット型感知器（2種）……………3m

(2)　差動式スポット型感知器……………………10m

(3)　差動式分布型感知器…………………………12m

(4)　光電式スポット型感知器（1種）……………18m

甲問題14　自動火災報知設備の地区音響装置の区分鳴動について、消防法令上、誤っているものは次のうちどれか。ただし、この防火対象物は地下2階、地上5階の建物で、延べ面積3000㎡を超えるものとする。

⑴　5階で出火した場合は、出火階および直下階のみ区分鳴動させる。

⑵　2階で出火した場合は、出火階および直上階のみ区分鳴動させる。

⑶　1階で出火した場合は、出火階、直上階および地階全部を区分鳴動させる。

⑷　地階で出火した場合は、出火階、直上階およびその他の地階を区分鳴動させる。

甲問題15　危険物施設における警報設備の設置について、消防法令上、誤っているものは次のうちどれか。

⑴　危険物施設（一部を除く）のうち、指定数量の倍数が10以上のものには、施設の状況に応じて自動火災報知設備その他の警報設備を設置しなければならない。

⑵　警報設備の設置を除外されている危険物施設は、移動タンク貯蔵所である。

⑶　危険物施設に設置する警報設備には、自動火災報知設備のほか、消防機関に報知ができる電話、非常ベル装置、拡声装置および警鐘が含まれる。

⑷　延べ面積500㎡以上の製造所など一定の施設には、危険物施設に設置すべきものとされている警報設備をすべて設ける必要がある。

■ 電気に関する基礎的知識　甲種：問題16～25、乙種：問題16～20

問題16　2つの抵抗R_1とR_2を並列に接続したときの合成抵抗Rの求め方として、正しいものは次のうちどれか。

⑴　Rは、R_1とR_2の和である。

⑵　Rは、R_1の逆数とR_2の逆数との和である。

⑶　Rは、R_1とR_2の和の逆数である。

⑷　Rは、R_1の逆数とR_2の逆数の和の逆数である。

問題17　下図の回路においてAB間に100Vの電圧を加えたとき、抵抗R_1に流れる電流の値として、正しいものは次のうちどれか。

⑴　　5A

⑵　　8A

⑶　　10A

⑷　　15A

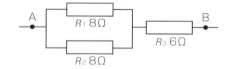

問題18 0.4μFと0.6μFの2個のコンデンサを並列接続したときの合成静電容量として、正しいものは次のうちどれか。

(1)　0.24μF

(2)　1.0μF

(3)　2.4μF

(4)　4.2μF

問題19 抵抗率に関する記述として、誤っているものは次のうちどれか。

(1)　抵抗率は一般にρで表され、その単位は〔$\Omega \cdot$ m〕である。

(2)　導線の抵抗値Rは、導線の長さをL、導線の断面積をSとするとき、抵抗率ρを用いて、$R = \rho \times \dfrac{L}{S}$ と表せる。

(3)　抵抗率は、金属の抵抗を示す値であり、金属固有のものである。

(4)　抵抗率の逆数を、導電率という。

問題20 下図の交流回路におけるインピーダンスの値として、正しいものは次のうちどれか。

(1)　3.5Ω

(2)　7.0Ω

(3)　13.0Ω

(4)　17.0Ω

$R = 12\Omega$　　$X_L = 5\Omega$

甲**問題21** 正弦波交流に関する記述として、正しいものは次のうちどれか。

(1)　正弦波交流の電流の実効値は、最大値の$\sqrt{2}$倍である。

(2)　正弦波交流の電圧の平均値は、最大値の2/π倍である。

(3)　静電容量だけの回路で正弦波交流の電圧を加えると、電流の位相が電圧の位相よりも$\pi/2$〔rad〕だけ遅れる。

(4)　インダクタンスだけの回路で正弦波交流の電圧を加えると、電流の位相が電圧の位相よりも$\pi/2$〔rad〕だけ進む。

問題22　下図の回路においてbd間に100Vの電圧を加えたとき、ac間にかかる電圧の値として、正しいものは次のうちどれか。

(1)　　0V
(2)　　40V
(3)　　60V
(4)　　100V

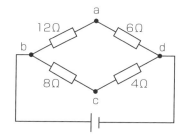

問題23　指示電気計器に表示される動作原理の記号のうち、「可動コイル形」を示すものは、次のうちどれか。

(1)

(2)

(3)

(4)

問題24　消費電力1000Wの負荷を交流100Vの電源に接続したところ、12Aの電流が流れた。この負荷の力率の値に最も近いものは次のうちどれか。

(1)　　75%
(2)　　78%
(3)　　83%
(4)　　90%

問題25　1次巻線が400回巻、2次巻線が1000回巻の変圧器において、2次端子に1200Vの電圧を取り出す場合、1次端子に加える電圧として、正しいものは次のうちどれか。ただし、この変圧器は理想変圧器とする。

(1)　　300V
(2)　　480V
(3)　　960V
(4)　　3000V

■ 構造・機能等（電気）　甲種：問題26〜37、乙種：問題26〜34

問題26　差動式スポット型感知器の設置について、誤っているものは次のうちどれか。

(1)　換気口等の空気吹出し口から1.5m以上離れた位置に設置する。

(2)　取付け面から0.4m以上突出したはり等がある場合は、当該はり等によって区画された部分ごとに別の感知区域とする。

(3)　感知器の下端が取付け面の下方0.6m以内の位置になるように設置する。

(4)　感知器を45度を超えて傾斜させないように設置する。

問題27　煙感知器（光電式分離型を除く）の設置について、誤っているものは次のうちどれか。

(1)　壁またははりから0.6m以上離れた位置に設置する。

(2)　天井面までおおむね2.3m未満の居室においては、入口付近に設置する。

(3)　1種または2種の感知器を廊下に設置する場合、歩行距離30mにつき1個以上を設ける。

(4)　3種の感知器を階段に設置する場合、垂直距離15mにつき1個以上を設ける。

問題28　道路型の炎感知器の設置について、誤っているものは次のうちどれか。

(1)　設置場所は、トンネルの天井等または壁とする。

(2)　道路面（監視員通路が設けられている場合は当該通路面）からの高さが1.0m以上1.5m以下の部分に設置する。

(3)　障害物等による感知障害がないように設置する。

(4)　日光を受けない位置に設置する。ただし、感知障害が生じないように遮光板等を設けた場合は除く。

問題29　発信機の設置について、誤っているものは次のうちどれか。

(1)　発信機は、ホールの入口、階段付近または廊下等で多数の者の目にふれやすく、すみやかに操作できる場所に設ける必要がある。

(2)　原則として、発信機の直近の箇所には表示灯を設ける必要がある。

(3)　発信機は、各階ごとに、その階の各部分から発信機までの歩行距離が50m以下となるように設ける必要がある。

(4)　P型2級受信機の1回線用のものには、P型2級発信機を設ける必要がある。

問題30　地区音響装置についての記述として、誤っているものは次のうちどれか。

(1)　地区音響装置は各階ごとに、階の各部分から1つの地区音響装置まで水平距離で25m以下となるように設置する。

(2)　音声による警報については、感知器作動警報は女声、火災警報は男声でなければならない。

(3)　音声警報音を発する放送設備が設けれている場合であっても、自動火災報知設備の地区音響装置の設置を省略することはできない。

(4)　1つの防火対象物に2つ以上の受信機が設けられているときは、地区音響装置はいずれの受信機からも鳴動させることができなければならない。

問題31　自動火災報知設備の配線について、誤っているものは次のうちどれか。

(1)　感知器の信号回路は、送り配線とし、回路の末端には発信機、押しボタンまたは終端器を設けることが原則とされている。

(2)　R型受信機の感知器回路の配線について共通線を設ける場合には、共通線1本につき7警戒区域以下としなければならない。

(3)　自動火災報知設備の配線に使用する電線とそれ以外の電線は、原則として同一の管やダクト、線ぴ、プルボックス等の中に設けてはならない。

(4)　自動火災報知設備以外の用途に使用する電線であっても、60V以下の弱電流回路に使用するものは、自動火災報知設備の配線に使用する電線と同一の管やダクト、線ぴ、プルボックス等の中に設けることができる。

問題32　非常電源から受信機までの配線の工事方法として、誤っているものは次のうちどれか。

(1)　ポリエチレン絶縁電線を使用し、金属管に収めて露出配管とする。

(2)　MIケーブルまたは基準に適合した耐火用の電線を使用し、そのまま露出配線とする。

(3)　シリコンゴム絶縁電線を使用し、合成樹脂管に収め、これを耐火構造の主要構造部に埋設する。

(4)　600V2種ビニル絶縁電線（HIV）を使用し、金属管に収め、これを耐火構造の壁に埋設する。

問題33　差動式分布型感知器（空気管式）について、検出部の接点間隔が適切かどうかを確認する試験方法として、正しいものは次のうちどれか。
(1)　流通試験
(2)　火災作動試験
(3)　接点水高試験
(4)　作動継続試験

問題34　ガス漏れ火災警報設備の検知器のガス漏れ検知方式に含まれていないものは、次のうちどれか。
(1)　熱電対式
(2)　接触燃焼式
(3)　気体熱伝導度式
(4)　半導体式

甲問題35　電線を接続するときの注意点として、最も不適当なものは次のうちどれか。
(1)　接続部分において電線の電気抵抗を増加させないように接続すること。
(2)　電線の引っ張り強さを20%以上減少させないように接続すること。
(3)　電線の接続にはスリーブ等の接続管その他の器具を使用するか、または電線相互を直接ろう付けして、断線のおそれがないようにすること。
(4)　電線の接続部分は、スリーブやコネクタ類を使用した場合でも、ビニルテープを用いて十分に被覆すること。

甲問題36　定温式スポット型感知器（1種）について、加熱試験器を用いて作動試験を行ったときの感知器の作動時間の合否判定基準として、正しいものは次のうちどれか。ただし、公称作動温度と周囲温度との差は50℃以下の場合とする。
(1)　120秒
(2)　60秒
(3)　40秒
(4)　30秒

問題37　ガス漏れ火災警報設備の検知器の取付け場所について、正しいものは次の
うちどれか。

⑴　検知対象ガスが軽ガスの場合、検知器の下端が天井面等の下方0.6m以内の位置
　　になるように設ける。

⑵　検知対象ガスが軽ガスの場合、検知器の上端が天井面等の下方0.3m以内の位置
　　になるように設ける。

⑶　検知対象ガスが重ガスの場合、検知器の下端が床面の上方0.6m以内の位置にな
　　るように設ける。

⑷　検知対象ガスが重ガスの場合、検知器の上端が床面の上方0.3m以内の位置にな
　　るように設ける。

■ 構造・機能等（規格）　甲種：問題38〜45、乙種：問題38〜43

問題38　感知器の定義として、規格省令上、正しいものは次のうちどれか。

⑴　差動式分布型感知器……一局所の周囲の温度が一定の温度以上になったときに
　　火災信号を発信するもので、外観が電線状のもの

⑵　定温式スポット型感知器……一局所の周囲の温度が一定の範囲内の温度になっ
　　たときに当該温度に対応する火災情報信号を発信するもので、外観が電線状以外
　　のもの

⑶　光電式スポット型感知器……周囲の空気が一定の濃度以上の煙を含むに至った
　　ときに火災信号を発信するもので、一局所の煙による光電素子の受光量の変化に
　　より作動するもの

⑷　光電式分離型感知器……周囲の空気が一定の範囲内の濃度の煙を含むに至った
　　ときに当該濃度に対応する火災情報信号を発信するもので、広範囲の煙の累積
　　による光電素子の受光量の変化を利用するもの

問題39　差動式スポット型感知器と補償式スポット型感知器に共通する構造とし
　　て、最も不適当なものは次のうちどれか。

⑴　空気室を有すること。

⑵　バイメタルを有すること。

⑶　ダイヤフラムを有すること。

⑷　リーク孔を有すること。

問題40　差動式分布型感知器（空気管式）の空気管についての基準として、規格省令上、正しいものは次のうちどれか。

(1)　空気管は、継ぎ目のない1本の長さが20m以上でなければならない。

(2)　空気管は、外径および肉厚が均一であり、その機能に有害な影響を及ぼすおそれのある傷、割れ、ねじれ、腐食等を生じないものでなければならない。

(3)　空気管の内径は、1.94㎜以上でなければならない。

(4)　空気管の肉厚は、0.2㎜以上でなければならない。

問題41　P型発信機のうち2級にはなく、1級のみが備えることとされている装置または機能として、正しいものは次のうちいくつあるか。

ア　火災信号の伝達に支障なく、受信機との間で、相互に電話連絡をすることができる装置

イ　火災信号の発信と同時に受信機側と通話することができる機能

ウ　押しボタンスイッチを押したときに火災信号が伝達される機能

エ　火災信号を伝達したとき、受信機が当該信号を受信したことを確認できる装置

(1)　1つ

(2)　2つ

(3)　3つ

(4)　すべて正しい

問題42　自動火災報知設備およびガス漏れ火災警報設備の受信機に共通する構造について、規格省令上、誤っているものは次のうちどれか。

(1)　主電源を監視する装置は、受信機の内部に設けなければならない。

(2)　定位置に自動的に戻らないスイッチが定位置にないときは、音響装置または点滅する注意灯が作動しなければならない。

(3)　水滴が浸入しにくいものでなければならない。

(4)　受信機の試験装置は、受信機の前面で容易に操作できるものでなければならない。

問題43　次の文中の（　　　）内に当てはまる語句の組合せとして、正しいものは
どれか。

「アナログ式受信機は、火災情報信号のうち注意表示をする程度に達したものを受
信した場合には、（　A　）および（　B　）により異常の発生を、（　C　）によ
り当該異常の発生した警戒区域をそれぞれ自動的に表示するものでなければならな
い。」

	A	B	C
⑴	注意灯	主音響装置	地区表示装置
⑵	赤色の火災灯	主音響装置	地区音響装置
⑶	注意灯	注意音響装置	地区表示装置
⑷	赤色の火災灯	注意音響装置	地区音響装置

⊕問題44　アナログ式の煙感知器の公称感知濃度範囲について、規格省令上、誤って
いるものは次のうちどれか。

⑴　アナログ式の煙感知器は、煙が一定の範囲内の濃度になったときに作動し、こ
の一定の範囲を公称感知濃度範囲という。

⑵　イオン化アナログ式スポット型感知器の公称感知濃度範囲は、1 m当たりの減
光率に換算した値で、上限値が15％以上25％以下、下限値は1.2％以上〜上限値よ
り7.5％低い濃度以下と定められている。

⑶　公称感知濃度範囲の値は、0.1％刻みと定められている。

⑷　光電アナログ式スポット型および光電アナログ式分離型感知器の公称感知濃度
範囲は、いずれも1 m当たりの減光率で、イオン化アナログ式スポット型感知器
と同様の上限値と下限値が定められている。

⊕問題45　ガス漏れ火災警報設備の検知器の標準遅延時間と受信機の標準遅延時間を
合計した時間として、規則上、正しいものは次のうちどれか。

⑴　15秒

⑵　30秒

⑶　60秒

⑷　120秒

■ 実技（鑑別等）　甲種：問題1〜5、乙種：問題1〜5

問題1　下は差動式分布型感知器（空気管式）の構造図である。図の①〜⑤の名称と、②のはたらきを解答欄に書きなさい。

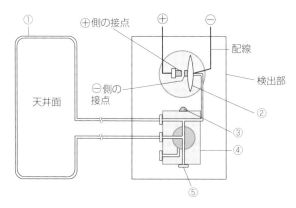

解答欄

①		②		③	
④		⑤			
②のはたらき					

問題2　下は発信機の分類についての図である。図の①②の名称を解答欄に書きなさい。

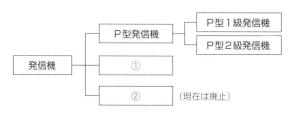

解答欄

①		②	

問題3　下はガス漏れ火災警報設備についての図である。図の①②の名称を解答欄に書きなさい。

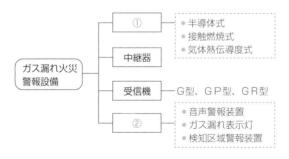

解答欄

①		②	

問題4　下は受信機についての図である。図の受信機のなかで、①「すべての機能を備えた」受信機の名称と、②すべての受信機に備わっている機能の名称を、解答欄に書きなさい。

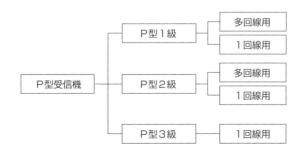

解答欄

①	すべての機能を備えた受信機	
②	すべての受信機に備わっている機能	

問題5　下はP型1級受信機（多回線用）に関する図である。この図のような操作によって行われる試験の名称を解答欄に書きなさい。

回線選択スイッチ　　　　　選択した5回線の地区表示灯が点灯

火災灯

| 1 | 2 | 3 | 4 | 5 |
| 6 | 7 | 8 | 9 | 10 |

解答欄

問題1　下は、耐火構造の地上5階、地下2階建ての建物の地下1階と1階の平面図に警戒区域を記したものである。この図について間違っている内容を2つ、解答欄に書きなさい。

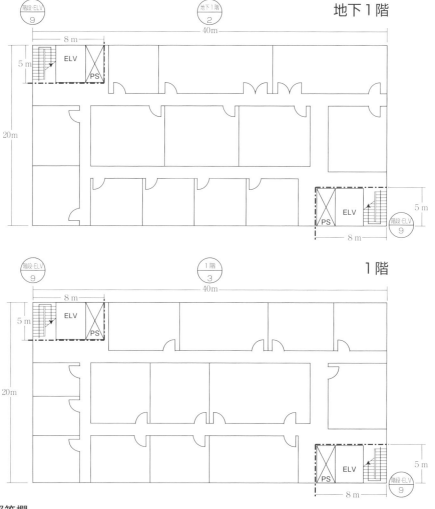

解答欄

(1)	
(2)	

問題2　下は、耐火構造階高3.5m、天井2.7mの地上5階、地下1階建ての建物の4階の平面図に、必要な感知器を配置した図面である。この図について間違っている点を3つ、解答欄に書きなさい。なお、設置感知器は必要最低限の個数とする。

〈凡例〉

記　号	名　称	備　考
▭	機器収容箱	P型発信機、表示灯、地区音響装置を収納
▽	差動式スポット型感知器	2種
▽	定温式スポット型感知器	1種防水型
S	煙感知器	2種
Ω	終端抵抗器	
♂　♀	配線立ち上がり、引き下げ	
─//─	配線	2本
─///─	同上（複線）	4本
─ ─ ─	警戒区域境界線	
(No.)	警戒区域番号	

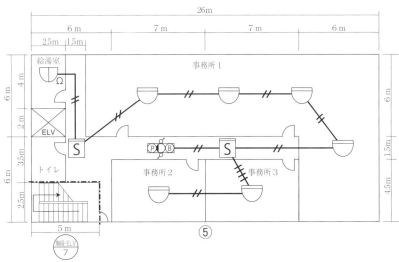

解答欄

(1)	
(2)	
(3)	

予想模擬試験〈第2回〉

■ 消防関係法令（共通）　甲種：問題1～8、乙種：問題1～6

問題1　消防法令上、特定防火対象物に該当しないものの組合せとして、正しいものは次のうちどれか。

(1)　劇場、映画館、公会堂

(2)　小・中・高等学校、大学

(3)　飲食店、旅館、ホテル

(4)　幼稚園、保育所、児童養護施設

問題2　消防用設備等の設置・維持義務に関する記述として、消防法令上、誤っているものは次のうちどれか。

(1)　消防用設備等の設置工事に当たった消防設備士は、政令で定める技術上の基準に従って当該消防用設備等を維持する義務を負う。

(2)　消防長または消防署長は、消防用設備等が技術上の基準に従って設置または維持されていないと認めるときは、当該防火対象物の関係者で権原を有するものに対して、消防用設備等の設置維持命令を発することができる。

(3)　消防用設備等の設置維持命令を受けた者が、この命令に違反し、消防用設備等を設置しなかった場合は、懲役または罰金の刑に処せられることがある。

(4)　消防用設備等の設置維持命令を受けた者が、この命令に違反し、維持のため必要な措置をしなかった場合は、罰金または拘留の刑に処せられることがある。

問題3　次の文中の（　　　　）内に当てはまる語句の組合せとして、正しいものはどれか。

「防火対象物の用途変更により消防用設備等の技術上の基準に適合しなくなった場合であっても、用途変更前の規定を適用することが原則であるが、増改築部分の床面積の合計が（　A　）または（　B　）となる増改築を用途変更後に行った場合には、変更後の用途に係る規定を適用しなければならない。」

	A	B
(1)	800㎡以上	従前の延べ面積の1/3以上
(2)	800㎡以上	従前の延べ面積の1/2以上
(3)	1000㎡以上	従前の延べ面積の1/3以上
(4)	1000㎡以上	従前の延べ面積の1/2以上

問題4 防火対象物に消防用設備等を設置した場合、その旨を届け出る者と届け先との組合せとして、消防法令上、正しいものは次のうちどれか。

	届け出る者	届出先
(1)	防火対象物の関係者	都道府県知事または市町村長
(2)	設置工事を行った消防設備士	都道府県知事または市町村長
(3)	防火対象物の関係者	消防長または消防署長
(4)	設置工事を行った消防設備士	消防長または消防署長

問題5 工事整備対象設備等の工事または整備に関する講習（以下「講習」という）および消防設備士免状についての記述として、消防法令上、正しいものは次のうちどれか。

(1) 講習は、消防長または消防署長が実施するものである。

(2) 消防設備士は、免状の交付を受けた日以後における最初の4月1日から2年以内に講習を受講し、その後は、講習を受けた日以後における最初の4月1日から3年以内に受講することをくり返す。

(3) 定められた期間内に受講しない場合、消防設備士免状は自動的に失効する。

(4) 消防設備士は、整備のみを行うときでも消防設備士免状を携帯する必要がある。

問題6 消防設備士でなければ設置工事または整備を行うことができないと定められている消防用設備等（工事整備対象設備等）のみの組合せとして、消防法令上、正しいものは次のうちどれか。

(1) 不活性ガス消火設備、ハロゲン化物消火設備、粉末消火設備

(2) 動力消防ポンプ設備、屋内消火栓設備、スプリンクラー設備

(3) 自動火災報知設備、ガス漏れ火災警報設備、放送設備

(4) 金属製避難はしご、すべり台、救助袋

㊚**問題7** 消防の用に供する機械器具等の検定制度について、消防法令上、誤っているものは次のうちどれか。

(1) 型式適合検定に合格したものには、日本消防検定協会等が合格の表示を付す。

(2) 合格の表示が付されていないものは、設置等の工事に使用することはできないが、販売したり、販売目的で陳列したりすることはできる。

(3) 総務大臣は、不正な手段によって型式承認を受けた者に対して、当該型式承認の効力を失わせることができる。

(4) 型式承認が失効すると、型式適合検定の効力も失われることになる。

293

⊕問題8　防火対象物についての消防計画の作成や、消防用設備等の点検・整備その他防火管理上必要な業務を行うものは、次のうちどれか。
⑴　消防設備士
⑵　防火対象物点検資格者
⑶　防火管理者
⑷　消防設備点検資格者

■ 消防関係法令（類別）　甲種：問題9～15、乙種：問題9～12

問題9　自動火災報知設備の設置義務について、消防法令上、誤っているものは次のうちどれか。
⑴　防火対象物の11階以上の階は、建物の延べ面積や各階の床面積または用途とは関係なく、階ごとに設置しなければならない。
⑵　地階または3階以上10階以下の階は、床面積300㎡以上の場合に階ごとに設置しなければならない。
⑶　無窓階は、床面積と関係なく設置しなければならない。
⑷　特定防火対象物が存する複合用途防火対象物の地階は、キャバレーや飲食店等の用途部分の床面積合計が100㎡以上の場合、階ごとに設置しなければならない。

問題10　自動火災報知設備の警戒区域に関する記述として、消防法令上、誤っているものは次のうちどれか。
⑴　警戒区域とは、火災の発生した区域を他の区域と区別して識別することができる最小単位の区域をいう。
⑵　原則として、1つの警戒区域の面積は500㎡以下とされ、また、警戒区域の1辺の長さは50m以下とされている。
⑶　倉庫や体育館のように防火対象物の主要な出入口から内部を見通せる場合には、例外として、面積1000㎡以下までを1つの警戒区域とすることができる。
⑷　光電式分離型感知器を設置する場合には、例外として、警戒区域の1辺の長さを100m以下とすることができる。

問題11　取付け面の高さが10mの場合、消防法令上、設置できない感知器は次のうちどれか。

(1)　定温式スポット型感知器（特種）

(2)　差動式分布型感知器（1種）

(3)　イオン化式スポット型感知器（2種）

(4)　光電式スポット型感知器（2種）

問題12　消防機関へ通報する火災報知設備の設置について、消防法令上、正しいものは次のうちどれか。

(1)　病院やホテルは、延べ面積とは関係なく、消防機関へ通報する火災報知設備を設置することが原則とされている。

(2)　避難が困難な要介護者を入居させている老人福祉施設は、延べ面積500㎡以上の場合に、消防機関へ通報する火災報知設備の設置対象となる。

(3)　避難が困難な要介護者を入居させている老人福祉施設でも、消防機関へ常時通報できる電話を設置したときは、消防機関へ通報する火災報知設備の設置を省略することができる。

(4)　延べ面積500㎡以上の遊技場でも、消防機関から歩行距離で500m以内の場所にあるものは、消防機関へ通報する火災報知設備の設置を省略できる。

甲問題13　ガス漏れ火災警報設備を設置しなければならない場所として、消防法令上、正しいものは次のうちどれか。ただし、総務省令で定める温泉の採取のための設備はないものとする。

(1)　テレビスタジオの地階で、床面積の合計が1200㎡のもの

(2)　複合用途防火対象物の地階で、床面積の合計が1800㎡あり、そのうち駐車場に使用する部分の床面積の合計が1600㎡のもの

(3)　映画館の地階で、床面積の合計が1100㎡のもの

(4)　地下街で、延べ面積が900㎡のもの

甲問題14　P型受信機とこれを設置する防火対象物の延べ面積との組合せとして、消防法令上、誤っているものは次のうちどれか。

(1)　P型3級受信機································150㎡

(2)　P型2級受信機で1回線のもの··················380㎡

(3)　P型1級受信機で1回線のもの··················500㎡

(4)　P型1級受信機で多回線のもの··················750㎡

㊒問題15　自動火災報知設備の設置義務について、消防法令上、正しいものは次のうちどれか。

(1)　特定１階段等防火対象物は、特定用途部分のある階にのみ設置する義務がある。

(2)　防火対象物内にある通信機器室には、床面積と関係なく設置する義務がある。

(3)　防火対象物内の一部分が道路として使用されており、その道路部分の床面積が、屋上の場合は400㎡以上、それ以外の場合は600㎡以上であるとき、その道路部分に設置する義務がある。

(4)　防火対象物の地階または２階以上の階で、駐車場に使用されている部分が存するものについては、その駐車場部分の床面積が200㎡以上であれば、設置する義務がある。

■ 電気に関する基礎的知識　甲種：問題16〜25、乙種：問題16〜20

問題16　４Ω、６Ω、12Ωの３つの抵抗を直列接続したときの合成抵抗の値は、同じ３つの抵抗を並列接続したときの合成抵抗の値の何倍か。

(1)　8倍

(2)　10倍

(3)　11倍

(4)　12倍

問題17　下図の回路においてab間の電圧が12Vのとき、bc間の電圧として正しいものは次のうちどれか。

(1)　6 V

(2)　8 V

(3)　12V

(4)　18V

問題18　次の導体の組合せのうち、常温（20℃）における抵抗率が小さい順に左から並んでいるものはどれか。

(1)　銅、銀、アルミニウム、金

(2)　金、銀、銅、アルミニウム

(3)　アルミニウム、銀、金、銅

(4)　銀、銅、金、アルミニウム

問題19 次の文中の（　　　）内に当てはまる語句の組合せとして、正しいものはどれか。

「電熱線（導体抵抗）に電流を流す場合、電熱線の（　A　）を（　B　）にすると、発生するジュール熱は1/4倍になる。」

	A	B
(1)	直径	2倍
(2)	断面積	2倍
(3)	直径	1/2倍
(4)	断面積	1/2倍

問題20 正弦波交流の電圧の実効値が200Vである場合、最大値として正しいものは次のうちどれか。ただし、$\sqrt{2}$ =1.4とする。

(1) 143V

(2) 280V

(3) 314V

(4) 400V

甲 **問題21** 下図の電源電圧200Vの直流回路に10Aの電流が流れているとき、抵抗Rにおける消費電力の値として、正しいものは次のうちどれか。

(1) 2000W

(2) 1200W

(3) 800W

(4) 80W

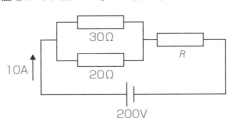

甲 **問題22** 交流回路における電力について、誤っているものは次のうちどれか。

(1) 電圧と電流の位相のずれがないとき、電力は電圧と電流の積で求められる。

(2) 有効電力とは、負荷で有効に消費される電力（消費電力）のことをいい、単位にはワット〔W〕を用いる。

(3) 実効値で表した電圧と電流の積を皮相電力といい、単位には〔VA〕を用いる。

(4) 皮相電力は、有効電力と力率の積である。

⊕問題23 「キルヒホッフの第1法則」について述べた記述として、正しいものは次のうちどれか。
  (1) 回路上の1点に流れ込んだ電流の総和と流れ出る電流の総和は等しい。
  (2) 2つの電荷の間に働く力の大きさは、その電荷(電気量)の積に比例し、電荷間の距離の2乗に反比例する。
  (3) 任意の閉回路において、起電力の和は電圧降下の和に等しい。
  (4) 電流の大きさは、負荷に加えた電圧に比例し、抵抗に反比例する。

⊕問題24 下図の交流回路に20Aの電流が流れているとき、電源電圧の大きさとして正しいものは次のうちどれか。
  (1) 60V
  (2) 100V
  (3) 150V
  (4) 200V

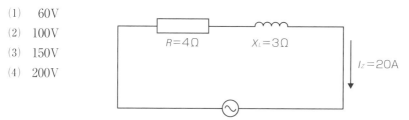

⊕問題25 蓄電池に関する記述として、誤っているものは次のうちどれか。
  (1) 充電によってくり返し使用できる電池を蓄電池(または二次電池)といい、充電できない使いきりの電池を一次電池という。
  (2) 充電とは、外部の直流電源の+端子を+極に、-端子を-極に接続し、放電時とは逆向きに電流を流すことによって起電力を回復することをいう。
  (3) 蓄電池は、アンペア時〔Ah〕でその容量を表す。
  (4) 鉛蓄電池は、+極に二酸化マンガン、-極に亜鉛を使用し、これらを電解液である塩化亜鉛の水溶液の中に入れた構造をしている。

■ 構造・機能等（電気）　甲種：問題26 〜 37、乙種：問題26 〜 34

問題26　差動式分布型感知器（空気管式）の設置について、誤っているものは次の うちどれか。

(1)　空気管の直線部分の止め金具の間隔は、25cm以内とする。

(2)　空気管の屈曲部を止める場合、止め金具の位置は屈曲部から5cm以内とする。

(3)　屈曲部の半径は5mm以上とする。

(4)　空気管は、感知区域の取付け面の各辺から1.5m以内の位置に設けることが原則 であるが、例外的な設置方法が認められる場合もある。

問題27　定温式スポット型感知器を設置する際の留意事項として、正しいものは次 のうち何個あるか。

ア　感知器を45度を超えて傾斜させないように設置すること。

イ　天井付近に吸気口がある居室では、その吸気口付近に感知器を設置すること。

ウ　感知器の下端が取付け面の下方0.3m以内の位置になるように設置すること。

エ　最高周囲温度が公称作動温度よりも10℃以上低い場所に設置すること。

(1)　0個

(2)　1個

(3)　2個

(4)　3個

問題28　煙感知器を設置できない場所として、誤っているものは次のうちどれか。

(1)　低温となる場所

(2)　じんあい、微粉等が多量に滞留する場所

(3)　水蒸気が多量に滞留する場所

(4)　厨房その他正常時において煙が滞留する場所

問題29　自動火災報知設備の受信機の構造・機能について、誤っているものは次のうちどれか。

(1)　受信機の操作スイッチは、床面から高さ0.8m以上（いすに座って操作するものについては0.6m以上）1.5m以下の箇所に設けなければならない。

(2)　Ｐ型またはＧＰ型受信機の感知器回路に設ける共通線は、1本につき7警戒区域以下としなければならない。

(3)　受信機の主音響装置の音圧は、音響装置の中心から1m離れた地点で測定した値が90dB以上でなければならない。

(4)　地区音響停止スイッチを設ける受信機は、当該スイッチが鳴動を停止状態にしている間に受信機が火災信号等を受信した場合、一定時間以内に自動的に地区音響装置を鳴動させる状態に移行するものでなければならない。

問題30　受信機の機能試験のうち、火災灯、地区表示装置、音響装置等が正常に作動することや自己保持機能を確認するために行うものは、次のうちどれか。

(1)　回路導通試験

(2)　火災表示試験

(3)　同時作動試験

(4)　予備電源試験

問題31　自動火災報知設備の配線のうち耐熱配線としなければならない範囲として、正しいものは次のうちどれか。

(1)　常用電源から受信機までの間

(2)　感知器（アナログ式のものを除く）から受信機までの間

(3)　発信機から受信機までの間

(4)　受信機から地区音響装置までの間

問題32　接地工事に関する記述として、誤っているものは次のうちどれか。

(1)　接地をすれば、抵抗値の大きな人体よりも、接地線を通って電流が大地に流れるので、感電の危険性が減少する。

(2)　接地工事の目的として、人間や家畜に対する感電事故の防止のほかに、電圧降下を防止なども挙げられる。

(3)　接地には、力率を改善する効果はない。

(4)　接地工事には、A種からD種までの4種類がある。

問題33　差動式分布型感知器（空気管式）の流通試験について述べた次の文中の（　　　）内に当てはまる語句の組合せとして、正しいものはどれか。

「流通試験では、テストポンプの空気を試験孔から注入して、マノメーターの水位を（　A　）のところまで上昇させて停止させる。このとき、水位が上昇しても停止せず、徐々に下降する場合は、（　B　）と考えられる。」

	A	B
(1)	約100mm	空気管に漏れがある
(2)	約100mm	空気管が詰まっている
(3)	約60mm	空気管に漏れがある
(4)	約60mm	空気管が詰まっている

問題34　ガス漏れ火災警報設備の検知器の設置基準として、誤っているものは次のうちどれか。ただし、検知対象とするガスの空気に対する比重は、1未満とする。

(1)　燃焼器または貫通部から水平距離で8m以内となるように設ける。

(2)　天井面等が0.6m以上突出したはり等によって区画されている場合は、当該はり等よりも燃焼器側または貫通部側に設ける。

(3)　換気口がある場合は、その空気吹出し口から1.5m以内の場所に設ける。

(4)　天井面等の付近に吸気口がある場合は、燃焼器または貫通部から最も近い吸気口付近に設ける。

㊙問題35　耐火配線・耐熱配線の工事に使用することが認められている電線は、次のうちどれか。

(1)　アルミ被ケーブル

(2)　屋外用ビニル絶縁電線

(3)　ビニル絶縁ビニルシースケーブル

(4)　引込み用ビニル絶縁電線

⊕問題36　自動火災報知設備の非常電源について、正しいものは次のうちどれか。

(1)　延べ面積が1000㎡以上の特定防火対象物に設ける自動火災報知設備の非常電源は、蓄電池設備または非常電源専用受電設備に限られる。

(2)　非常電源に用いる蓄電池設備は、交流の電流を直流に変換して蓄電池を充電する機能と、直流の電流を交流に変換する機能とを併せもった装置を有しなければならない。

(3)　非常電源に用いる蓄電池設備は、自動火災報知設備を有効に60分間作動することができる容量以上でなければならない。

(4)　予備電源の容量が当該自動火災報知設備に要求される非常電源の容量以上である場合には、非常電源を省略することができる。

⊕問題37　自動火災報知設備の電源回路の絶縁抵抗に関する記述として、誤っているものは次のうちどれか。

(1)　電源回路と大地との間および電源回路の配線相互間の絶縁抵抗値は、直流250Vの絶縁抵抗計を用いて測定する。

(2)　電源回路の対地電圧が150V以下の場合、電源回路と大地との間および電源回路の配線相互間の絶縁抵抗値は、0.1MΩ以上とされている。

(3)　電源回路の対地電圧が150Vを超え、300V以下の場合、電源回路と大地との間および電源回路の配線相互間の絶縁抵抗値は、0.2MΩ以上とされている。

(4)　電源回路の対地電圧が300Vを超えるものの場合、電源回路と大地との間および電源回路の配線相互間の絶縁抵抗値は、0.3MΩ以上とされている。

■ 構造・機能等（規格）　甲種：問題38～45、乙種：問題38～43

問題38　規格省令上の用語の定義について、正しいものは次のうちどれか。

(1)　ガス漏れを検知し、中継器もしくは受信機にガス漏れ信号を発信するものまたはガス漏れを検知し、ガス漏れの発生を音響により警報するとともに、中継器もしくは受信機にガス漏れ信号を発信するものを、「感知器」という。

(2)　火災によって生ずる熱または煙の程度その他火災の程度に係る信号を、「火災情報信号」という。

(3)　火災情報信号の程度に応じて、火災表示を行う温度または濃度を固定する装置により処理される火災表示をする程度に達した旨の信号を、「火災信号」という。

(4)　感知器に係る機能が適正に維持されていることを、当該感知器の設置場所から離れた位置において確認することができる装置による試験機能を、「自動試験機能」という。

問題39　規格省令上、次のように定義される感知器として、正しいものはどれか。
「周囲の空気が一定の範囲内の濃度の煙を含むに至ったときに当該濃度に対応する火災情報信号を発信するもので、一局所の煙によるイオン電流の変化を利用するものをいう。」
(1)　光電アナログ式分離型感知器
(2)　光電アナログ式スポット型感知器
(3)　イオン化式スポット型感知器
(4)　イオン化アナログ式スポット型感知器

問題40　差動式分布型感知器（空気管式）のリーク孔が詰まっている場合に考えられることは、次のうちどれか。
(1)　誤報（非火災報）の原因となる。
(2)　接点水高値が低くなる。
(3)　遅報の原因となる。
(4)　何も変わらない。

問題41　自動火災報知設備の中継器について、規格省令上、正しいものは次のうちどれか。
(1)　受信開始から発信開始までの所要時間は、60秒以内とする。
(2)　定格電圧が100Vを超える中継器に限り、その金属製外箱に接地端子を設ける。
(3)　地区音響装置を鳴動させる中継器は、受信機で操作しない限り、鳴動を継続させるものとする。
(4)　中継器にはすべて、主電源のほかに予備電源を設ける。

問題42　P型1級受信機（多回線用）が備えることとされている装置や機能について、規格省令上、誤っているものは次のうちどれか。
(1)　回線数には、制限がない。
(2)　蓄積式の受信機でない限り、火災信号等の受信開始から火災表示までの所要時間は、地区音響装置の鳴動を除き、5秒以内でなければならない。
(3)　電話連絡装置については、T型発信機を接続した受信機で2回線以上から同時にかかってきた場合、通話すべき発信機を任意に選択でき、かつ、遮断された回線のT型発信機には話中音が流れないものでなければならない。
(4)　予備電源装置を設けなければならない。

問題43　規格省令上、すべてのP型受信機が備えることとされている装置は、次のうちどれか。

(1)　火災表示試験装置

(2)　火災表示の保持装置

(3)　地区表示灯

(4)　導通試験装置

⊕問題44　ガス漏れ火災警報設備の検知器に関する記述として、正しいものは次のうちどれか。

(1)　ガス濃度が爆発下限界の1/2以上のときに確実に作動するとともに、1/100以下のときには作動しないものでなければならない。

(2)　爆発下限界の1/100以上の濃度のガスにさらされているときは、継続して作動するものでなければならない。

(3)　ガス漏れ信号を発する濃度のガスに接したときは、60秒以内にガス漏れ信号を発するものでなければならない。

(4)　警報機能を有する検知器のうち、ガス濃度が高いほど警報を遅延する時間を長くする機能を備えているものを、反限時警報型という。

⊕問題45　次の文中の（　　　）内に当てはまる語句の組合せとして、正しいものはどれか。

「P型およびR型の受信機の予備電源は、監視状態を（　A　）継続した後、（　B　）の火災表示の作動と、接続しているすべての地区音響装置を同時に鳴動させることができる消費電流を（　C　）継続して流せる容量以上でなければならない。」

	A	B	C
(1)	10分間	2回線分	60分間
(2)	60分間	2回線分	10分間
(3)	10分間	1回線分	60分間
(4)	60分間	1回線分	10分間

■ 実技 （鑑別等）　甲種：問題1〜5、乙種：問題1〜5

問題1　下は感知器の配置図である。図の①〜③に入る距離と、この感知器の名称を解答欄に書きなさい。

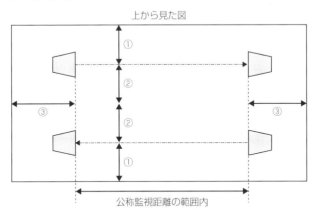

上から見た図

公称監視距離の範囲内

解答欄

①		②	
③			
④	感知器の名称		

問題2　下は差動式分布型（空気管式）の空気管の配置図である。図の①②に入る距離を解答欄に書きなさい。ただし、配置するのは、主要構造部を耐火構造とした防火対象物とする。

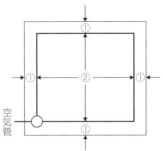

空気管

解答欄

①		②	

問題3 下はガス漏れ検知器の検知方式の図である。この検知方式の名称と作動原理を解答欄に書きなさい。

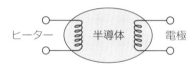

ヒーター　半導体　電極

解答欄

名　　称	
作動原理	

問題4 下は差動式分布型感知器の流通試験の図である。

⑴　図の①②の名称を解答欄に書きなさい。

⑵　図中の水位が上昇しない場合に考えられる理由を、解答欄に書きなさい。

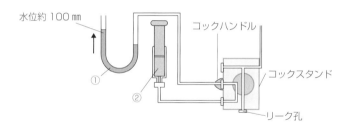

水位約 100 mm　コックハンドル　コックスタンド　リーク孔

解答欄

⑴	①	
	②	
⑵	水位が上昇しない理由	

問題5　下は配線に関する図である。この図の①と②の線の名称を解答欄に書きなさい。また、①の線1本で最大いくつの警戒区域に配線できるか、解答欄に書きなさい。

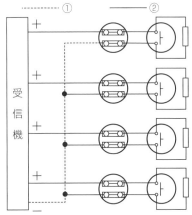

解答欄

①	
②	
最大警戒区域数	

■ 実技（製図）　甲種：問題1〜2

問題1　下は、耐火構造4階建ての自動火災報知設備系統図である。図中の終端抵抗器の位置は正しいものとして、各階の配線の送り配線（ —//— ）と送り配線の複線（ —///— ）の記号を書き入れなさい。

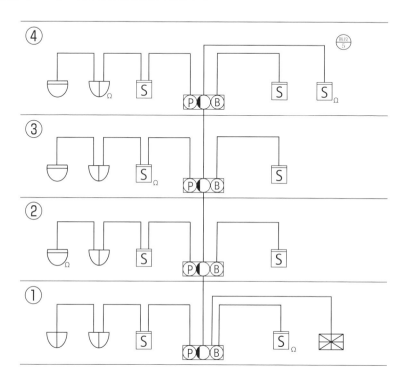

308

問題2　下の図は、耐火構造平屋建ての多目的ホールの平面図である。下記の条件に基づき、凡例に従って、平面図を作成せよ。また、図中の㋐と㋑の部分の幹線本数を書き込みなさい。

〈条件〉

- 主要構造部は耐火構造であり、無窓階ではない。天井高は3.8mであり、受信機はＰ型１級とする。
- 感知器の設置数は、必要最小個数とする。
- 煙感知器は、法令基準によって設けなければならない場所以外には設置しない。
- 電線の太さは1.2とする。

例：㋐ IV 1.2 X 4 / HIV 1.2 X 3

〈凡例〉

記　号	名　称	備　考
□	機器収容箱	発信機、表示灯、地区音響装置を収容
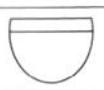	差動式スポット型感知器	２種
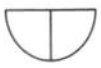	定温式スポット型感知器	１種防水型
S	煙感知器	２種
Ω	終端抵抗器	
-//-	配線	２本
-////-	同上（複線）	４本
—·—·—	警戒区域境界線	
(No.)	警戒区域番号	

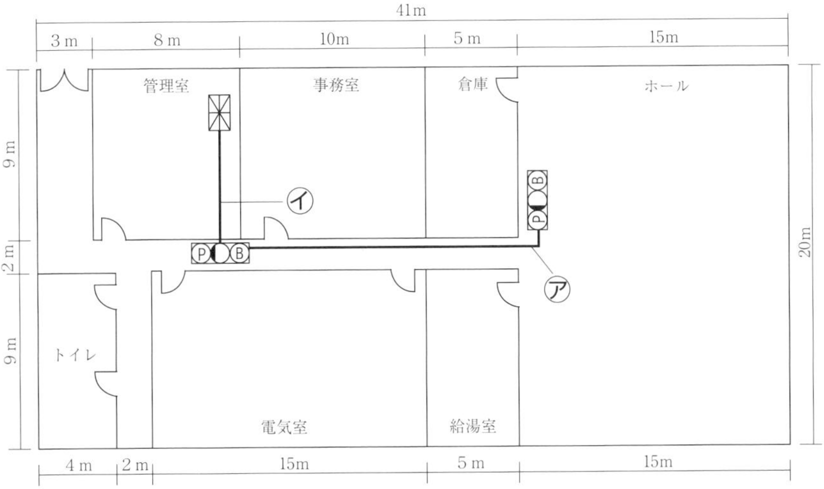

■ 消防関係法令（共通）　甲種：問題1〜8、乙種：問題1〜6

問題1　消防用設備等の種類についての記述として、消防法令上、誤っているものは次のうちどれか。

(1)　「消防の用に供する設備」は、消火設備、消防用水および避難設備に分けられる。

(2)　消火設備には、消火器、簡易消火用具、屋内消火栓設備、屋外消火栓設備、スプリンクラー設備などが含まれる。

(3)　消防用水とは、防火水槽またはこれに代わる貯水池その他の用水をいう。

(4)　避難設備には、救助袋、緩降機その他の避難器具のほか、誘導灯および誘導標識が含まれる。

問題2　防火対象物に消防用設備等（簡易消火用具、非常警報器具を除く）を設置した場合の届出および検査について、消防法令上、正しいものは次のうちどれか。

(1)　消防用設備等の設置工事を行った消防設備士が、当該設置について消防長または消防署長に届け出る義務がある。

(2)　届出をする期間は、設置工事が完了した日から1週間以内とされている。

(3)　延べ面積300㎡以上の図書館であって、消防長または消防署長の指定したものについては、届出をして検査を受ける必要がある。

(4)　避難が困難な要介護者を入居させている老人福祉施設は、延べ面積300㎡以上のものに限り、届出をして検査を受ける必要がある。

問題3　消防用設備等の技術上の基準を定めた規定が改正された場合、常に改正後の規定を適用することとされている消防用設備等として、消防法令上、誤っているものは次のうちどれか。

(1)　消火器

(2)　漏電火災警報器

(3)　避難器具

(4)　スプリンクラー設備

問題4 消防用設備等の定期点検の結果を消防長または消防署長に報告する期間として、消防法令上、正しいものは次のうちどれか。

(1) 共同住宅‥‥‥‥‥‥‥‥‥‥‥‥ 1年に1回
(2) 病院‥‥‥‥‥‥‥‥‥‥‥‥‥‥ 1年に1回
(3) カラオケボックス‥‥‥‥‥ 6か月に1回
(4) 神社‥‥‥‥‥‥‥‥‥‥‥‥‥‥ 2年に1回

問題5 消防の用に供する機械器具等の検定制度について述べた次の文中の（　）内に当てはまる語句の組合せとして、正しいものはどれか。

「（　A　）は、検定対象機械器具等の形状等が、（　B　）を受けた検定対象機械器具等の型式に係る形状等に適合しているかどうかについて行うものであり、（　C　）によって行われる。」

	A	B	C
(1)	型式適合検定	型式承認	日本消防検定協会等
(2)	型式承認	型式適合検定	日本消防検定協会等
(3)	型式適合検定	型式承認	総務大臣
(4)	型式承認	型式適合検定	総務大臣

問題6 消防設備士の免状について、消防法令上、誤っているものは次のうちどれか。

(1) 消防設備士が消防法令に違反している場合、免状を交付した都道府県知事は当該消防設備士に対して免状の返納を命じることができる。
(2) 免状の返納命令に違反すると、罰則または拘留に処せられることがある。
(3) 都道府県知事は、免状の返納命令を受けたことがある者であっても、新たに試験に合格したものについては、申請があれば直ちに免状を交付する必要がある。
(4) 都道府県知事は、消防法令に違反して罰金以上の刑に処せられた者であって、その執行を終わった日から2年を経過しないものについては、免状の交付を行わないことができる。

甲問題7 着工届について、消防法令上、誤っているものは次のうちどれか。

(1) 着工届は、甲種消防設備士がしなければならない。
(2) 着工届は、工事着工日の4日前までにしなければならない。
(3) 着工届の届出先は、消防長または消防署長である。
(4) 工事整備対象設備等に該当しない消防用設備等について、着工届は不要である。

⊕問題8　防炎規制および防火対象物の点検について、消防法令上、誤っているもの
　　は次のうちどれか。
(1)　防炎規制の対象となる物品（以下「防炎対象物品」という）には、炎に接して
　　も燃えにくいといった一定の性能が要求される。
(2)　防炎規制の対象となるのは、高層建築物、特定防火対象物、映画スタジオもし
　　くはテレビスタジオまたは工事中の建築物等の工作物で使用される防炎対象物品
　　に限られる。
(3)　防火対象物定期点検報告制度とは、防火対象物点検資格者に、防火対象物にお
　　ける防火管理上必要な業務等について定期的に点検をさせ、その結果を消防長ま
　　たは消防署長に報告する制度をいう。
(4)　防火対象物点検資格者による点検は、6か月に1回行うものとされている。

■ 消防関係法令（類別）　甲種：問題9〜15、乙種：問題9〜12

問題9　消防法令上、自動火災報知設備を設置しなければならない防火対象物とし
　　て、誤っているものは次のうちどれか。
(1)　延べ面積350㎡の集会場
(2)　延べ面積480㎡の工場
(3)　延べ面積が950㎡の旅館
(4)　延べ面積1000㎡の事務所

問題10　感知器の設置を省略できる場所として、消防法令上、正しいものは次のう
　　ちどれか。
(1)　感知器の取付け面の高さが18m以上となる場所
(2)　主要構造部を耐火構造とする建築物の天井裏
(3)　主要構造部を耐火構造とする建築物に設けられている木造の押入れ
(4)　主要構造部が耐火構造以外の建築物の天井裏であって、天井と上階の床との距
　　離が0.6mの場所

問題11　煙感知器の設置について、消防法令上、誤っているものは次のうちどれか。

(1)　階段やエレベーター昇降路には、防火対象物の用途に関係なく、煙感知器を設置しなければならない。

(2)　小学校の廊下や通路には、煙感知器を設置しなくてもよい。

(3)　地階や無窓階には、防火対象物の用途に関係なく、煙感知器を設置する。

(4)　11階以上の階にある事務所には、煙感知器を設置しなければならない。

問題12　消防法令上、防火対象物の出火階と、地区音響装置を区分鳴動させる部分との組合せとして、正しいものは次のうちどれか。ただし、出火した防火対象物は、地上階が5階、地階が2階で、延べ面積3000㎡を超える建物とする。

	出火階	区分鳴動させる部分
(1)	4 階	4 階、5 階
(2)	2 階	1 階、2 階、3 階
(3)	1 階	1 階、2 階、地下1階
(4)	地下1階	1 階、地下1階

甲**問題13　下図のような複合用途防火対象物に対する自動火災報知設備の設置義務について、消防法令上、正しいものは次のうちどれか。なお、地上階はすべて無窓階ではないものとする。**

3階　事務所	100㎡
2階　飲食店	100㎡
1階　物品販売店舗	100㎡
地階　駐車場	100㎡

(1)　地階の駐車場にのみ設置義務がある。

(2)　2階の飲食店と1階の物品販売店舗のみ設置義務がある。

(3)　3階の事務所を除く各階に設置義務がある。

(4)　すべての階に設置義務がある。

⊞問題14　自動火災報知設備の警戒区域について述べた次の文中の（　　　）内に当
　　てはまる語句の組合せとして、正しいものはどれか。

「原則として、建物の2つ以上の階にわたって1つの警戒区域とすることはできな
いが、2つの階にわたっても面積の合計が（　A　）㎡以下の場合には、2つの階
で1つの警戒区域とすることができる。また、階段やエレベーター昇降路など『た
て穴区画』に（　B　）を設ける場合には、これを1つの警戒区域とすることがで
きる。」

	A	B
(1)	300	熱感知器
(2)	500	煙感知器
(3)	600	熱感知器
(4)	1000	煙感知器

⊞問題15　消防機関へ通報する火災報知設備を設置しなければならない防火対象物と
　　して、消防法令上、正しいものは次のうちどれか。ただし、いずれの防火対象物も、
　　法令によって設置の省略が認められる場所にはないが、消防機関へ常時通報でき
　　る電話は設置しているものとする。

(1)　延べ面積が1500㎡の劇場
(2)　延べ面積が1200㎡の倉庫
(3)　延べ面積が900㎡の児童養護施設
(4)　延べ面積が500㎡の物品販売店舗

■ 電気に関する基礎的知識　甲種：問題16〜25、乙種：問題16〜20

問題16　下図の回路における合成抵抗の値として、正しいものは次のうちどれか。

(1)　0Ω
(2)　12Ω
(3)　24Ω
(4)　50Ω

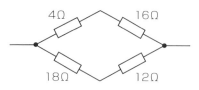

問題17 下図の回路で電源電圧を120Vとしたとき、10Aの電流が流れた。抵抗R_3の数値として、正しいものは次のうちどれか。

(1)　5Ω

(2)　8Ω

(3)　12Ω

(4)　20Ω

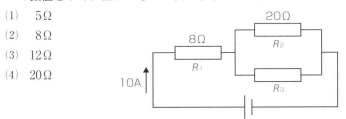

問題18 0.3μFと0.6μFの2個のコンデンサを直列接続したときの合成静電容量として、正しいものは次のうちどれか。

(1)　0.02μF

(2)　0.18μF

(3)　0.2μF

(4)　0.9μF

問題19 次の導体の組合せのうち、常温（20℃）における導電率が高い順に左から並んでいるものはどれか。

(1)　白金、銅、銀

(2)　銀、アルミニウム、銅

(3)　白金、アルミニウム、銀

(4)　銀、銅、白金

問題20 電気と磁界に関する記述として、誤っているものは次のうちどれか。

(1)　コイルと磁石を近づけたり遠ざけたりする瞬間にコイルに電気が流れる現象を電磁誘導という。

(2)　電磁誘導によって生じる電気を、誘導起電力という。

(3)　電磁誘導によって流れた電流の向きを確認するときは、フレミングの左手の法則を使う。

(4)　フレミングの左手の法則では、左手の中指を電流の向き、人差し指を磁界の向きにしたとき、親指の指す方向が力の向きを示す。

㊙問題21　負荷が誘導リアクタンスのみの交流回路に正弦波交流の電圧を加えた場合の電流と電圧の関係について、正しいものは次のうちどれか。
- (1)　電流は電圧よりも位相が90°遅れる。
- (2)　電流は電圧よりも位相が180°遅れる。
- (3)　電流は電圧よりも位相が90°進む。
- (4)　電流は電圧よりも位相が180°進む。

㊙問題22　下図の交流回路の力率の値として、正しいものは次のうちどれか。
- (1)　60％
- (2)　70％
- (3)　75％
- (4)　80％

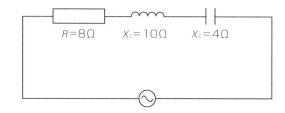

㊙問題23　指示電気計器の動作原理の種類と使用する回路との組合せとして、不適切なものは次のうちどれか。
- (1)　電流力計形·····················直流・交流両用
- (2)　誘導形·····························直流・交流両用
- (3)　整流形·····························交流回路用
- (4)　可動コイル形·················直流回路用

㋴問題24　負荷の端子電圧および負荷に流れる電流を計測する電圧計と電流計の接続の仕方として、正しいものは次のうちどれか。Ⓥ：電圧計　Ⓐ：電流計

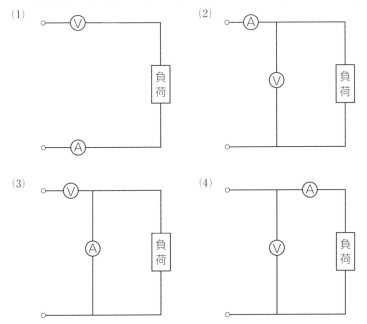

(1)　(2)　(3)　(4)

㋴問題25　　1次コイルの巻き数が500、2次コイルの巻き数が1500の変圧器がある。1次コイルに24Aの電流が流れているとき、2次コイルに流れる電流の大きさとして正しいものは次のうちどれか。ただし、この変圧器は理想変圧器とする。

(1)　　　8 A
(2)　　48A
(3)　　72A
(4)　120A

■ 構造・機能等（電気）　甲種：問題26〜37、乙種：問題26〜34

問題26　差動式分布型感知器（空気管式）を設置する際の留意事項として、誤っているものは次のうちどれか。

(1)　取付け面の下方0.3m以内の位置に設置する。

(2)　1つの検出部に接続する空気管の全長は、100m以下とする。

(3)　空気管の露出する部分は、感知区域ごとに20m以上とする。

(4)　換気口等の空気吹出し口から1.5m以上離れた位置に設置する。

問題27　光電式分離型感知器の設置について、誤っているものは次のうちどれか。

(1)　感知器の光軸の高さが天井等の高さの90％以上となるように設置する。

(2)　壁で区画された区域ごとに、当該区域の各部分から1つの光軸までの水平距離が7m以下となるように設置する。

(3)　公称監視距離（送光部から受光部までの距離）は5m以上100m以下で5m刻みとされており、光軸の長さが当該感知器の公称監視距離内となるように設置する。

(4)　天井等の高さが20m未満の場所に設置する。

問題28　感知器とその取付け場所の傾斜角度の最大値との組合せとして、誤っているものは次のうちどれか。

(1)　差動式分布型感知器の検出部 ……………………5度

(2)　熱複合式スポット型感知器 ………………………45度

(3)　紫外線式スポット型感知器 ………………………45度

(4)　光電式分離型感知器 ………………………………90度

問題29　発信機や表示灯の設置について、誤っているものは次のうちどれか。

(1)　発信機は、床面から高さ0.8m以上1.5m以下の箇所に設ける。

(2)　発信機の直近に設ける表示灯は赤色の灯火とし、取付け面と15度以上の角度となる方向に沿って5m離れたところから点灯していることが容易に識別できるものでなければならない。

(3)　発信機を消火栓用の表示灯の直近に設置した場合は、例外的に自動火災報知設備の表示灯を設けないことができる。

(4)　受信機がR型の場合は、P型1級発信機を接続する。

問題30 地区音響装置について述べた次の文中の（　　　）内に当てはまる語句の組合せとして、正しいものはどれか。

「地区音響装置の音圧は、取り付けられた音響装置の中心から1m離れた地点で測定して（　A　）以上、音声により警報を発するものは（　B　）以上でなければならない。」

	A	B
(1)	92dB	90dB
(2)	85dB	70dB
(3)	90dB	92dB
(4)	70dB	85dB

問題31 耐火配線および耐熱配線の工事に使用することが認められない電線は、次のうちどれか。

(1)　EPゴム絶縁電線
(2)　クロロプレン外装ケーブル
(3)　CDケーブル
(4)　600Vビニル絶縁電線（IV）

問題32 P型受信機、GP型受信機の感知器回路の電路の抵抗値として、正しいものは次のうちどれか。

(1)　50Ω以上
(2)　50Ω以下
(3)　0.1MΩ以上
(4)　0.1MΩ以下

問題33 差動式スポット型感知器について加熱試験器を用いて作動試験を行ったときの、1種および2種の感知器の作動時間の合否判定基準として、正しい組合せは次のうちどれか。ただし、蓄積型感知器を除く。

	1種	2種
(1)	30	30
(2)	20	30
(3)	40	60
(4)	60	120

問題34 ガス漏れ火災警報設備の警報装置の設置基準として、誤っているものは次のうちどれか。

(1) 音声警報装置のスピーカーは、各階ごとにその階の各部分から1つのスピーカーまでの水平距離が25m以下となるように設ける。

(2) 非常警報設備としての放送設備を設置した場合、その有効範囲内の部分については音声警報装置を設ける必要がない。

(3) ガス漏れ表示灯は、ガス漏れの発生を通路にいる防火対象物の関係者に警報する装置であり、通路に当たるものがない場合には設ける必要がない。

(4) 検知区域警報装置の音圧は、装置から1m離れた位置で90dB以上でなければならない。

㊦**問題35** 耐熱配線工事の方法として、正しいものは次のうちいくつあるか。

ア MIケーブルを使用し、露出配線とする。

イ シリコンゴム絶縁電線を使用し、合成樹脂管に収めて露出配管とする。

ウ 600V2種ビニル絶縁電線（HIV）を使用し、露出配線とする。

エ ポリエチレン絶縁電線を使用し、金属管に収めて露出配管とする。

(1) 1つ

(2) 2つ

(3) 3つ

(4) すべて正しい

㊦**問題36** P型1級受信機（多回線用）の火災表示試験および回路導通試験について、誤っているものは次のうちどれか。

(1) 火災表示試験においては、火災表示の正常な作動のほか、自己保持機能についても確認する。

(2) 火災表示試験では、感知器の異常や感度の良否まで確認することはできない。

(3) 回路導通試験においては、回路の末端に設けた発信機や回路試験器の押しボタンを押すことによって断線を確認する。

(4) 回路導通試験では、感知器の接点の接触不良を確認することはできない。

⊞問題37　接地工事について述べた次の文中の（　　　）内に当てはまる語句の組合
　　せとして、正しいものはどれか。

「大地に接続する接地線は（　A　）ほど、また接地抵抗値は（　B　）ほど、接
地の効果は大きくなる。4種類の接地工事のうち、D種接地工事の接地線の太さは
1.6mm以上とされ、接地抵抗値は（　C　）以下とされている。」

	A	B	C
(1)	太い	小さい	100Ω
(2)	細い	小さい	100Ω
(3)	太い	大きい	10Ω
(4)	細い	大きい	10Ω

■ **構造・機能等（規格）** 甲種：問題38〜45、乙種：問題38〜43

問題38　差動式スポット型感知器の定義を述べた次の文中の（　　　）内に当ては
　　まる語句の組合せとして、正しいものはどれか。

「（　A　）以上になったときに火災信号を発信するもので、（　B　）により作動
するもの。」

	A	B
(1)	周囲の温度の上昇率が一定の率	一局所の熱効果
(2)	一局所の周囲の温度が一定の温度	一局所の熱効果
(3)	周囲の温度の上昇率が一定の率	広範囲の熱効果の累積
(4)	一局所の周囲の温度が一定の温度	広範囲の熱効果の累積

問題39　定温式感知器の公称作動温度の範囲として、正しいものは次のうちどれか。
(1)　60℃から165℃まで
(2)　60℃から150℃まで
(3)　55℃から160℃まで
(4)　55℃から155℃まで

問題40　差動式分布型感知器（空気管式）は、空気の膨張を利用して作動するものであるが、その検出部に用いられるものは次のうちどれか。

(1)　ダイヤフラム
(2)　アメリシウム
(3)　メーターリレー
(4)　テストポンプ

問題41　Ｐ型１級発信機およびＰ型２級発信機に共通する構造・機能についての記述として、規格省令上、誤っているものは次のうちどれか。

(1)　発信機の外箱の色を赤色とすること。
(2)　押しボタンスイッチの前方には保護板を設け、その保護板を破壊または押し外すことによってスイッチを押すことができるものとすること。
(3)　押しボタンスイッチを押した後、当該スイッチが自動的に元の位置にもどらない構造のものについては、元の位置にもどす操作を忘れないための措置を講じること。
(4)　押しボタンスイッチの保護板には、有機ガラスまたは無機ガラスを用いること。

問題42　受信機の部品の構造・機能について、規格省令上、誤っているものは次のうちどれか。

(1)　表示灯（火災灯、地区表示灯など）に使用する電球は、2個以上並列に接続する。ただし、放電灯または発光ダイオードを用いる場合は1個でもよい。
(2)　音響装置は、定格電圧の90％（予備電源を設けた場合は、予備電源の定格電圧の85％）の電圧で音響を発するものでなければならない。
(3)　予備電源を設ける場合は、主電源が停止したときは自動的に予備電源に切り替え、主電源が復旧したときは手動で主電源に切り替える装置を設ける必要がある。
(4)　受信機の予備電源は、密閉型蓄電池に限られる。

問題43　G型受信機、ＧＰ型受信機およびＧＲ型受信機がガス漏れ信号を受信したときに自動的に行う「ガス漏れ表示」として、規格省令上、正しいものは次のうちどれか。

(1)　赤色のガス漏れ灯および主音響装置によりガス漏れの発生を、また検知区域警報装置により当該ガス漏れの発生した検知区域をそれぞれ表示する。

(2)　黄色のガス漏れ灯および主音響装置によりガス漏れの発生を、また地区表示装置により当該ガス漏れの発生した警戒区域をそれぞれ表示する。

(3)　黄色の注意灯および音声警報装置によりガス漏れの発生を、また検知区域警報装置により当該ガス漏れの発生した検知区域をそれぞれ表示する。

(4)　黄色の注意灯および音声警報装置によりガス漏れの発生を、また地区表示装置により当該ガス漏れの発生した警戒区域をそれぞれ表示する。

甲問題44　受信機に自動試験機能または遠隔試験機能（以下「自動試験機能等」という）を設ける自動火災報知設備について、規格省令上、誤っているものは次のうちどれか。

(1)　自動試験機能とは、「火災報知設備に係る機能が適正に維持されていることを、自動的に確認することができる装置による火災報知設備に係る試験機能」をいう。

(2)　自動試験機能等の制御機能の作動条件値は、設計範囲外に設定できないものでなければならない。

(3)　自動試験機能等の制御機能の作動条件値は、周囲の環境変化に対応できるよう、容易に変更できるものでなければならない。

(4)　作動条件値とは、異常の有無の判定を行う基準となる数値や条件等をいう。

甲問題45　中継器に関する記述として、誤っているものは次のうちどれか。

(1)　中継器とは、感知器等から火災信号やガス漏れ信号などを受信し、これをさらに受信機等へ発信する機器をいう。

(2)　自動火災報知設備の中継器の受信から発信までの所要時間は５秒以内とされているが、ガス漏れ火災警報設備の中継器については、ガス漏れ信号の受信開始からガス漏れ表示までの所要時間が５秒以内の受信機に接続するものに限り、60秒以内とすることができる。

(3)　検知器や受信機または他の中継器から電力を供給されない方式の中継器については、ガス漏れ火災警報設備に使用する中継器を除いて、予備電源を設ける必要がある。

(4)　中継器が外部負荷に電力を供給する場合、その回路には保護装置を設けない。

問題1　下は感知器の構造図である。図の①～③に入る名称と、この感知器の名称を解答欄に書きなさい。

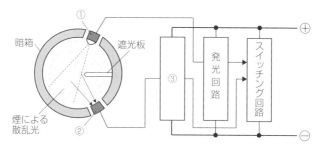

解答欄

①		②	
③			
④	感知器の名称		

問題2　下は受信機の仕組みを表した図である。

(1)　①の名称を解答欄に書きなさい。

(2)　この受信機の名称を解答欄に書きなさい。

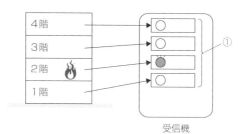

受信機

解答欄

(1)		(2)	

問題3　下は重ガスのガス漏れ検知器の設置基準の図である。図の①②の距離を解
　　　答欄に書きなさい。

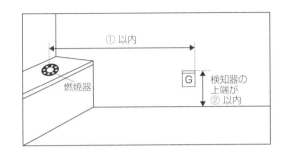

解答欄

①		②	

問題4　下は差動式分布型感知器の空気管の取付けの図である。図の①②③の距離
　　　を、解答欄に書きなさい。

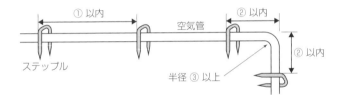

解答欄

①		②		③	

問題5 下の写真の計器は、自動火災報知設備の音響装置の点検に使う測定器である。

(1) この計器の名称を解答欄に書きなさい。

(2) この測定器を使う際は、音響装置の中心からある距離をおいた位置で使うことが決められている。その距離を解答欄に書きなさい。

(3) 地区音響装置に求められる音圧を解答欄に書きなさい。

解答欄

(1)		(2)	m
(3)	dB以上		

■ 実技（製図）　甲種：問題1〜2

問題1　下は、耐火構造4階建ての自動火災報知設備の系統図である。設備の内容は、消火栓設備との連動があり、地区音響装置は一斉鳴動方式となっている。また、受信機はP型1級である。

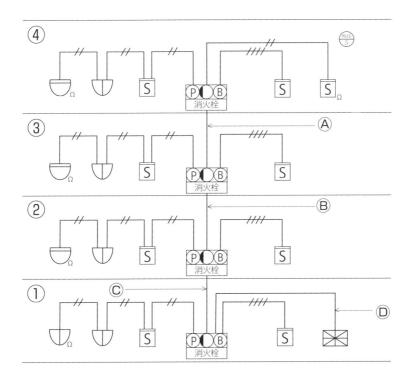

系統図中のA〜Dの幹線本数を書きなさい。

解答欄

	IV電線数	HIV電線数
Ⓐ	本	本
Ⓑ	本	本
Ⓒ	本	本
Ⓓ	本	本

問題2　下の図は、幼稚園の1階の図面である。下記の条件に基づき、凡例に従って、平面図を作成せよ。また、図中の㋐と㋑の部分の幹線本数を書き込みなさい。

〈凡例〉

記　号	名　称	備　考
☐	機器収容箱	P型発信機、表示灯、地区音響装置を収納
▽	差動式スポット型感知器	2種
▽	定温式スポット型感知器	1種防水型
S	煙感知器	2種
Ω	終端抵抗器	
♂　♀	配線立ち上がり、引き下げ	
─╫─	配線	2本
─╫╫─	同上（複線）	4本
─ ─ ─	警戒区域境界線	
(No.)	警戒区域番号	

〈条件〉

①主要構造部は木造であり、無窓階ではない。天井高は3mであり、受信機はP型1級とする。

②階段室は、別の階で警戒している。

③感知器の設置数は、必要最小個数とする。

④煙感知器は、法令基準によって設けなければならない場所以外には設置しない。

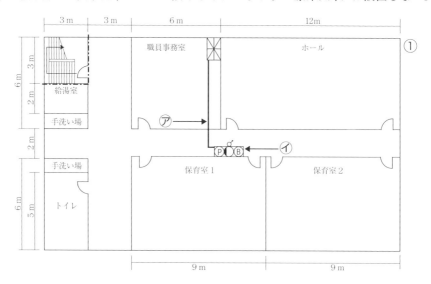

予想模擬試験〈第1回〉

※実物見本で解答記入の練習をしましょう。

㊙設 甲 乙 四

解答カード

キリトリセン

受験地 _____

氏名 _____

受験番号

	ー			
T[1]	1[1]	1[1]	1[1]	1[1]
U[2]	2[2]	2[2]	2[2]	2[2]
V[3]	3[3]	3[3]	3[3]	3[3]
W[4]	4[4]	4[4]	4[4]	4[4]
	5[5]	5[5]	5[5]	5[5]
	6[6]	6[6]	6[6]	6[6]
	7[7]	7[7]	7[7]	7[7]
	8[8]	8[8]	8[8]	8[8]
	9[9]	9[9]	9[9]	9[9]
	0[0]	0[0]	0[0]	0[0]

消防関係法令

共通法令

問1	問2	問3	問4	問5	問6	問7	問8
1[1]	1[1]	1[1]	1[1]	1[1]	1[1]	1[1]	1[1]
2[2]	2[2]	2[2]	2[2]	2[2]	2[2]	2[2]	2[2]
3[3]	3[3]	3[3]	3[3]	3[3]	3[3]	3[3]	3[3]
4[4]	4[4]	4[4]	4[4]	4[4]	4[4]	4[4]	4[4]

類別法令

問9	問10	問11	問12	問13	問14	問15
1[1]	1[1]	1[1]	1[1]	1[1]	1[1]	1[1]
2[2]	2[2]	2[2]	2[2]	2[2]	2[2]	2[2]
3[3]	3[3]	3[3]	3[3]	3[3]	3[3]	3[3]
4[4]	4[4]	4[4]	4[4]	4[4]	4[4]	4[4]

基礎的知識

機械及び電気

問16	問17	問18	問19	問20	問21	問22	問23	問24	問25
1[1]	1[1]	1[1]	1[1]	1[1]	1[1]	1[1]	1[1]	1[1]	1[1]
2[2]	2[2]	2[2]	2[2]	2[2]	2[2]	2[2]	2[2]	2[2]	2[2]
3[3]	3[3]	3[3]	3[3]	3[3]	3[3]	3[3]	3[3]	3[3]	3[3]
4[4]	4[4]	4[4]	4[4]	4[4]	4[4]	4[4]	4[4]	4[4]	4[4]

構造・機能等

機械及び電気

問26	問27	問28	問29	問30	問31	問32	問33	問34	問35	問36	問37	問38
1[1]	1[1]	1[1]	1[1]	1[1]	1[1]	1[1]	1[1]	1[1]	1[1]	1[1]	1[1]	1[1]
2[2]	2[2]	2[2]	2[2]	2[2]	2[2]	2[2]	2[2]	2[2]	2[2]	2[2]	2[2]	2[2]
3[3]	3[3]	3[3]	3[3]	3[3]	3[3]	3[3]	3[3]	3[3]	3[3]	3[3]	3[3]	3[3]
4[4]	4[4]	4[4]	4[4]	4[4]	4[4]	4[4]	4[4]	4[4]	4[4]	4[4]	4[4]	4[4]

規格

問39	問40	問41	問42	問43	問44	問45
1[1]	1[1]	1[1]	1[1]	1[1]	1[1]	1[1]
2[2]	2[2]	2[2]	2[2]	2[2]	2[2]	2[2]
3[3]	3[3]	3[3]	3[3]	3[3]	3[3]	3[3]
4[4]	4[4]	4[4]	4[4]	4[4]	4[4]	4[4]

予想模擬試験〈第2回〉

キリトリセン

※実物見本で解答記入の練習をしましょう。

解答カード

受験地		氏名	

設 甲 乙 四

受験番号

		―				
T	1		1	1	1	1
U	2		2	2	2	2
V	3		3	3	3	3
W	4		4	4	4	4
	5		5	5	5	5
	6		6	6	6	6
	7		7	7	7	7
	8		8	8	8	8
	9		9	9	9	9
	0		0	0	0	0

消防関係法令

共通法令

	問1	問2	問3	問4	問5	問6	問7	問8
	1	1	1	1	1	1	1	1
	2	2	2	2	2	2	2	2
	3	3	3	3	3	3	3	3
	4	4	4	4	4	4	4	4

類別法令

	問9	問10	問11	問12	問13	問14	問15
	1	1	1	1	1	1	1
	2	2	2	2	2	2	2
	3	3	3	3	3	3	3
	4	4	4	4	4	4	4

基礎的知識

機械及び電気

	問16	問17	問18	問19	問20	問21	問22	問23	問24	問25
	1	1	1	1	1	1	1	1	1	1
	2	2	2	2	2	2	2	2	2	2
	3	3	3	3	3	3	3	3	3	3
	4	4	4	4	4	4	4	4	4	4

構造・機能等

機械及び電気

	問26	問27	問28	問29	問30	問31	問32	問33	問34	問35	問36	問37
	1	1	1	1	1	1	1	1	1	1	1	1
	2	2	2	2	2	2	2	2	2	2	2	2
	3	3	3	3	3	3	3	3	3	3	3	3
	4	4	4	4	4	4	4	4	4	4	4	4

規格

	問38	問39	問40	問41	問42	問43	問44	問45
	1	1	1	1	1	1	1	1
	2	2	2	2	2	2	2	2
	3	3	3	3	3	3	3	3
	4	4	4	4	4	4	4	4

予想模擬試験〈第3回〉

解答カード

※実物見本で解答記入の練習をしましょう。

キリトリセン

受験地

氏名

設 甲 乙 四

受験番号

機械及び電気

問16	問17	問18	問19	問20	問21	問22	問23	問24	問25
1	1	1	1	1	1	1	1	1	1
2	2	2	2	2	2	2	2	2	2
3	3	3	3	3	3	3	3	3	3
4	4	4	4	4	4	4	4	4	4

基礎的知識

問9	問10	問11	問12	問13	問14	問15
1	1	1	1	1	1	1
2	2	2	2	2	2	2
3	3	3	3	3	3	3
4	4	4	4	4	4	4

類別法令

問1	問2	問3	問4	問5	問6	問7	問8
1	1	1	1	1	1	1	1
2	2	2	2	2	2	2	2
3	3	3	3	3	3	3	3
4	4	4	4	4	4	4	4

消防関係法令 / 共通法令

機械及び電気

問41	問42	問43	問44	問45
1	1	1	1	1
2	2	2	2	2
3	3	3	3	3
4	4	4	4	4

規格

問38	問39	問40
1	1	1
2	2	2
3	3	3
4	4	4

機械及び電気

問26	問27	問28	問29	問30	問31	問32	問33	問34	問35	問36	問37
1	1	1	1	1	1	1	1	1	1	1	1
2	2	2	2	2	2	2	2	2	2	2	2
3	3	3	3	3	3	3	3	3	3	3	3
4	4	4	4	4	4	4	4	4	4	4	4

構造・機能等

消防設備士 第4類

ユーキャンの消防設備士 第4類 速習テキスト&予想模試 第3版

A5判　定価：2,860円（10% 税込）

● 重要ポイントを厳選したテキスト！
● 予想模擬試験〈2回〉つき
● 試験直前まで「使える！ まとめ資料」

ユーキャンの消防設備士 第4類 重要問題集&模試3回 第3版

A5判　定価：2,640円（10% 税込）

● 解いておきたい重要問題を収載
● 仕上げは〈3回〉の予想模擬試験
● **「要点まとめてCheck」**で
　横断的な暗記事項もマスター！

消防設備士 第6類

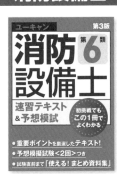

ユーキャンの消防設備士 第6類 速習テキスト&予想模試 第3版

A5判　定価：2,530円（10% 税込）

【独学でも安心の工夫が満載】

● 豊富なイラスト・図表で、やさしく解説！
● 語呂合わせ・欄外補足で、楽しく学習できる
● 実技試験対策も収載！

●法改正・正誤等の情報につきましては、下記「ユーキャンの本」ウェブサイト内「追補（法改正・正誤）」をご覧ください。
https://www.u-can.co.jp/book/information

●本書の内容についてお気づきの点は
・「ユーキャンの本」ウェブサイト内「よくあるご質問」をご参照ください。
https://www.u-can.co.jp/book/faq
・郵送・FAXでのお問い合わせをご希望の方は、書名・発行年月日・お客様のお名前・ご住所・FAX番号をお書き添えの上、下記までご連絡ください。
【郵送】〒169-8682 東京都新宿北郵便局 郵便私書箱第2005号
　　　　ユーキャン学び出版 消防設備士資格書籍編集部
【FAX】03-3350-7883
◎より詳しい解説や解答方法についてのお問い合わせ、他社の書籍の記載内容等に関しては回答いたしかねます。

●お電話でのお問い合わせ・質問指導は行っておりません。

ユーキャンの 消防設備士第4類 重要問題集&模試3回 第3版

2015年2月6日　初　版　第1刷発行	編　者　ユーキャン消防設備士 　　　　試験研究会
2018年1月26日　第2版　第1刷発行	
2023年8月17日　第3版　第1刷発行	発行者　品川泰一
	発行所　株式会社 ユーキャン 学び出版 　　　　〒151-0053 　　　　東京都渋谷区代々木1-11-1 　　　　Tel 03-3378-1400
	編　集　株式会社 東京コア
	発売元　株式会社 自由国民社 　　　　〒171-0033 　　　　東京都豊島区高田3-10-11 　　　　Tel 03-6233-0781（営業部）

印刷・製本　株式会社トーオン

予想模擬試験

解答 / 解説

予想模擬試験〈第1回〉解答一覧

筆記試験					
消防関係法令（共通）		基礎的知識（電気）		問題31	(2)
問題1	(3)	問題16	(4)	問題32	(1)
問題2	(4)	問題17	(1)	問題33	(3)
問題3	(2)	問題18	(2)	問題34	(1)
問題4	(1)	問題19	(3)	甲 問題35	(4)
問題5	(1)	問題20	(3)	甲 問題36	(2)
問題6	(3)	甲 問題21	(2)	甲 問題37	(4)
甲 問題7	(4)	甲 問題22	(1)	構造・機能等（規格）	
甲 問題8	(2)	甲 問題23	(4)	問題38	(3)
消防関係法令（類別）		甲 問題24	(3)	問題39	(2)
問題9	(4)	甲 問題25	(2)	問題40	(1)
問題10	(4)	構造・機能等（電気）		問題41	(2)
問題11	(2)	問題26	(3)	問題42	(1)
問題12	(3)	問題27	(4)	問題43	(3)
甲 問題13	(2)	問題28	(1)	甲 問題44	(4)
甲 問題14	(1)	問題29	(4)	甲 問題45	(3)
甲 問題15	(4)	問題30	(3)		

挑戦した日付		筆記試験					実技試験		合計
		消防関係法令		基礎的知識	構造・機能等		鑑別等	製図	
		共通	類別	電気	電気	規格			
1回目 ／	甲	/8	/7	/10	/12	/8	/5	/2	/52
	乙	/6	/4	/5	/9	/6	/5	－	/35
2回目 ／	甲	/8	/7	/10	/12	/8	/5	/2	/52
	乙	/6	/4	/5	/9	/6	/5	－	/35

予想模擬試験〈第1回〉解答・解説

※問題を解くために参考となる本書内のページを「▶」の後に記してあります。

■ 消防関係法令（共通）　甲種：問題1〜8、乙種：問題1〜6

問題1　解答　(3)　　　　　　　　　　　　　　　　　　▶P.99、101、107

(1)(2)(4)は正しい記述です。

(3)「消防用設備等」とは、政令で定める消防の用に供する設備、消防用水および消火活動上必要な施設をいいます。この「消防の用に供する設備」の中に、消火設備、警報設備、避難設備が含まれます。

問題2　解答　(4)　　　　　　　　　　　　　　　　　　　　▶P.113

消防長（消防本部を置かない市町村の場合は市町村長）または消防署長は、消防用設備等が設備等技術基準に従って設置または維持されていないと認める場合には、当該基準に従って設置すべきこと、または維持するために必要な措置をとるよう命じることができます。これを消防用設備等の設置維持命令といい、この命令を受ける者は、当該消防用設備等について設置・維持義務を負う防火対象物の関係者（所有者・管理者・占有者）で権原を有するものです。

問題3　解答　(2)　　　　　　　　　　　　　　　　　　　　▶P.109

(1)既存防火対象物については、改正後の規定の適用を除外し、改正前の規定をそのまま適用することが原則とされています。

(2)正しい記述です。

(3)既存防火対象物の消防用設備等が改正前の規定に違反している場合には、改正後の規定を適用します。

(4)既存防火対象物が特定防火対象物の場合は、常に改正後の規定を適用します。

問題4　解答　(1)　　　　　　　　　　　　　　　　　　　　▶P.117

(1)マーケットなど特定防火対象物であって、延べ面積1000㎡以上のものは、消防設備士または消防設備点検資格者が定期点検を行う必要があります。

(2)ホテルは特定防火対象物ですが、延べ面積1000㎡以上でなければ該当しません。

(3)美術館など非特定防火対象物は、延べ面積1000㎡以上かつ消防長または消防署長の指定があるものに限り、消防設備士または消防設備点検資格者が定期点検を行います。

(4)飲食店は特定防火対象物ですが、延べ面積が1000㎡以上ではないので該当しません。

3

問題5　解答　(1)
▶P.121

(1)正しい記述です。

(2)泡消火設備の整備を行うことができるのは、**第2類**の甲種・乙種消防設備士です。

(3)乙種の消防設備士が行えるのは**整備（点検を含む）のみ**であり、工事は行えません。

(4)消火器の整備を行うことができるのは、**第6類**の乙種消防設備士です。

問題6　解答　(3)
▶P.123

(1)正しい記述です。免状を**亡失、滅失、汚損、破損**したときは、その免状の**交付**または**書換え**をした都道府県知事に**再交付**の申請ができます（再交付は義務ではないことに注意）。

(2)正しい記述です。

(3)消防設備士免状の効力は、**全国どこでも有効**なので、交付を受けた都道府県以外の地域で業務を行うことになったとしても免状の書換えを行う必要はありません。

(4)正しい記述です。なお、免状の書換えは、記載事項である氏名、本籍地の属する都道府県などが変わったときや添付されている写真が撮影から10年を経過したときに、遅滞なく申請することとされています。

㊒問題7　解答　(4)
▶P.107

建築物である防火対象物については、**1棟単位**で消防用設備等を設置するのが原則ですが、1棟の防火対象物の一部分が**開口部のない耐火構造の床または壁**で区画されているときは、その部分を別個独立の防火対象物とみなします。

㊒問題8　解答　(2)
▶P.101

(1)消防長等に消防同意を求めるのは、**建築主事**（または特定行政庁）や**指定確認検査機関**であって、建築主ではないという点を押さえましょう。

(2)都市計画区域等の**一般建築物**については、同意を求められた日から**3日以内**（それ以外については7日以内）と定められています。

(3)(4)正しい記述です。

4

■ 消防関係法令（類別）　甲種：問題9～15、乙種：問題9～12

問題9　解答　(4)　　　　　　　　　　　　　　　　　　　　　●P.26、131

(1)幼稚園（令別表第一(6)ニ）は**特定防火対象物**であり、**延べ面積300㎡以上**の場合に設置義務があります。

(2)マーケット（同(4)）も特定防火対象物であり、延べ面積300㎡以上の場合に設置義務があります。

(3)美術館（同(8)）は**非特定防火対象物**であり、**延べ面積500㎡以上**の場合に設置義務があります。

(4)非特定防火対象物は、原則として、延べ面積500㎡以上のものに設置義務がありますが、**神社等**（同(11)）、**事務所等**（同(15)）は、**延べ面積1000㎡以上**のものとされています。

問題10　解答　(4)　　　　　　　　　　　　　　　　　　　　　●P.135

閉鎖型スプリンクラーヘッドを備えたスプリンクラー設備等を設置した場合は、その設備の有効範囲内に限り、**自動火災報知設備の設置を省略**することができますが、**特定防火対象物**については、この場合でも**省略できない**とされています。(4)遊技場（令別表第一(2)ロ）は特定防火対象物なので省略できません。(1)～(3)はいずれも非特定防火対象物です。

問題11　解答　(2)　　　　　　　　　　　　　　　　　　　　　●P.145

(1)地下街（令別表第一(16の2)）で延べ面積1000㎡以上のものは、設置対象となります。

(2)準地下街（同(16の3)）は延べ面積1000㎡以上で、かつ特定用途部分の床面積の合計が500㎡以上の場合に設置対象となります。飲食店（同(3)ロ）に使用する部分は特定用途部分ですが、床面積合計が450㎡なので、この準地下街は設置対象になりません。

(3)病院（同(6)イ）など**特定防火対象物の地階**であって、**床面積の合計が1000㎡以上**のものは設置対象となります。

(4)複合用途防火対象物（同(16)のイ）の**地階**は、**床面積合計1000㎡以上**かつ**特定用途部分の床面積合計が500㎡以上**の場合に設置対象となります。劇場（同(1)イ）として使用する部分の床面積合計が1200㎡なので、この地階は設置対象となります。

問題12　解答　(3)　　　　　　　　　　　　　　　　　　　　　●P.143

規則では、P型（またはGP型）受信機の設置台数について、**1級受信機で2回線以上のものを除き、3台以上設けないこと**（＝2台以下しか設けてはならない）と定めています。

甲 問題13　解答 （2）

▶P.139

(1)定温式スポット型感知器の2種の取付け面の高さは、**4m未満**とされています。

(2)差動式スポット型感知器の取付け面の高さは、種別にかかわらず**8m未満**とされているため、10mの高さには設置できません。

(3)差動式分布型感知器の取付け面の高さは、種別にかかわらず**15m未満**とされています。

(4)光電式スポット型感知器の**1種**の取付け面の高さは、**20m未満**とされています。

甲 問題14　解答 （1）

▶P.141

地区音響装置は全館一斉鳴動が原則ですが、本問のような大規模な防火対象物（地上5階以上で延べ面積3000㎡を超えるもの）は、パニックを防ぐため最初の数分間は区分鳴動させます。

(1)出火階が**2階以上の階**の場合は、**出火階およびその直上階**のみを区分鳴動させます。本問の建物は地上5階なので、5階で出火した場合は出火階である5階のみ区分鳴動させることになります。

(2)〜(4)はすべて正しい記述です。

甲 問題15　解答 （4）

▶P.127

(1)〜(3)はすべて正しい記述です。

(4)「危険物の規制に関する規則」では、延べ面積500㎡以上の製造所など一定の危険物施設に**自動火災報知設備**の設置を義務づけ、そのほかの危険物施設には自動火災報知設備以外の4種類の警報設備から1種類以上を設けることとしています。したがって、警報設備をすべて設ける必要があるというのは誤りです。

■ 電気に関する基礎的知識　甲種：問題16〜25、乙種：問題16〜20

問題16　解答 （4）

▶P.65

抵抗を**並列接続**した場合、**合成抵抗**の値は、枝分かれした**各部分の抵抗の逆数の和の逆数**に等しくなります。したがってRは、R_1の逆数とR_2の逆数の和の逆数として求められます。

問題17 解答 (1) ▶P.67

まず抵抗R_1とR_2は**並列接続**なので、その部分の合成抵抗を求めると、

$\dfrac{1}{8}+\dfrac{1}{8}=\dfrac{1}{4}$　この逆数なので、4Ωです。これと抵抗R_3とが**直列接続**なので、

回路全体（AB間）の合成抵抗は、$4\,\Omega+6\,\Omega=10\,\Omega$。そこで、回路全体のオームの法則より、

AB間に流れる電流$=\dfrac{100\text{V}}{10\,\Omega}=10\text{A}$。そこで、抵抗$R_3$におけるオームの法則を考えると、

抵抗R_3にかかる電圧$=10\text{A}\times6\,\Omega=60\text{V}$。

AB間の電圧は100Vなので、抵抗R_1とR_2にはどちらも$100-60=40\text{V}$がかかります。

そこで、抵抗R_1におけるオームの法則を考えると、

抵抗R_1に流れる電流$=\dfrac{40\text{V}}{8\,\Omega}=5\text{A}$となります。

■**抵抗 R_1 における オームの法則**

40V	
5A	8Ω

問題18 解答 (2) ▶P.75

コンデンサを並列接続したときの合成静電容量は、**各コンデンサの静電容量の和**に等しくなります。したがって、$0.4\mu\text{F}+0.6\mu\text{F}=1.0\mu\text{F}$。

問題19 解答 (3) ▶P.77

(1)**抵抗率 ρ**（ロー）の単位は、〔$\Omega\cdot\text{m}$〕です。

(2)導線の**抵抗値R**は、導線の**長さLに比例**し、導線の**断面積Sに反比例**するということがこの式によって表されています。

(3)**抵抗率**は金属固有のものではなく、さまざまな物質の電気に対する抵抗を表す物性値です。

(4)**導電率**とは、抵抗率の逆数をいいます。

問題20 解答 (3) ▶P.85

本問のような、抵抗とコイルのみでコンデンサを含まない回路（R-L回路）では、容量リアクタンス$X_C=0$としてインピーダンスを求めます。

$\therefore$**インピーダンスZ**$=\sqrt{R^2+(X_L-X_C)^2}$
$=\sqrt{12^2+(5-0)^2}=\sqrt{12^2+5^2}=\sqrt{144+25}=\sqrt{169}=13\,\Omega$

㊉問題21 解答 (2) ▶P.83

(1)正弦波交流における電圧（または電流）の**実効値**は、**最大値の$1/\sqrt{2}$倍**です。

(2)正弦波交流における電流（または電圧）の**平均値**は、**最大値の$2/\pi$倍**です。

(3)「静電容量だけの回路」とは、負荷として**コンデンサ**だけを接続した交流回路という意味であり、この場合は**電流の位相**が電圧よりも$\pi/2$〔rad〕**進み**ます。

(4)「インダクタンスだけの回路」とは、負荷として**コイル**だけを接続した交流回路という意味であり、この場合は**電流の位相**が電圧よりも$\pi/2$〔rad〕**遅れ**ます。

甲 問題22　解答　(1)

P.71

この回路では、**たすき掛けの位置関係**にある12Ωと4Ω、6Ωと8Ωの積がどちらも48Ωで等しく、**ブリッジの平衡条件**が成り立っています。このときブリッジ部分（ac間）には電流を流すための電気的な高低（電位差）が生じません。したがって、ac間の電圧＝0V。

甲 問題23　解答　(4)

P.93

(1)これは「**誘導形**」を示す記号です。誘導形は交流回路でのみ使用します。

(2)これは「**電流力計形**」を示す記号です。電流力計形は直流・交流の両回路で使用します。

(3)これは「**可動鉄片形**」を示す記号です。可動鉄片形は交流回路でのみ使用します。

(4)「**可動コイル形**」を示す記号です。可動コイル形は直流回路でのみ使用します。

甲 問題24　解答　(3)

P.87

本問の場合、**皮相電力** VI ＝100V×12A＝1200〔VA〕、

有効電力 P ＝消費電力＝1000〔W〕です。

$$\therefore 力率\ \cos\theta = \frac{有効電力P}{皮相電力VI} = \frac{1000}{1200} = 0.8333\cdots \fallingdotseq 83\%$$

甲 問題25　解答　(2)

P.91

理想変圧器（損失0とする理想的な変圧器）の場合、1次側と2次側のコイルの**巻き数の比**と**電圧の比**は等しくなります。したがって、1次端子に加える電圧を V_1 とすると、次の式が成り立ちます。

$$400 : 1000 = V_1 : 1200$$

比の式では、（内項の積）＝（外項の積）が成り立つので、

$$1000V_1 = 400 \times 1200 \qquad \therefore これを解いて、V_1 = 480V$$

■ **構造・機能等（電気）**　甲種：問題26～37、乙種：問題26～34

問題26　解答　(3)

P.187、189

(1)換気口等の**空気吹出し口から1.5m以上離れた位置**に設置することは、各感知器に共通の基準（差動式分布型および光電式分離型のもの並びに炎感知器を除く）です。

(2)壁または取付け面から**0.4m**（差動式分布型感知器または煙感知器の場合は0.6m）**以上突出**したはり等によって区画された部分を、**感知区域**といいます。

(3)感知器の下端が**取付け面の下方0.3m以内**の位置になるように設置することが、**熱感知器**に共通の基準とされています。なお、煙感知器（光電式分離型を除く）は0.6m以内です。

(4)**スポット型の感知器**（炎感知器を除く）の**傾斜角**の最大値は、**45度**とされています。

8

問題27　解答　(4)　　　　　　　　　　　　　　　　　　　　　　　　　　　◖P.193

(1)煙感知器（光電式分離型を除く）は、**壁またははりから0.6m以上離れた位置**に設置する必要があります（さらに、感知器の下端を取付け面の下方0.6m以内の位置におさめる）。

(2)**天井が低い居室**（天井面までおおむね2.3m未満）や狭い居室（おおむね40㎡未満）では、**入口付近**に設置することとされています。

(3)**廊下・通路**に設ける場合、1種または2種は**歩行距離30m**、3種は同**20m**につき1個以上とされています。

(4)**階段・傾斜路**に設ける場合、1種または2種は**垂直距離15m**、3種は同**10m**につき1個以上とされています。

問題28　解答　(1)　　　　　　　　　　　　　　　　　　　　　　　　◖P.194、195

(1)道路型の炎感知器は、**道路の側壁部または路端の上方**に設けることとされています。なお屋内型または屋外型の炎感知器は、天井等または壁に設けます。

(2)道路型の炎感知器は道路面（または通路面）から高さ**1.0m以上1.5m以下**の部分に設置します。

(3)(4)どちらも屋内型・屋外型および道路型に共通の基準です。

問題29　解答　(4)　　　　　　　　　　　　　　　　　　　　　　　　　　◖P.197

(1)発信機はいたずらされやすいからといって人目につきにくい場所に設置するのではなく、**多数の者の目にふれやすい場所**に設置することとされています。

(2)発信機の直近の箇所には**表示灯**を設けます。ただし、消火栓用の表示灯の直近に発信機を設置した場合は、例外的に自動火災報知設備の表示灯を設けないことができます。

(3)水平距離ではなく、**歩行距離で50m以下**とされている点に注意しましょう。

(4)P型（またはGP型）**2級受信機1回線用**とP型（またはGP型）**3級受信機**については、**発信機を設ける必要がない**とされています。

問題30　解答　(3)　　　　　　　　　　　　　　　　　　　　　　　　◖P.198、199

(1)歩行距離ではなく、**水平距離で25m以下**とされている点に注意しましょう。

(2)**音声による警報**の場合、感知器作動警報に係る音声は**女声**、火災警報に係る音声は**男声**によるものでなければなりません。

(3)音声警報音（警報用シグナル、警報用メッセージ）を発する**放送設備**が設置され、自動火災報知設備の作動と連動して当該区域に放送設備の音声警報音が自動的に放送される場合、その有効範囲において自動火災報知設備の地区音響装置を設けないことができます。

(4)正しい記述です。

問題31　解答　(2)　▶P.203、209

(1)容易に導通試験が行えるよう、**送り配線**にするとともに回路の末端に**発信機**、**押しボタン**または**終端器**を設ける必要があります。ただし、断線等があった場合に受信機が自動的に警報を発するものについては、例外的にこれらの措置は不要とされます。

(2)これは**P型**や**GP型**受信機の感知器回路の配線についての制限です。一方、**R型**や**GR型**受信機の場合は、火災信号等を**固有の信号**として受信することから、もともと配線を1つにまとめることができるので、このような制限はありません。

(3)(4)は、**誘導障害**を**防止**するための規定であり、どちらも正しい記述です。

問題32　解答　(1)　▶P.205、207

(1)非常電源から受信機までは**耐火配線**にする必要があります。このため、ポリエチレン絶縁電線など600V2種ビニル絶縁電線（HIV）と同等以上の耐熱性を有する電線を使用した場合は、**金属管等**に収め、これをさらに**耐火構造**の主要構造部に**埋設**しなければなりません。金属管に収めても、そのまま露出配管とするのは誤りです。

(2)MIケーブルまたは**基準**に**適合**する**耐火用の電線**を使用した場合は、そのまま**露出配線**とすることができます（金属管等に収める必要もなし）。

(3)(4)は、いずれも(1)で述べた工事方法に該当します。

問題33　解答　(3)　▶P.215、217

接点水高試験では、**テストポンプ**を用いて**ダイヤフラム**まで空気を注入し、接点が閉じるときの**マノメーター**の水位の高さ（**接点水高値**）を測定します。**接点間隔**はこの接点水高値によって表わされるので、これが所定の範囲内かどうかを確認します。

問題34　解答　(1)　▶P.225

「**熱電対式**」は、自動火災報知設備の**差動式分布型感知器**に採用されている方式のひとつであり、ガス漏れ火災警報設備の検知器の検知方式ではありません。ガス漏れの検知方式は、(2)**接触燃焼式**、(3)**気体熱伝導度式**、(4)**半導体式**の3種類です。

㊒問題35　解答　(4)　▶P.209

(1)～(3)は電線の接続方法として適当です。

(4)電線の接続部分は、絶縁物のスリーブやコネクタ類を使用した場合を除き、心線が露出したままなので、接続電線の絶縁物と同等以上の絶縁効力のあるもの（一般にビニルテープ）で十分被覆することとされています。**スリーブやコネクタ類を使用した場合**には、ビニルテープで被覆する必要はありません。

⊕ **問題36 解答 (2)** ▶P.215

スポット型熱感知器の作動試験では、加熱試験器を用いて感知器を加熱して作動するまでの時間（作動時間）を測定し、所定時間内かどうかを確認します。**定温式スポット型感知器**の**1種**の作動時間の合否判定基準は**60秒以内**とされています（特種は40秒、2種は120秒）。なお、公称作動温度と周囲温度との差が50℃を超える場合は、作動時間を2倍の値とすることができます。

⊕ **問題37 解答 (4)** ▶P.223

(1)(2)**軽ガス**（比重＜1）は空気より軽いので上昇し、天井付近に滞留するため、検知器の**下端**が天井面等の下方0.3m以内の位置になるように設けることとされています。

(3)(4)**重ガス**（比重＞1）は空気より重く、床面付近に滞留するため、検知器の**上端**が**床面の上方0.3m以内**の位置になるように設けることとされています。

■ **構造・機能等（規格）** 甲種：問題38～45、乙種：問題38～43

問題38 解答 (3) ▶P.157、161

(1)これは**定温式感知線型感知器**の定義です。

(2)これは**熱アナログ式スポット型感知器**の定義です。

(3)**光電式スポット型感知器**の定義です。

(4)これは**光電アナログ式分離型感知器**の定義です。

問題39 解答 (2) ▶P.153、159

補償式スポット型感知器は「**差動式スポット型**感知器の性能および**定温式スポット型**感知器の性能を併せもつもので、一の火災信号を発信するものをいう」と定義されていることから、差動式スポット型感知器の有する構造については、補償式スポット型感知器も**共通して有するもの**といえます。したがって、差動式スポット型感知器のうち空気の膨張を利用して作動するものが有する(1)**空気室**、(3)**ダイヤフラム**、(4)**リーク孔**は、補償式スポット型感知器にもあり得ますが、(2)**バイメタル**は、バイメタル式の**定温式スポット型**感知器が有する構造であり、差動式スポット型感知器にはみられないので、共通する構造として最も不適当です。

問題40 解答 (1) ▶P.155

(1)正しい記述です。

(2)外径ではなく、**内径および肉厚**が均一でなければなりません。

(3)内径ではなく、**外径**が1.94mm以上でなければなりません。

(4)空気管の肉厚は、**0.3mm以上**でなければなりません。

問題41　解答　(2)　　　　　　　　　　　　　　　　　　▶P.165

ア　受信機と電話連絡ができる装置（電話ジャック）は、**1級のみ**が備えることとされている装置です。

イ　これはP型発信機ではなく、**T型発信機**の機能です。T型発信機では、送受話器を取り上げたとき自動的に火災信号が送信されるようになっています。P型1級発信機の場合は火災信号を発信すると同時に通話することはできませんが、電話ジャックに受話器を差し込むことによって通話することができます。

ウ　これはP型1級発信機およびP型2級発信機に共通の機能です。

エ　受信機に受信されたことを確認できる装置（確認灯）は、**1級のみ**が備えることとされている装置です。

以上より、正しいものはア、エの2つです。

問題42　解答　(1)　　　　　　　　　　　　　　　　　　▶P.171

(1)主電源を監視する装置は、受信機の**前面**に設けることとされています。なお、蓄積時間を調整する装置を設ける場合には、受信機の内部に設けることとされています。

(2)～(4)はすべて正しい記述です。

問題43　解答　(3)　　　　　　　　　　　　　　　　　　▶P.179

アナログ式受信機は、火災情報信号のうち注意表示をする程度に達したものを受信した場合には、**注意灯**および**注意音響装置**により異常の発生を、**地区表示装置**により当該異常の発生した警戒区域をそれぞれ自動的に表示するものでなければなりません（なお、火災表示をする程度に達したものを受信した場合は、アナログ式以外の受信機と同様、赤色の火災灯と主音響装置により火災の発生を、地区表示装置により火災の発生した警戒区域をそれぞれ自動的に表示するとともに、地区音響装置を自動的に鳴動させます）。

⊕問題44　解答　(4)　　　　　　　　　　　　　　　　　　▶P.163

(1)～(3)はすべて正しい記述です。

(4)**光電アナログ式スポット型**感知器の公称感知濃度範囲は、イオン化アナログ式スポット型感知器と同様の上限値と下限値が定められていますが、**光電アナログ式分離型**感知器の公称感知濃度範囲については、イオン化アナログ式スポット型の場合よりも厳密に定められています（なお、光電アナログ式分離型感知器の公称感知濃度範囲は、試験対策としては覚える必要はありません）。

⊕問題45　解答　(3)　　　　　　　　　　　　　　　　　　▶P.181

検知器がガス漏れ信号を発する濃度のガスを検知してからガス漏れ信号を発するまでの標準的な時間を「**検知器の標準遅延時間**」といい、受信機がガス漏れ信号を受信してからガス漏れが発生した旨の表示をするまでの標準的な時間を「**受信機の標準遅延時間**」といいます。規則では、この両方を合計して**60秒以内**とするよう定めています。

■ 実技（鑑別等）　甲種：問題１〜５、乙種：問題１〜５

問題１　解答　　　　　　　　　　　　　　　　　　　　　 ▶P.153、155

①	空気管	②	ダイヤフラム	③	コックハンドル
④	コックスタンド	⑤	リーク孔		

②のはたらき	ダイヤフラムは膨張収縮が可能な膜で、空気管で暖められた空気によって膨張し接点を閉じる

①空気管は、天井部に張り巡らされて、**広範囲な温度の変化**を感知します。

③コックハンドルは、通常の温度検知の際や各種の試験の際に、**空気の流れなどを切り替え**ます。

④コックスタンドは、空気孔や試験孔、リーク孔を納める部分です。

⑤リーク孔は、暖房などの弱い温度上昇の際に**膨張した空気を逃がして**、誤作動を防ぎます。

問題２　解答　　　　　　　　　　　　　　　　　　　　　 ▶P.165

①	Ｔ型発信機	②	Ｍ型発信機

①Ｔ型発信機は、いわゆる「非常電話」のことです。送受話
　器が付いているため、発信と同時に通話が可能です。

②Ｍ型発信機は、手動のもので、現在は廃止されています。

Ｔ型発信機

発信機に関しては、**Ｐ型１級とＰ型２級との違い**を問う問題がよく出題されています。Ｐ型１級だけにあるのは、**確認灯**と**電話ジャック**です。もう一度確認しておきましょう。

問題３　解答　　　　　　　　　　　　　　　　　　　　　 ▶P.225

①	検知器	②	警報装置

①自動火災報知設備の「感知器」に当たるものが、ガス漏れ火災警報設備の**検知器**です。間違えやすいので気を付けましょう。

問題4 解答 $\triangleright$P.177

①	すべての機能を備えた受信機	P型1級多回線用受信機
②	すべての受信機に備わっている機能	火災表示試験装置、主音響装置

①P型1級多回線用だけが、**すべての機能**を備えています。

②すべての受信機に備わっている、つまり、受信機にとって基本的で重要な機能は、**火災表示試験装置**と**主音響装置**の2つだけです。

■P型受信機が備える装置等

●：必要 －：不要

	1級		2級		3級
	多回線	1回線	多回線	1回線	1回線
1）火災表示試験装置	●	●	●	●	●
2）火災表示の保持装置	●	●	●	●	－
3）予備電源装置	●	●	●	－	－
4）地区表示灯	●	－	●	－	－
5）火災灯	●	－	－	－	－
6）電話連絡装置	●	－	－	－	－
7）導通試験装置	●	－	－	－	－
8）主音響装置	●	●	●	●	●
9）地区音響装置	●	●	●	－	－

問題5 解答 $\triangleright$P.218、219

同時作動試験

同時作動試験は、複数の回線（警戒区域）から火災信号を**同時受信**しても火災表示が正常に作動するかどうかを確認する試験です。その操作手順は、火災表示試験の場合とほぼ同様ですが、回線選択スイッチによって、任意の5回線（5回線未満の受信機は全回線）を選択して**同時作動**させ、**復旧するまで火災表示の状態が正常に保持される**ことを確認します。

■ 実技（製図）　甲種：問題1～2

甲 問題1　解答　　　　　　　　　　　　　　　　　　　　　　　　　　　▶P.137

(1)	地下1階と1階は、床面積が600㎡以上あるにもかかわらず、1警戒区域に設定している
(2)	地階が2階以上あるにもかかわらず、たて穴区画の地階と地上階が同じ警戒区域になっている

(1)たて穴区画以外の1警戒区域は、階ごとに600㎡以下（見通しのきく同一階の場合は1000㎡以下）となるように設定しなければいけません。課題の図は、たて穴区画（40㎡×2）を除いても床面積が720㎡となるため、2警戒区域に設定する必要があります。

(2)たて穴区画（階段、エレベーター昇降路、パイプシャフト等）は、階段については垂直距離45m以内ごとに1警戒区域として設定します。ただし、**地階が2階以上ある場合には、地階と地上階を別警戒区域**としなければいけません。

甲 問題2　解答　　　　　　　　　　　　　　　　　　　　　　　　　　▶P.187、320

(1)	事務所1の差動式スポット型感知器の数が1つ多い
(2)	廊下のスポット型煙感知器の数が1つ多い
(3)	事務所3から事務所2への配線が複線になっていない

(1)事務所1の面積は、22m×6m＋6m×6m＝168㎡です。一方、取付け面の高さ4m以下での**差動式スポット型感知器2種**の感知面積は**70㎡**です。168㎡÷70㎡＝2.4で、3個でよいことになります。

(2)10m以上の廊下には煙感知器の設置が必要です。配置については、**廊下の端から15m以内**に1個、感知器間の間隔は**30m以内**ごとですから、機器収容箱の左側あたりに1個配置すれば大丈夫です。

(3)事務所2の差動式スポット型感知器は、電線を複線（─////─）にしなければなりません。なお、**1警戒区域内に終端抵抗は1つだけ**付けます。同じ警戒区域内の給湯室に終端抵抗があるので、事務所2の感知器に終端抵抗を付けることはできません。

筆記試験					
消防関係法令（共通）		基礎的知識（電気）		問題31	（4）
問題1	（2）	問題16	（3）	問題32	（2）
問題2	（1）	問題17	（2）	問題33	（1）
問題3	（4）	問題18	（4）	問題34	（3）
問題4	（3）	問題19	（1）	甲 問題35	（1）
問題5	（4）	問題20	（2）	甲 問題36	（4）
問題6	（1）	甲 問題21	（3）	甲 問題37	（4）
甲 問題7	（2）	甲 問題22	（4）	構造・機能等（規格）	
甲 問題8	（3）	甲 問題23	（1）	問題38	（2）
消防関係法令（類別）		甲 問題24	（2）	問題39	（4）
問題9	（3）	甲 問題25	（4）	問題40	（1）
問題10	（2）	構造・機能等（電気）		問題41	（3）
問題11	（1）	問題26	（1）	問題42	（3）
問題12	（4）	問題27	（3）	問題43	（1）
甲 問題13	（3）	問題28	（1）	甲 問題44	（3）
甲 問題14	（2）	問題29	（3）	甲 問題45	（2）
甲 問題15	（4）	問題30	（2）		

挑戦した日付		筆記試験					実技試験		合計
		消防関係法令		基礎的知識	構造・機能等		鑑別等	製図	
		共通	類別	電気	電気	規格			
1回目 ／	甲	/8	/7	/10	/12	/8	/5	/2	/52
	乙	/6	/4	/5	/9	/6	/5	－	/35
2回目 ／	甲	/8	/7	/10	/12	/8	/5	/2	/52
	乙	/6	/4	/5	/9	/6	/5	－	/35

予想模擬試験〈第2回〉解答・解説

※問題を解くために参考となる本書内のページを「▶」の後に記してあります。

■ 消防関係法令（共通）　甲種：問題1～8、乙種：問題1～6

問題1　解答　(2)　　　　　　　　　　　　　　　　　　　　　　　▶P.99
(1)劇場、映画館および公会堂は、令別表第一(1)項に含まれる特定防火対象物です。
(2)小・中・高等学校および大学は、同(7)項に含まれる**非特定防火対象物**です。
(3)飲食店は同(3)項、旅館およびホテルは同(5)項イに含まれる特定防火対象物です。
(4)幼稚園、保育所、児童養護施設は、同(6)項に含まれる特定防火対象物です。

問題2　解答　(1)　　　　　　　　　　　　　　　　　　　　　　　▶P.113
(1)**消防用設備等の設置・維持義務**を負うのは、当該防火対象物の**関係者**（所有者・管理者・
　占有者）です。
(2)正しい記述です。
(3)設置維持命令に違反して消防用設備等を**設置しなかった者**については、**懲役**（1年以下）
　または**罰金**（100万円以下）とされています。
(4)設置維持命令に違反して消防用設備等の**維持のため必要な措置をしなかった者**について
　は、**罰金**（30万円以下）または**拘留**（刑事施設に30日未満拘置）とされています。

問題3　解答　(4)　　　　　　　　　　　　　　　　　　　　　　　▶P.109
防火対象物の用途変更によって消防用設備等の技術上の基準に適合しなくなった場合でも、
用途変更前の規定を適用することが原則です。ただし、増改築部分の床面積の合計が**1000㎡
以上**または**従前の延べ面積の1/2以上**となる増改築を用途変更後に行った場合は、変更後の
用途に係る規定を適用しなければなりません。

問題4　解答　(3)　　　　　　　　　　　　　　　　　　　　　　　▶P.115
防火対象物に消防用設備等を設置した場合、その旨を届け出る者は当該防火対象物の**関係者**
（所有者・管理者・占有者）であり、届出先は**消防長**（消防本部を置かない市町村の場合は
市町村長）または**消防署長**です。

問題 5　解答　(4)

(1)講習は、**都道府県知事**（総務大臣が指定する市町村長その他の機関を含む）が実施します。

(2)消防設備士は、免状の交付を受けた日以後における最初の4月1日から**2年以内**に講習を受講し、その後は、講習を受けた日以後における最初の4月1日から**5年以内**に受講することをくり返します。

(3)定められた期間内に受講しないと、**免状の返納**を命じられることはありますが、自動的に免状が失効することはありません。

(4)消防設備士は、その**業務に従事するとき**は、消防設備士の**免状を携帯**していなければならないとされており、たとえ整備のみを行うときでも携帯する必要があります。

問題 6　解答　(1)

(1)いずれも第3類に区分される**工事整備対象設備等**です。

(2)**動力消防ポンプ設備**は、消火設備には含まれていますが、工事整備対象設備等ではありません。

(3)**放送設備**は、警報設備のうちの非常警報設備に含まれていますが、工事整備対象設備等ではありません。

(4)**すべり台**は、避難設備のうちの避難器具に含まれていますが、工事整備対象設備等ではありません。

⊞問題 7　解答　(2)

(1)**日本消防検定協会等**が、型式適合検定に合格した検定対象機械器具等に**合格**の表示を付します。

(2)合格の表示が付されていない検定対象機械器具等は、設置等の工事に使用できないだけでなく、**販売することや販売目的での陳列もできない**とされています。

(3)**総務大臣**は、規格省令の変更により、すでに型式承認を受けた検定対象機械器具等の型式に係る形状等が変更後の規格に適合しないと認めるときや、**不正な手段**によって型式承認を受けた者などに対して、型式承認の効力を失わせることができます（**型式承認の失効**）。

(4)正しい記述です。

⊞問題 8　解答　(3)

防火管理者の業務として、防火対象物についての**消防計画の作成**、消防計画に基づく**消火・通報・避難訓練**の実施、**消防用設備等**の**点検**および**整備**、火気の使用または取扱いに関する監督、避難または防火上必要な構造・設備の維持管理などが重要です。

■ 消防関係法令（類別）　甲種：問題9〜15、乙種：問題9〜12

問題9　解答　(3)　　　　　　　　　　　　　　　　　　　　　　▶P.133

(1)防火対象物の**11階以上の階**は、建物の延べ面積や各階の床面積または用途と関係なく、**階ごとに**自動火災報知設備の設置義務があります。

(2)**地階または3階以上10階以下の階**は、**床面積300㎡以上**の場合に、**階ごとに**設置義務があります。

(3)**無窓階**も(2)と同様、**床面積300㎡以上**の場合に設置義務があります。

(4)特定防火対象物が存する**複合用途防火対象物の地階または無窓階**は、**キャバレー等**（令別表第一(2)）または**飲食店等**（同(3)）の用途部分の**床面積合計が100㎡以上**のとき、その**階ごとに**自動火災報知設備を設置する義務があります。

問題10　解答　(2)　　　　　　　　　　　　　　　　　　　　　　▶P.137

(1)(3)(4)は正しい記述です。

(2)原則として、1つの**警戒区域**の面積は**600㎡以下**、その1辺の長さは**50m以下**（光電式分離型感知器を設置する場合は**100m以下**）とされています。

問題11　解答　(1)　　　　　　　　　　　　　　　　　　　　　　▶P.139

(1)**定温式スポット型感知器**の特種（または1種）の取付け面の高さは**8m未満**とされているため、10mの高さには設置できません。

(2)**差動式分布型感知器**の取付け面の高さは、種別にかかわらず**15m未満**とされています。

(3)**イオン化式スポット型感知器**の2種の取付け面の高さは、**15m未満**とされています。

(4)**光電式スポット型感知器**の2種の取付け面の高さは、**15m未満**とされています。

問題12　解答　(4)　　　　　　　　　　　　　　　　　　　▶P.25、147

(1)**病院**（令別表第一(6)イ①・③）は面積と関係なく設置対象となりますが、ホテル（同(5)イ）は延べ面積**500㎡以上**の場合に設置対象となります。

(2)避難が困難な要介護者を入居させている**老人福祉施設**（同(6)ロ）は、**面積と関係なく**、設置対象となります。

(3)避難が困難な要介護者を入居させている老人福祉施設のほか、ホテルや病院等で設置対象となるものは、たとえ**消防機関へ常時通報できる電話**（119番通報できる電話）を設置した場合でも、消防機関へ通報する火災報知設備は省略できないとされています。

(4)**遊技場**（令別表第一(2)ロ）は、原則として、**延べ面積500㎡以上**のものが設置対象となりますが、消防機関からの歩行距離が500m以内の場所にあるものは、設置を省略することができます。

(1)**特定防火対象物の地階であって床面積合計1000㎡以上**のものは設置対象となりますが、テレビスタジオ（令別表第一(12)ロ）は非特定防火対象物です。

(2)**複合用途防火対象物**（同(16)イ）の**地階**は、**床面積合計1000㎡以上かつ特定用途部分の床面積合計が500㎡以上**の場合に設置対象となりますが、駐車場（同(13)イ）は非特定防火対象物であり、特定用途部分に該当しません。

(3)映画館（同(1)イ）は**特定防火対象物**なので、その**地階で床面積合計1000㎡以上**のものは設置対象となります。

(4)**地下街**（同(16の2)）は、**延べ面積1000㎡以上**の場合に設置対象となります。

(1)P型3級受信機は、**延べ面積150㎡以下**の防火対象物に設置することとされています。

(2)P型2級受信機の**1回線用**は、**延べ面積350㎡以下**の防火対象物にしか設置できません。

(3)(4)**P型1級受信機**および**P型2級受信機の多回線用**については、防火対象物の延べ面積に基づく設置制限がありません。

(1)**特定1階段等防火対象物**は特定用途部分のある階だけでなく、**建物の全体**（全階）に設置する義務があります。

(2)防火対象物内の**通信機器室**については、**床面積500㎡以上**の場合に設置義務があります。

(3)道路部分の床面積が、**屋上の場合は600㎡以上**、それ以外の場合は**400㎡以上**であるとき、その道路部分に設置する義務があります。

(4)正しい記述です。

■ 電気に関する基礎的知識　甲種：問題16～25、乙種：問題16～20

直列接続したときの合成抵抗の値＝$4+6+12=22\,\Omega$

並列接続したときの合成抵抗の値は、各抵抗の**抵抗の逆数の和の逆数**です。

$$\frac{1}{4}+\frac{1}{6}+\frac{1}{12}=\frac{6}{12}=\frac{1}{2}\quad この逆数なので、2\,\Omega。$$

∴$22\,\Omega\div2\,\Omega=11$なので、11倍であることがわかります。

問題17 解答 (2) ▶P.63

本問のように抵抗を**直列接続**した場合は、どこでも**同じ大きさの電流**が流れます。つまり、ab間の電流＝bc間の電流です。そこで、ab間（6Ωの抵抗）におけるオームの法則により、

ab間の電流 $= \dfrac{12\text{V}}{6\Omega} = 2\text{A}$

∴bc間の電圧 $= 2\text{A} \times 4\Omega = 8\text{V}$

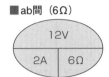
■ab間（6Ω）
12V / 2A / 6Ω

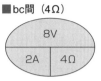
■bc間（4Ω）
8V / 2A / 4Ω

問題18 解答 (4) ▶P.77

常温（20℃）における**抵抗率**〔Ω・m〕は、小さい順に、**銀**（1.59×10^{-8}）、**銅**（1.68×10^{-8}）、**金**（2.21×10^{-8}）、**アルミニウム**（2.65×10^{-8}）となります。抵抗率が低いほど電気を通しやすい物質です。

> 【抵抗率の順番】
> シルバー（**銀**）どきどき（**銅・金**）
> 当たって（**アルミ・タングステン・鉄**）真っ白（**白金**）

問題19 解答 (1) ▶P.79

抵抗Rに電流Iをt秒間流したときに発生するジュール熱（記号H）は、$H = I^2 Rt$という式によって表されるので、**ジュール熱の大きさは抵抗R**の値に**比例**することがわかります。また電熱線（導体抵抗）の**抵抗値**はその長さに比例し、**断面積に反比例**します。したがって、電熱線の直径を2倍にすると（半径も2倍）、断面積が4倍になるので、抵抗値は1/4倍になり、ジュール熱も1/4倍になります。

問題20 解答 (2) ▶P.83

正弦波交流回路における**実効値**と**最大値**の関係は、次の式によって表されます。

実効値 $= \dfrac{\text{最大値}}{\sqrt{2}}$ ∴最大値＝実効値$\times \sqrt{2} = 200\text{V} \times 1.4 = 280\text{V}$

㊤**問題21 解答 (3)** ▶P.79

まず、回路全体におけるオームの法則により、回路全体の合成抵抗 $= \dfrac{200\text{V}}{10\text{A}} = 20\Omega$。

次に、30Ωと20Ωの抵抗が並列に接続されている部分の合成抵抗は、「和分の積」の式より、

$\dfrac{30 \times 20}{30 + 20} = \dfrac{600}{50} = 12\Omega$。したがって、抵抗Rの値 $= 20\Omega - 12\Omega = 8\Omega$です。

電力Pは、$P = I^2 R$の式によって求められるので（Iは抵抗Rに流れる電流＝10A）、

∴抵抗Rにおける消費電力の値 $= 10^2 \times 8 = 100 \times 8 = 800\text{W}$

⊕ 問題22　解答　(4)　　　　　　　　　　　　　　　　　　　　　▶P.87

(1)電圧と電流の**位相のずれがないとき**は、**皮相電力VI**（実効値で表した電圧と電流の積）が
　そのまま**有効電力P**（負荷で有効に消費される電力）となります。
　　このとき力率$\cos\theta$の値は1　（＝100%）となります。

(2)**有効電力**（消費電力）の単位は**ワット〔W〕**です。

(3)**皮相電力**の単位は〔**VA**〕です。

(4)**力率** $\cos\theta = \dfrac{\text{有効電力}P}{\text{皮相電力}VI}$　　　$\therefore P = VI\cos\theta$

　　上の式より、有効電力Pが、皮相電力VIと力率$\cos\theta$の積であることがわかります。

⊕ 問題23　解答　(1)　　　　　　　　　　　　　　　　　　　　▶P.63、73、273

(1)「**キルヒホッフの第1法則**」について述べた記述です。

(2)これは「**クーロンの法則**」です。

(3)これは「**キルヒホッフの第2法則**」です。

(4)これは「**オームの法則**」です。

⊕ 問題24　解答　(2)　　　　　　　　　　　　　　　　　　　　　▶P.89

本問のようなR-L回路でも、**インピーダンスZ**を抵抗として**オームの法則**が成り立ちます。

インピーダンス$Z = \sqrt{R^2 + (X_L - X_C)^2}$
$= \sqrt{4^2 + (3-0)^2} = \sqrt{16 + 9} = \sqrt{25} = 5\,\Omega$
$\therefore$電源電圧$V = 20\text{A} \times 5\,\Omega = 100\text{V}$

⊕ 問題25　解答　(4)　　　　　　　　　　　　　　　　　　　　　▶P.93

(1)～(3)はすべて正しい記述です。

(4)これはマンガン乾電池の説明です。**鉛蓄電池**は、＋極に**二酸化鉛**（PbO_2）、－極に**鉛**（Pb）
　を使用して、これらを電解液である**希硫酸**（H_2SO_4）の中に入れた構造をしています。

■ 構造・機能等（電気）　甲種：問題26～37、乙種：問題26～34

問題26　解答　(1)　　　　　　　　　　　　　　　　　　　　　　▶P.191

(1)空気管の直線部分の止め金具（ステップル）の間隔は、**35cm以内**とされています。

(2)屈曲部を止める場合は、屈曲部から**5cm以内**を止めなければなりません。

(3)空気管の**屈曲部の半径**は、**5mm**（0.5cm）**以上**としなければなりません。

(4)空気管は原則として感知区域の**取付け面の各辺から1.5m以内**の位置に設けなければなりま
　せんが、感知区域の規模や形状によって有効に火災の発生を感知できるときは、例外的な
　設置方法が認められます。

問題27 解答 (3) ▶P.189、191

ア スポット型の感知器（炎感知器を除く）の**傾斜角**の最大値は、**45度**とされています。

イ これは**煙感知器**（光電式分離型を除く）についての設置基準です。定温式スポット型は熱感知器なので適用されません。

ウ これは**熱感知器**に共通の基準です。

エ 定温式スポット型その他の定温式の性能を有する感知器は、正常時における最高周囲温度が**公称作動温度よりも20℃以上低い**場所に設けることとされています。

以上より、正しいものはア、ウの2個で、正解は(3)です。

問題28 解答 (1) ▶P.289

(1)「低温となる場所」は煙感知器を設置できない場所ではありません。なお、ボイラー室など「著しく高温となる場所」は煙感知器を設置できない場所とされています。

(2)〜(4)はすべて煙感知器を設置できない場所とされています。

問題29 解答 (3) ▶P.199、203

(1)(2)(4)は正しい記述です。

(3)受信機の**主音響装置**の音圧は、無響室で音響装置の中心から1m離れた地点で測定した値が**85dB**（P型3級受信機は**70dB**）以上であることとされています。なお、90dB以上とされているのは地区音響装置の音圧です。

問題30 解答 (2) ▶P.219

火災表示試験において、**受信機の火災表示**（火災灯、地区表示装置、主音響装置、地区音響装置）が正常に作動すること、および**自己保持機能**（火災表示がなされたとき、手動で復旧しない限り、表示された状態を保持する機能）について確認します。

問題31 解答 (4) ▶P.205

(1)常用電源から受信機までの回路は、**一般配線**でよいとされています。

(2)**アナログ式感知器**から受信機までの回路は**耐熱配線**とする必要がありますが、それ以外の感知器の場合は**一般配線**でよいとされています。

(3)**発信機**から受信機までの回路は、**一般配線**でかまいません。なお、受信機から発信機直近の**表示灯**までの回路ならば、発信機をほかの消防用設備等の起動装置と兼用する場合に限り、耐熱配線とする必要があります。

(4)受信機から**地区音響装置**までの回路は、**耐熱配線**とされています。

問題32 解答 (2) ▶P.213

(1)(3)(4)は正しい記述です。

(2)接地工事の主な目的としては、**感電事故の防止**や、**漏電による火災や機器の損傷防止**などが挙げられます。接地には、電圧降下を防止したり、力率を改善したりする効果はありません。

問題33　解答　(1)　▶P.217

流通試験では、テストポンプの空気を試験孔から注入して、マノメーターの水位を**約100mm**のところまで上昇させて停止させます。このとき、水位が上昇しても停止せず、徐々に下降する場合は、**空気管に漏れがある**と考えられます。これに対し、空気管が詰まっているときは、そもそも水位が上昇しません。

問題34　解答　(3)　▶P.222、223

(1)検知対象ガスが軽ガス（**比重<1**）の場合、検知器は、燃焼器または貫通部から**水平距離**で**8m以内**となるように設けます。なお、重ガス（比重>1）の場合は4m以内です。

(2)これは検知対象ガスが軽ガス（比重<1）である場合に適用される設置基準です。

(3)換気口の空気の吹出し口から1.5m以内は、**検知器を設置してはならない場所**のひとつとされています。

(4)これも検知対象ガスが軽ガス（比重<1）である場合に適用される設置基準です。

甲**問題35　解答　(1)**　▶P.207

600V2種ビニル絶縁電線（HIV）と同等以上の**耐熱性を有する電線**であれば、耐火配線および耐熱配線の工事に使用することができ、**アルミ被ケーブル**はこれに含まれています。一方、(2)屋外用ビニル絶縁電線（OW）、(3)ビニル絶縁ビニルシースケーブル（VV）、(4)引込み用ビニル絶縁電線（DV）は、いずれも含まれていません（▶P.298）。

甲**問題36　解答　(4)**　▶P.201

(1)延べ面積**1000㎡以上**の**特定防火対象物**に設ける自動火災報知設備の非常電源は、**蓄電池設備**に限られており、それ以外の防火対象物に設ける自動火災報知設備の非常電源にのみ蓄電池設備または非常電源専用受電設備を用いることができます。

(2)自動火災報知設備の非常電源に用いる**蓄電池設備**は、**直交変換装置**（交流の電流を直流に変換して蓄電池を充電する機能と、直流の電流を交流に変換する機能を併せもった装置）**を有しない**ものに限られます。

(3)非常電源に用いる蓄電池設備は、自動火災報知設備を有効に**10分間**作動することができる容量以上であることとされています。

(4)正しい記述です。

甲**問題37　解答　(4)**　▶P.211

(1)～(3)はすべて正しい記述です。

(4)電源回路の対地電圧が**300Vを超える**ものの場合、電源回路と大地との間および電源回路の配線相互間の絶縁抵抗値は、**0.4MΩ以上**とされています。

■ 構造・機能等（規格） 甲種：問題38〜45、乙種：問題38〜43

問題38 解答 (2) ▶P.150、151

(1)これはガス漏れ火災警報設備の「**検知器**」の定義です。

(2)「**火災情報信号**」の定義です。

(3)これは「**火災表示信号**」の定義です。

(4)これは「**遠隔試験機能**」の定義です。

問題39 解答 (4) ▶P.161

これは「**イオン化アナログ式スポット型感知器**」の定義です。「一定の範囲内の濃度の煙」、「火災情報信号」ということから**アナログ式**の煙感知器であることがわかり、「一局所の煙によるイオン電流の変化を利用」ということから**イオン化式**の**スポット型**感知器であることがわかります。

問題40 解答 (1) ▶P.217

(1)リーク孔が詰まると**リーク抵抗**が**増大**し、空気の漏れが少なすぎて空気の膨張速度が早くなり、周囲の温度上昇率が規定の値より小さくても作動して、**誤報（非火災報）の原因**となります。

(2)接点水高値が低い（＝接点間隔が狭い）ことも誤報（非火災報）の原因にはなりますが、リーク孔の詰まりによって接点水高値が低くなるわけではありません。

(3)遅報の原因となるのは、リーク抵抗が小さい場合です。

(4)(1)により、誤りです。

問題41 解答 (3) ▶P.166、167

(1)自動火災報知設備の中継器の受信から発信までの所要時間は、**5秒以内**とされています。なお、ガス漏れ火災警報設備の中継器は、ガス漏れ信号の受信開始からガス漏れ表示までの所要時間が5秒以内の受信機に接続するものに限り、60秒以内とすることができます。

(2)定格電圧が**60V**を超える中継器の金属製外箱に**接地端子**を設けることとされています。

(3)正しい記述です。鳴動は**受信機**からの操作で停止しなければならず、中継器が停止させることはできません。

(4)中継器のうち、検知器や受信機またはほかの中継器から**電力を供給されない方式**のものには主電源のほかに予備電源を設ける必要があります（ガス漏れ火災警報設備の中継器は除く）。しかし、ほかから**電力を供給される方式**のものは、電力を供給してくれる受信機等に予備電源が設けられているため、**予備電源は不要**です。

問題42　解答　(3)　▶P.173、175

(1)P型1級受信機は回線数に制限がありません。2回線以上のものはすべて多回線用です。

(2)この機能はすべてのP型受信機とR型受信機に共通のものです。なお、蓄積式受信機の場合は、5秒を超えて60秒以内の蓄積時間が設けられます。

(3)T型発信機を接続した受信機で2回線以上から同時にかかってきた場合は、通話すべき発信機を任意に選択でき、かつ、遮断された回線のT型発信機にも**話中音**（通話の内容）**が流れる**ものでなければなりません。

(4)P型2級（1回線）およびP型3級を除き、P型受信機には**予備電源装置**を設けなければなりません。

問題43　解答　(1)　▶P.177

(1)**火災表示試験装置**は、P型受信機のすべてに備える必要があります。

(2)**火災表示の保持装置**は、P型3級受信機のみ**不要**とされています。

(3)**地区表示灯**は、**多回線用**の受信機には備える必要がありますが、1回線用には不要です。

(4)**導通試験装置**を備えるP型受信機は、**1級多回線用のみ**です。

⑰問題44　解答　(3)　▶P.180、181

(1)ガス濃度が爆発下限界の**1/4以上**のときに確実に作動するとともに、**1/200以下**のときには作動しないこととされています。

(2)爆発下限界の**1/4以上**の濃度のガスにさらされているときは、継続して作動することとされています。

(3)正しい記述です。さらに警報機能を有する検知器の場合は、**60秒以内**にガス漏れ信号と警報を発することとされています。

(4)**反限時警報型**の検知器は、**ガス濃度が高いほど警報を遅延する時間を短く**する機能を備えています。

⑰問題45　解答　(2)　▶P.173

P型およびR型の受信機の予備電源は、監視状態を**60分間**継続した後、**2回線分**の火災表示の作動と、接続しているすべての地区音響装置を同時に鳴動させることができる消費電流を**10分間**継続して流せる容量以上でなければなりません。

■ 実技（鑑別等）　甲種：問題1〜5、乙種：問題1〜5

問題1　解答

▶P.195

①	0.6m以上7m以下	②	7m以下
③	1m以内		
④	感知器の名称	光電式分離型感知器	

光電式分離型感知器は、①**並行する壁から0.6m以上7m以下**、②**1つの光軸までの水平距離**が**7m以下**、③**背部の壁から1m以内**に設けることと決められています。

問題2　解答

▶P.191

①	1.5m以下	②	9m以下

差動式分布型（空気管式）は、①**取付け面の各辺から1.5m以内**、②**相対する空気管の相互間隔は9m以下**と定められています。そのほかの規格は次のとおりです。

- 継ぎ目のない1本の長さが20m以上で、内径および肉厚が均一であること
- 肉厚0.3mm以上、外径1.94mm以上であること

問題3　解答

▶P.225、297

名　　称	半導体式
作動原理	加熱した半導体にガスが吸着すると、半導体の電気抵抗が減少し、電流が増大する。この電気伝導度の上昇により検知する

ガス漏れ検知器の検知方式には、①**半導体式**、②**接触燃焼式**（白金線〔検出素子〕の表面にガスが接触して燃焼〔酸化反応〕すると、**白金線の電気抵抗が増大**する）、③**気体熱伝導度式**（白金線〔検出素子〕に酸化スズ等の**半導体が塗られ**ていて、この半導体にガスが触れると〔ガスと空気の熱伝導度の違いから〕**白金線の温度が変化**する）、の3つの方式があります。

問題4　解答

▶P.217

(1)	①	マノメーター
	②	テストポンプ
(2)	水位が上昇しない理由	空気管が詰まっているか切断されている

流通試験は、テストポンプを使って空気管だけに空気を注入し、空気管の漏れや詰まりなどを確認する試験です。マノメーターの水位が徐々に下降する場合は、空気管に漏れがあるので、接続部分の緩みや穴の有無を確認します。

差動式分布型感知器の試験には、流通試験を含めて、次の4つがあります。

①**火災作動試験**（空気注入試験）、②**作動継続試験**、③**流通試験**、④**接点水高試験**

　　　　　　　　　　　　　　　　　　　　　　　　▶P.279、280

①	共通線
②	表示線
最大警戒区域数	7

配線の一部を**共通線**にすることで、配線の**本数を減らす**ことができます。2本ずつの配線のうち、**共通線**でないほうの線を**表示線**と呼びます。配線を共通線とする場合、共通線1本につき**7警戒区域以下**と決められています。なお、共通線も表示線も、＋になる場合も－になる場合もあります。

■ 実技（製図）　甲種：問題1〜2

甲問題1　解答　　　　　　　　　　　　　　　　　　　　　　　　◖P.269

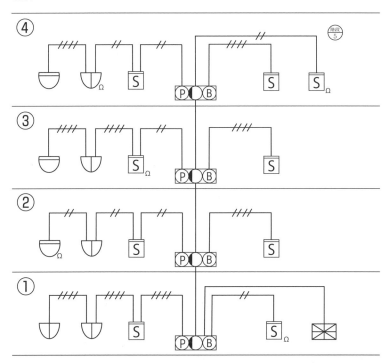

「**送り配線**」というのは、感知器等の機器を数珠つなぎに配線していく方式のことです。
送り配線であれば、回路のどこか1箇所でも断線していれば、導通試験装置を有する受信機の場合、終端抵抗に電流が流れなくなることによって断線を確認することができます。
その上で、この問題のポイントは、次の2点です。
①感知器等の機器に**終端抵抗が付いている**電線は**送り配線**（—#—）にする
②感知器等の機器に**終端抵抗が付いていない**電線は**送り配線の複線**（—##—）にする

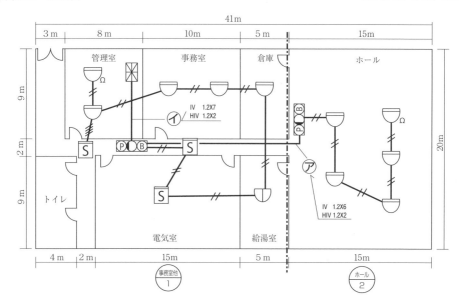

感知器の選択と配置

①警戒区域の設定

この建物の床面積は、20m×41m＝820㎡ですから、1警戒区域の上限の600㎡を超えています。ですので、一点鎖線で2つに分ける必要があります。どこでなくてはいけないということはありませんが、ホールで1警戒区域、そのほかで1警戒区域であれば、感知器の配置もしやすいので妥当といえるでしょう。

②感知器の設置を免除される場所

この課題では、トイレが該当します。

③感知器の配置

● 廊下の感知器

廊下にはスポット型煙感知器を配置します。廊下の**端から15m以内**で煙感知器相互の間隔は**30m以内**とされており、通路の右端から15mの位置に置いても、通路の左上部からは15m以上になってしまうので、2個必要です。

● 各部屋の感知器

基本的に、差動式スポット型感知器2種で大丈夫です。ただし、給湯室には定温式スポット型感知器1種（防水型）を、電気室にはスポット型煙感知器配置をします。

耐火構造で、天井高は4m未満なので、各感知器の感知面積は以下のようになります。

差動式スポット型（2種）	定温式スポット型（1種）	スポット型（煙感知器）
70㎡	60㎡	150㎡

面積を感知面積で割り、小数点以下は切り上げて算出します。

- 管理室……8 m×9 m＝72㎡　72÷70＝1.02…よって、差動式スポット型2個
- 事務室……10m×9 m＝90㎡　90÷70＝1.28…よって、差動式スポット型2個
- 倉庫………5 m×9 m＝45㎡　感知面積（70㎡）以下なので、定温式スポット型1個
- ホール……15m×20m＝300㎡　300÷70＝4.28…よって、定温式スポット型5個
- 給湯室……5 m×9 m＝45㎡　感知面積（60㎡）以下なので、定温式スポット型1個
- 電気室……15m×9 m＝135㎡　感知面積（150㎡）以下なので、スポット型煙感知器1
個

④機器収容箱の配置

警戒区域ごとに1台、廊下の壁などに配置します。

⑤配線の書き入れ

- 終端抵抗の書き入れを忘れないようにします。
- 廊下の左側の煙感知器は、終端抵抗が管理室に付いている関係（1警戒区域に1つの終端抵抗）で、送り配線の複線（—///—）になります。

⑥幹線の書き入れ

ホール部分の感知器については、ホールの機器収容箱から、また、それ以外の部分については、廊下の機器収容箱から、それぞれ配線します。

⑦（機器収容箱間）

IV…………P型1級受信機なので、電話線（T）と応答線（A）が1本ずつ。〈条件〉に、「消火栓連動」とは書かれていないので、表示灯線（PL）の2本はIVである。感知器線のC（共通線）とL（表示線）が1本ずつで、計6本

HIV………ベル（地区音響装置）線のBCとBの計2本

⑦（機器収容箱 → 受信機）

IV…………⑦は、同じ階ですが、⑦とは別の警戒区域なので、⑦の6本に、廊下の機器収容箱に出入りする感知器線のLが1本加わって、計7本

HIV………⑦と同じく、ベル（地区音響装置）線のBCとBの計2本

以上をまとめると、次の表のようになります。

場所	電線種別	ベル		表示灯	電話	応答	感知器		合計
		BC	B	PL	T	A	C	L	
⑦	IV			2	1	1	1	1	6
	HIV	1	1						2
⑦	IV			2	1	1	1	2	7
	HIV	1	1						2

これを、⑦「IV 1.2×6　HIV 1.2×2」、⑦「IV 1.2×7　HIV 1.2×2」という形で平面図に書き込みます。**平面図の完成には、この幹線本数の書き込みが必要です。**

予想模擬試験〈第3回〉解答一覧

筆記試験					
消防関係法令（共通）		基礎的知識（電気）		問題31	(4)
問題1	(1)	問題16	(2)	問題32	(2)
問題2	(3)	問題17	(1)	問題33	(1)
問題3	(4)	問題18	(3)	問題34	(4)
問題4	(2)	問題19	(4)	甲 問題35	(3)
問題5	(1)	問題20	(3)	甲 問題36	(3)
問題6	(3)	甲 問題21	(1)	甲 問題37	(1)
甲 問題7	(2)	甲 問題22	(4)	構造・機能等（規格）	
甲 問題8	(4)	甲 問題23	(2)	問題38	(1)
消防関係法令（類別）		甲 問題24	(4)	問題39	(2)
問題9	(2)	甲 問題25	(1)	問題40	(1)
問題10	(2)	構造・機能等（電気）		問題41	(4)
問題11	(3)	問題26	(4)	問題42	(3)
問題12	(1)	問題27	(1)	問題43	(2)
甲 問題13	(4)	問題28	(3)	甲 問題44	(3)
甲 問題14	(2)	問題29	(2)	甲 問題45	(4)
甲 問題15	(3)	問題30	(3)		

挑戦した日付		筆記試験					実技試験		合計
		消防関係法令		基礎的知識	構造・機能等		鑑別等	製図	
		共通	類別	電気	電気	規格			
1回目	甲	/8	/7	/10	/12	/8	/5	/2	/52
/	乙	/6	/4	/5	/9	/6	/5	−	/35
2回目	甲	/8	/7	/10	/12	/8	/5	/2	/52
/	乙	/6	/4	/5	/9	/6	/5	−	/35

予想模擬試験〈第3回〉解答・解説

※問題を解くために参考となる本書内のページを「●」の後に記してあります。

■ 消防関係法令（共通） 甲種：問題1〜8、乙種：問題1〜6

問題1　解答　(1)　　　　　　　　　　　　　　　　　　　　　　●P.107

(1)まず「消防用設備等」が、消防の用に供する設備、消防用水および消火活動上必要な施設に分けられ、このうち「**消防の用に供する設備**」が消火設備、警報設備および避難設備に分かれます。

(2)〜(4)はすべて正しい記述です。

問題2　解答　(3)　　　　　　　　　　　　　　　　　　　　　　●P.115

(1)消防設備士ではなく、防火対象物の**関係者**が届出の義務を負います。なお、簡易消火用具および非常警報器具については、届出を必要としません。

(2)届出期間は、設置工事が完了した日から**4日以内**とされています。

(3)図書館（令別表第一(8)項）は**非特定防火対象物**なので、**延べ面積300㎡以上**であって、かつ**消防長または消防署長の指定**したものに限り、届出および検査の必要があります。

(4)避難困難な要介護者が入居する老人福祉施設（同(6)項ロ）は、**延べ面積とは関係なく**、届出をして検査を受ける必要があります。

問題3　解答　(4)　　　　　　　　　　　　　　　　　　　　　　●P.109

消防用設備等の技術上の基準を定めた規定が改正された場合、改正前の規定をそのまま適用することが原則ですが、次の消防用設備等については**改正後**の規定を適用します。

(4)スプリンクラー設備は、この中に含まれていません。

消火器、簡易消火用具、**自動火災報知設備**＊、**ガス漏れ火災警報設備**＊、**漏電火災警報器**、非常警報器具および非常警報設備、**避難器具**、誘導灯および誘導標識

＊特定防火対象物などの場合に限る

問題4　解答　(2)　　　　　　　　　　　　　　　　　　　　　　●P.117

(1)共同住宅など**非特定防火対象物**の場合、点検結果の報告期間は**3年**に1回とされています。

(2)病院など**特定防火対象物**の場合、点検結果の報告期間は**1年**に1回とされています。

(3)カラオケボックスは、特定防火対象物なので、1年に1回です。

(4)神社は、非特定防火対象物なので、3年に1回です。

問題5　解答 (1)　　　　　　　　　　　　　　　　　　　　　　　　　▶P.119

型式適合検定は、検定対象機械器具等の形状等が、**型式承認**を受けた検定対象機械器具等の型式に係る形状等に適合しているかどうかについて行う検定をいい、**日本消防検定協会等**がこれを行います。なお、**型式承認は総務大臣**が行います。

問題6　解答 (3)　　　　　　　　　　　　　　　　　　　　　　　　　▶P.123

⑴**免状の返納命令**は、当該免状を交付した**都道府県知事**が行います。

⑵免状の返納命令に違反した者は、**罰金**（30万円以下）または**拘留**に処せられます。

⑶免状の返納を命じられた日から**1年を経過しない者**については、新たに試験に合格しても免状の交付を行わないことができます。

⑷消防法令に違反して**罰金以上の刑**に処せられた者で、その執行を終わり、または執行を受けることがなくなった日から**2年**を経過しないものについては、免状の交付を行わないことができます。

㊒**問題7　解答 (2)**　　　　　　　　　　　　　　　　　　　　　　　　▶P.125

⑴**着工届**（工事着手の届出）は**甲種消防設備士**の義務です（乙種消防設備士は工事を行うことができません）。

⑵着工届は、工事に着工する**10日前**までに届け出ることとされています。

⑶工事整備対象設備等の種類、工事の場所その他必要な事項を**消防長**（消防本部を置かない市町村の場合は市町村長）または**消防署長**に届け出ます。

⑷着工届は**工事整備対象設備等**の工事について必要とされるものなので、工事整備対象設備等に該当しない消防用設備等（＝業務独占の範囲外）については不要です。

㊒**問題8　解答 (4)**　　　　　　　　　　　　　　　　　　　　　　　　▶P.105

⑴〜⑶はすべて正しい記述です。

⑷**防火対象物点検資格者**による点検は、**1年に1回**行うものと定められています。

■ 消防関係法令（類別）　甲種：問題9〜15、乙種：問題9〜12

問題9　解答 (2)　　　　　　　　　　　　　　　　　　　　　　　▶P.26、131

⑴集会場（令別表第一(1)ロ）は**特定防火対象物**であり、**延べ面積300㎡以上**の場合に設置義務があります。

⑵工場（同(12)イ）は**非特定防火対象物**であり、**延べ面積500㎡以上**の場合に設置義務があります。

⑶特定防火対象物のうち**旅館・ホテル・宿泊所等**（同(5)イ）などは、延べ面積とは関係なく、**すべてに設置**することとされています。

⑷非特定防火対象物のうち**神社等**（同(11)）、**事務所等**（同(15)）は、**延べ面積1000㎡以上**の場合に設置義務があります。

問題10　解答　(2)　　　　　　　　　　　　　　　　　　　　　○P.137

(1)取付け面の高さが**20m以上**となる場所ならば、感知器（炎感知器を除く）の設置を省略することができます。

(2)正しい記述です。

(3)木造の押入れは、感知器の設置を省略できる場所ではありません。

(4)天井と上階の床との距離が**0.5m未満**の場所であれば、省略することができます。

問題11　解答　(3)　　　　　　　　　　　　　　　　　　　　　○P.141

(1)**階段、傾斜路、エレベーター昇降路、リネンシュート、パイプダクト等**には、防火対象物の用途とは関係なく、煙感知器の設置が義務づけられています。

(2)**廊下および通路**は、特定防火対象物のほか、非特定防火対象物の一部のものに煙感知器の設置が義務づけられていますが、小・中・高等学校や図書館等はこれに含まれていません。

(3)**地階、無窓階、11階以上の階**については、**特定防火対象物と事務所等**（令別表第一(15)）に限り煙感知器の設置が義務づけられています。用途に関係なくというのは誤りです。

(4)正しい記述です。

問題12　解答　(1)　　　　　　　　　　　　　　　　　　　　　○P.141

(1)出火階が**2階以上の階**の場合は、**出火階およびその直上階**のみ区分鳴動させるので、4階が出火階の場合は、4階と5階のみです。

(2)(1)と同様に考えて、2階が出火階の場合は、2階と3階のみです。

(3)出火階が**1階**の場合は**出火階、その直上階および地階全部**を区分鳴動させなければなりません。したがって、本問では1階、2階、地下1階および地下2階です。

(4)出火階が**地階**の場合は**出火階、その直上階、その他の地階**を区分鳴動させます。本問では1階、地下1階および地下2階となります。

⊕ **問題13　解答　(4)**　　　　　　　　　　　　　　　　　　　　○P.133

この建物は、飲食店（令別表第一(3)ロ）と物品販売店舗（同(4)）に用いられているため、特定防火対象物が存する**複合用途防火対象物**（同(16)のイ）であり、延べ面積が**300㎡以上**（100×4＝400㎡）なので、**建物全体（全階）**に自動火災報知設備の設置義務が生じます。

⊕ **問題14　解答　(2)**　　　　　　　　　　　　　　　　　　　　○P.137

原則として建物の2つ以上の階にわたって1つの警戒区域とすることはできませんが、2つの階にわたっても面積の合計が**500㎡以下**の場合には、2つの階で1つの警戒区域とすることができます。また、階段やエレベーター昇降路などの「**たて穴区画**」に煙感知器を設ける場合には、そのたて穴区画を1つの警戒区域とすることができます。

(1) 延べ面積500㎡以上の劇場（令別表第一(1)イ）は設置対象ですが、**消防機関へ常時通報できる電話を設置**した場合は、消防機関へ通報する火災報知設備の設置を省略できます。

(2) 延べ面積1000㎡以上の倉庫（同(14)）は設置対象ですが、(1)と同様、設置を省略することができます。

(3) 延べ面積500㎡以上の児童養護施設（同(6)ハ）は設置対象であり、**消防機関へ常時通報できる電話を設置**した場合でも、消防機関へ通報する火災報知設備の設置は**省略できない**とされています。

(4) 延べ面積500㎡以上の物品販売店舗（同(4)）は設置対象ですが、(1)と同様、設置を省略することができます。

■ 電気に関する基礎的知識　甲種：問題16～25、乙種：問題16～20

問題16　解答 (2)　▶P.63、65

4Ωの抵抗と16Ωの抵抗は直列接続なので、合成抵抗の値 = 4 + 16 = 20Ω…①

18Ωの抵抗と12Ωの抵抗も直列接続なので、合成抵抗の値 = 18 + 12 = 30Ω…②

結局この回路は、①20Ωと②30Ωの2個の抵抗が**並列接続**されている回路と同じといえます。したがって、この回路の合成抵抗の値は、①の逆数と②の逆数の和の逆数に等しく、

$$\frac{1}{20} + \frac{1}{30} = \frac{5}{60} = \frac{1}{12}$$　この逆数なので、12Ωとなります。

なお、この回路はブリッジ回路（並列接続の間に橋〔ブリッジ〕をかけた回路）ではないので注意しましょう。

問題17　解答 (1)　▶P.67

まず、抵抗R_1におけるオームの法則を考えると、抵抗R_1にかかる電圧 = 10A × 8Ω = 80V。これにより、抵抗R_2とR_3はどちらも120V − 80V = 40Vがかかっていることがわかります。そこで、抵抗R_2におけるオームの法則を考えると、

抵抗R_2に流れる電流 = $\dfrac{40V}{20Ω}$ = 2A。したがって、抵抗R_3に流れる電流 = 10A − 2A = 8A。

抵抗R_3におけるオームの法則を考えると、

抵抗R_3の値 = $\dfrac{40V}{8A}$ = 5Ω

■ **抵抗 R_3 におけるオームの法則**

40V	
8A	5Ω

問題18　解答 (3)　▶P.75

複数のコンデンサを**直列接続**した場合の合成静電容量は、**各コンデンサの静電容量の逆数の和の逆数**に等しくなります。特に2個の場合は「**和分の積**」の式で求めることができます。

$$\therefore \frac{0.3 \times 0.6}{0.3 + 0.6} = \frac{0.18}{0.9} = 0.2μF$$

問題19　解答　(4)　　　　　　　　　　　　　　　　　　　　　▶P.77

導電率は抵抗率の逆数なので、導電率の高い順ということは、**抵抗率の低い順**と同じことになります。常温（20℃）における**抵抗率**〔Ω・m〕は、銀（$1.59×10^{-8}$）、銅（$1.68×10^{-8}$）、白金（$10.4×10^{-8}$）となっています。

問題20　解答　(3)　　　　　　　　　　　　　　　　　　　　　▶P.81

(1)(2)正しい記述です。

(3)電磁誘導によって流れた電流の向きを確認するときは、**フレミングの右手の法則**を使います。これに対し、**フレミングの左手の法則**は、磁界内にある導体（導線）に電流が流れたとき、その導体に働く力（電磁力）の向きなどを確認するときに使います。

(4)**フレミングの左手の法則**では、左手の中指、人差し指、親指をそれぞれ直角に開き、中指を**電流の向き**、人差し指を**磁界の向き**にしたときの親指の指す方向が力（**電磁力**）の向きとなります。

㊒問題21　解答　(1)　　　　　　　　　　　　　　　　　　　　▶P.83

誘導リアクタンスのみの回路とは、負荷として**コイル**だけを接続した交流回路の意味であり、**電流の位相が電圧より$π/2$〔rad〕遅れます**。〔rad（ラジアン）〕という単位では、$π/2$〔rad〕＝90°を表します（$π$〔rad〕＝180°、$2π$〔rad〕＝360°です）。

㊒問題22　解答　(4)　　　　　　　　　　　　　　　　　　　　▶P.85

本問では皮相電力（実効値の電圧×電流）も有効電力もわかりませんが、**インピーダンスZ**と**抵抗R**の比が力率と等しくなることから、次の式によって力率を求めることができます。

$$力率 = \frac{抵抗R}{インピーダンスZ} \quad …①$$

そこで、この交流回路のインピーダンスZを求めると、

$$インピーダンスZ = \sqrt{R^2+(X_L-X_C)^2} = \sqrt{8^2+(10-4)^2} = \sqrt{8^2+6^2} = \sqrt{100} = 10Ω$$

$$∴①より、力率 = \frac{8Ω}{10Ω} = 0.8 = 80\%$$

㊒問題23　解答　(2)　　　　　　　　　　　　　　　　　　　　▶P.93

(1)(3)(4)はすべて適切な組合せです。

(2)「**誘導形**」は、交流電流によって時間とともに変化する磁界を利用して円板を回転させる仕組みなので、**交流回路のみ**で使用します。

甲 **問題24　解答　(4)** ○P.95

電圧計は負荷と**並列**に接続し、**電流計**は負荷と**直列**に接続します。したがって、(1)と(3)は誤りです。また、(2)のように電流計を接続すると、負荷に流れる電流と電圧計に流れる電流を合計した値が計測されてしまいます。これに対し、(4)のように接続すれば、負荷に流れる電流と同じ値の電流を計測することができます。

甲 **問題25　解答　(1)** ○P.91

理想変圧器（損失 0 とする理想的な変圧器）の場合、1次側と2次側のコイルの**巻き数の比**と**電流の比**は逆になります。したがって、1次コイルに流れる電流を I_1 とすると、次の式が成り立ちます。

$500 : 1500 = I_2 : 24$

比の式では、（内項の積）＝（外項の積）が成り立つので、

$1500 I_2 = 500 \times 24$　　∴これを解いて、$I_2 = 8A$

■ **構造・機能等（電気）** 甲種：問題26〜37、乙種：問題26〜34

問題26　解答　(4) ○P.189、191

(1)これは差動式分布型も含めた**熱感知器**に共通の基準です。

(2)1つの検出部に接続する**空気管の全長（接続長）**は、**100m以下**とされています。

(3)空気管の露出する部分（**最小露出長**）は感知区域ごとに**20m以上**とする必要があります。

(4)これは差動式分布型および光電式分離型のもの並びに炎感知器を除いた感知器に共通の基準です。

問題27　解答　(1) ○P.195

(1)光軸の高さが**天井等の高さの80％以上**となるように設置することとされています。

(2)〜(4)はすべて正しい記述です。

問題28　解答　(3) ○P.189

(1)**差動式分布型感知器の検出部のみ**、傾斜角度の最大値が**5度**とされています。

(2)**スポット型の感知器**（炎感知器を除く）はすべて**45度**とされています。

(3)**紫外線式スポット型感知器は炎感知器**なので、傾斜角度の最大値は**90度**です。

(4)**光電式分離型感知器**、光電アナログ式分離型感知器および炎感知器は、**90度**です。

問題29　解答　(2)　　　　　　　　　　　　　　　　　　　　　　　▶P.196、197

(1)正しい記述です。

(2)表示灯は**赤色の灯火**で、取付け面と**15度以上**の角度となる方向に沿って**10m離れたところ**から点灯していることが容易に識別できるものであることとされています。

(3)屋内消火栓や屋外消火栓の設備も、赤色の表示灯を設けることとされています。

(4)P型発信機は1級・2級ごとに接続する受信機の種類が定められており、**P型1級発信機**は、P型（またはGP型）1級受信機、R型（またはGR型）**受信機**に接続できます。

問題30　解答　(3)　　　　　　　　　　　　　　　　　　　　　　　　　　▶P.199

地区音響装置の音圧は、音響装置の中心から1m離れた地点で測定して**90dB以上**、音声により警報を発するものは**92dB以上**とされています。なお、受信機の主音響装置の音圧は、85dB（P型3級は70dB）以上とされています。

問題31　解答　(4)　　　　　　　　　　　　　　　　　　　　　　　　　　▶P.207

(1)〜(3)いずれも**600V2種ビニル絶縁電線（HIV）と同等以上の耐熱性を有する電線**なので、耐火配線工事・耐熱配線工事に使用することができます。

(4)**600Vビニル絶縁電線（IV）**は、600V2種ビニル絶縁電線（HIV）と同等以上の耐熱性を有する電線ではないので、耐火配線工事・耐熱配線工事ともに使用できません。

問題32　解答　(2)　　　　　　　　　　　　　　　　　　　　　　　　　　▶P.209

P型およびGP型受信機の感知器回路の電路の抵抗（**回路抵抗**）は、**50Ω以下**となるように設けることとされています。なお、0.1MΩ以上というのは、感知器回路（電源回路を除く）と大地との間などの絶縁抵抗の値です。

問題33　解答　(1)　　　　　　　　　　　　　　　　　　　　　　　　　　▶P.215

スポット型熱感知器の作動試験では、加熱試験器を用いて感知器を加熱して作動するまでの時間（作動時間）を測定し、所定時間内かどうかを確認します。**差動式スポット型感知器**の作動時間の合否判定基準は、**1種、2種ともに30秒以内**とされています。

問題34　解答　(4)　　　　　　　　　　　　　　　　　　　　　　　　　　▶P.225

(1)ガス漏れ火災警報設備の**音声警報装置のスピーカー**は、自動火災報知設備の地区音響装置と同様（▶P.199）、階の各部分から**水平距離で25m以下**となるように設置します。

(2)正しい記述です。

(3)**ガス漏れ表示灯**は、検知器の作動と連動して、表示灯によりガス漏れの発生を**通路にいる防火対象物の関係者**に警報する装置です。このため、1つの警戒区域が1つの部屋からなるような、通路に当たるものがない場合には設ける必要がありません。

(4)**検知区域警報装置**の音圧は、装置から1m離れた位置で**70dB以上**と定められています。なお、90dB以上とされているのは自動火災報知設備の地区音響装置です（▶P.199）。

⊕問題35　解答　(3)　　　　　　　　　　　　　　　　　　　▶P.205

　ア　MIケーブルを使用した場合は、そのまま**露出配線**とすることができます。金属管等に収めたり、埋設したりする必要はありません。

　イ　シリコンゴム絶縁電線は**600V2種ビニル絶縁電線**（HIV）と同等以上の**耐熱性を有する電線**なので、**金属管等**（合成樹脂管を含む）に収めて露出配管とすることができます。

　ウ　HIVは**金属管等**（合成樹脂管を含む）に収めなければならず、露出配線は誤りです。

　エ　ポリエチレン絶縁電線も600V2種ビニル絶縁電線（HIV）と同等以上の耐熱性を有する電線なので、イと同様です。

以上より、正しいものはア、イ、エの3つです。

⊕問題36　解答　(3)　　　　　　　　　　　　　　　　　　　▶P.219

⑴火災表示の正常な作動とともに、**自己保持機能**（手動で復旧しない限り、火災表示の状態を保持する機能）についても確認します。

⑵火災表示試験は、あくまでも受信機における試験であり、感知器を作動させるわけではないので、**感知器の異常や感度の良否を確認することはできません**。

⑶P型1級受信機（多回線用）は**導通試験装置**を備えているので（▶P.177）、導通試験スイッチを「導通」側にして、回線選択スイッチによって選択した回線ごとに**回路導通試験**を行います。なお、回路の末端に設けた発信機または回路試験器の押しボタンを押すことによって断線を確認するのは、導通試験装置を備えていない受信機の場合です。

⑷回路導通試験は**感知器回路の断線の有無**を確認する試験であり、接点の接触不良といった**感知器自体の異常**まで確認することはできません（感知器の接点に接触不良があっても、試験電流は終端抵抗を通じて流れるので、導通を確認できます）。

⊕問題37　解答　(1)　　　　　　　　　　　　　　　　　　　▶P.213

大地に接続する接地線は**太い**ほど、接地抵抗値は**小さい**ほど、接地の効果は大きくなります。また、D種接地工事の接地抵抗値は**100Ω**以下とされています。

■ 構造・機能等（規格）　甲種：問題38〜45、乙種：問題38〜43

問題38　解答　(1)　　　　　　　　　　　　　　　　　　　　　▶P.152、153

差動式スポット型感知器は規格省令により、「周囲の温度の上昇率が一定の率以上になった
ときに火災信号を発信するもので、**一局所の熱効果により作動するものをいう**」と定義され
ています。差動式であることから「周囲の温度の上昇率が一定の率」、スポット型であるこ
とから「一局所の熱効果」であることがわかります。

問題39　解答　(2)　　　　　　　　　　　　　　　　　　　　　　　　▶P.157

定温式感知器が火災を感知し作動する温度を「**公称作動温度**」といい、60℃から150℃まで
をその範囲として、60℃以上80℃以下のものは5℃刻み、80℃を超えるものは10℃刻みとす
ることが定められています。

問題40　解答　(1)　　　　　　　　　　　　　　　　　　　　　　　　▶P.154

(1)差動式分布型感知器（空気管式）には、空気の膨張を利用して作動する差動式スポット型
　感知器と同様、その検出部に**ダイヤフラム**（暖められて膨張した空気によって押し上げら
　れる膜）が用いられています。

(2)**アメリシウム**とは、イオン化式の煙感知器の内部イオン室および外部イオン室に放射され
　る放射性物質の名称です。

(3)**メーターリレー**は、差動式分布型感知器の熱電対式や熱半導体式の検出部に用いられてい
　る部品です。

(4)**テストポンプ**は、差動式分布型感知器（空気管式）の火災作動試験などにおいて、空気管
　内に空気を注入するための器具です。

問題41　解答　(4)　　　　　　　　　　　　　　　　　　　　　　　　▶P.165

(1)〜(3)はすべてP型1級発信機およびP型2級発信機に共通する構造・機能として正しい記
　述です。

(4)保護板には、透明の**有機ガラス**を用いることとされており、無機ガラスを用いることはで
　きません。

問題42　解答　(3)　　　　　　　　　　　　　　　　　　　　　▶P.170、171、173

(1)(2)(4)は正しい記述です。

(3)主電源が停止したときは主電源から予備電源に、また、主電源が復旧したときは予備電源
　から主電源に、いずれの場合も**自動的に切り替える**装置でなければなりません。「復旧し
　たときは手動で主電源に切り替える」というのは誤りです。

問題43　解答 (2)

▶P.183

G型、GP型およびGR型の受信機がガス漏れ信号を受信したときは、**黄色のガス漏れ灯**と**主音響装置**によりガス漏れの発生を、また**地区表示装置**によりガス漏れの発生した**警戒区域**をそれぞれ自動的に表示することとされています（これを「**ガス漏れ表示**」という）。なお、注意灯は、アナログ式受信機が「注意表示」を行うときに異常の発生を表示するものであり、音声警報装置と検知区域警報装置は、ガス漏れ火災警報設備の「警報装置」に含まれます。

甲 問題44　解答 (3)

▶P.150、151

(1)(2)(4)は正しい記述です。

(3)自動試験機能または遠隔試験機能の制御機能の**作動条件値**（異常の有無の判定を行う基準となる数値、条件等）については、**設計範囲外に設定できず**、また、**容易に変更できない**ものでなければならないとされています。したがって、「容易に変更できるものでなければならない」というのは誤りです。

甲 問題45　解答 (4)

▶P.166、167

(1)～(3)はすべて正しい記述です。

(4)**外部負荷に電力を供給**する中継器は、その回路に**ヒューズ、ブレーカ等の保護装置**を設ける必要があります。

■ 実技（鑑別等）　甲種：問題1〜5、乙種：問題1〜5

問題1　解答

▶P.304

①	光源（発光素子）	②	光電素子
③	受光増幅回路		
④	感知器の名称	光電式スポット型感知器	

問題の図のように、外部からの光を完全に遮断した暗箱の中に、**光源**となる半導体素子（**発光素子**。発光ダイオード等）とその光を受ける**光電素子（受光素子）**を遮光板をはさんで設置し、光源から光を一定方向に照射します。このとき火災による煙が暗箱に流入すると、**光源からの光が煙によって散乱して光電素子の受光量が変化**します。それを感知することによって回路が閉じ、火災信号が送信されます。③の受光増幅回路は、光電素子が受け取った光を増幅させる装置です。

問題2　解答

▶P.169

(1)	地区表示灯	(2)	P型受信機

地区表示灯があるのは**P型受信機**です。P型受信機の「**共通の信号**」とは、各回線からの信号がどれも同一であるという意味です。どの回線から発信されたのかという情報が信号に含まれていないので、P型受信機には回線ごとに専用の地区表示灯を設ける必要があります。これに対して、R型受信機の「**固有の信号**」とは、回線ごとに**信号が異なる**という意味です。信号そのものから火災発生場所が判断できるので、中継器を介して配線を1つにまとめることができ、R型受信機において固有の信号を判別して、**表示パネル（地区表示装置）**に火災発生場所を表示します。

問題3　解答

▶P.223

①	4 m	②	0.3m

燃焼器または**貫通部**から水平距離で**4m以内**となるように設けます。重ガスは床面付近に滞留するため、**検知器の上端が床面の上方0.3m以内**の位置になるように設けます。

問題4　解答

▶P.191

①	35cm	②	5cm	③	5mm

空気管の取付け工事については次のような決まりがあります。
①空気管の**止め金具（ステップル）**の間隔は、**35cm以内**とすること
②空気管の屈曲部を止める場合は、屈曲部から**5cm以内**をステップルで止めること
③空気管の屈曲部の半径は、**5mm以上**とすること

(1)	普通騒音計	(2)	1 m
(3)	90 dB以上		

音圧は、音響装置の中心から1m離れた地点で測定して次の値以上であることが決められています。

● 主音響装置……**85dB**（Ｐ型３級は70dB）以上

● 地区音響装置…**90dB**（音声の場合は92dB）以上

なお、主音響装置の音圧は、無響室（残響がほとんどない特別な実験室）で測定した値とされています。

■ 実技（製図）　甲種：問題1〜2

㊙問題1　解答　　　　　　　　　　　　　　　　　　　　　◯P.253、255

	IV電線数	HIV電線数
Ⓐ	5　本	4　本
Ⓑ	6　本	4　本
Ⓒ	7　本	4　本
Ⓓ	8　本	4　本

①最上階の感知器線（L）の本数

　系統図の感知器線（L）の本数は、上の階から順に数えるので、最初を間違えるとその後もずっと間違ったままになりますから、十分気をつけてください。ここでは、最上階の4階の部分を抜き出して、それぞれの感知器にイ〜ホの記号を付けて説明します。

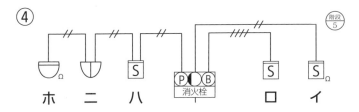

　イの煙感知器は階段の感知器で、4階のメインの4番の警戒区域とは別の5番の警戒区域です。ここに感知器線のCとLが2本通っています。終端抵抗が記載されていますので、**総合盤（機器収容箱＋消火栓）**からイの感知器までの配線はIV電線で2本となります。もしも、終端抵抗がなければ、行って帰ってくるので、IV電線で4本となります。これは、ほかのどの感知器についてもいえることです。

　ロの煙感知器、ハの煙感知器、ニの定温式感知器防水型、ホの差動式感知器はいずれも4番の警戒区域です。ロが、系統図の真ん中を通っている共通線の右側にあるために、少し混乱しやすいので気をつけましょう。共通線の左右にいくつ感知器があっても、**感知器線（L）の増加数は警戒区域の増加数と同じ**です。

　ですから、Ⓐを通っている感知器線（L）は2本です。この後、感知器線（L）の本数は、階を下がるにつれて、警戒区域の数分だけ増えていきます。

②Ⓐ〜Ⓓの幹線数

Ⓐ（4階 → 3階）

IV…………P型1級受信機なので、電話線（T）と応答線（A）が1本ずつ。感知器線のC（共通線）1本とL（表示線）が2本で、計5本

HIV………ベル（地区反響装置）線のBCとBの2本に、消火栓連動があるので、表示灯線（PL）の2本も加えて、計4本

Ⓑ～Ⓓ（3階 → 受信機）

Ⅳ…………警戒区域の増加に合わせて、感知器線（L）だけが1本ずつ増えるので、合計数はⒷ6本、Ⓒ7本、Ⓓ8本（Ⓓには1階の感知器線が1本加わります）

HIV………Ⓑ、Ⓒ、Ⓓとも計4本

以上をまとめると、次の表のようになります。

場所	電線種別	ベル		表示灯	電話	応答	感知器		合計
		BC	B	PL	T	A	C	L	
Ⓐ	Ⅳ				1	1	1	2	5
	HIV	1	1	2					4
Ⓑ	Ⅳ				1	1	1	3	6
	HIV	1	1	2					4
Ⓒ	Ⅳ				1	1	1	4	7
	HIV	1	1	2					4
Ⓓ	Ⅳ				1	1	1	5	8
	HIV	1	1	2					4

⊕問題2　解答

▶P.245、249、251、255

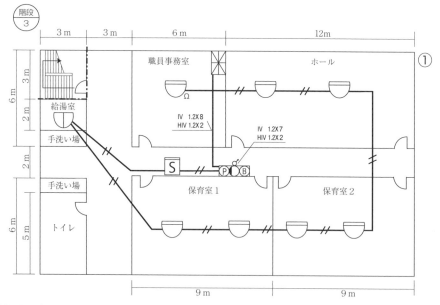

①警戒区域の設定

この建物の床面積は、14m×24m＝336㎡ですから、たて穴区画を除いて1警戒区域です。

②感知器の設置を免除される場所

この課題では、トイレが該当します。

③感知器の配置

● 廊下の感知器

廊下にはスポット型煙感知器を配置します。廊下の端から15m以内、感知器相互間30m以内に１個とされており、廊下の長辺が24m、短辺は14mなので、１個設置します。

● 各部屋の感知器

取付け面の高さが４m以内の場合、**差動式スポット型感知器２種**の感知面積は70㎡ですが、課題の建物が**木造で耐火構造ではない**ので40㎡になります。部屋の面積をこの感知面積で割っていくと、保育室１と保育室２とホールが２個ずつ、職員事務室が１個です。

給湯室は**定温式スポット型感知器１種**を配置します。建物が**耐火構造でない**場合は、感知面積が30㎡ですから、１個です。

④**機器収容箱の配置**

横長の廊下の中央部の壁に設置します。

⑤**幹線の書き入れ**

● 終端抵抗の書き入れを忘れないようにします。

● すべてを送り配線にします。

⑥**幹線の本数**

２階 → １階

IV ············ P型１級受信機なので、電話線（T）と応答線（A）が１本ずつ。〈条件〉に、「消火栓連動」とは書かれていないので、表示灯線（PL）の２本はIVである。感知器線のC（共通線）とL（表示線）が１本ずつ、それに、階段３の警戒区域のL（表示線）が１本で、計７本

HIV ········· ベル（地区音響装置）線のBCとBの計２本

機器収容箱 → 受信機

IV ············ ２階→１階の７本に、１階の廊下の機器収容箱に出入りする感知器線のLが１本加わって、計８本

HIV ········· 機器収容箱→受信機と同じく、ベル（地区音響装置）線のBCとBの計２本

以上をまとめると、次の表のようになります。

場所	電線種別	ベル		表示灯	電話	応答	感知器		合計
		BC	B	PL	T	A	C	L	
㋐	IV			2	1	1	1	3	8
	HIV	1	1						2
㋑	IV			2	1	1	1	2	7
	HIV	1	1						2

２階→１階 $\dfrac{\text{IV 1.2×7}}{\text{HIV 1.2×2}}$　機器収容箱→受信機 $\dfrac{\text{IV 1.2×8}}{\text{HIV 1.2×2}}$　として平面図に書き込みます。

「1.2」は電線の太さです。通常、電線の太さは1.2で大丈夫です。

〈条件〉に、特に「立ち上がり、引き下げの配線本数の記入は省略する」といった文面がない限り、**平面図の完成**には、この**幹線本数の書き込み**が必要です。